财智睿读

流动人口和户籍人口
对地方政府公共服务支出
影响异质性研究

赵 斌◎著

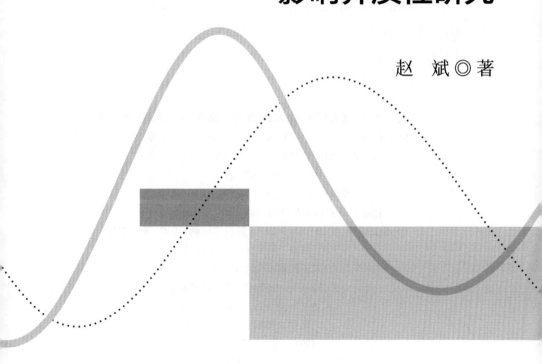

中国财经出版传媒集团

经济科学出版社
Economic Science Press

·北 京·

图书在版编目（CIP）数据

流动人口和户籍人口对地方政府公共服务支出影响异质性研究/赵斌著. －－北京：经济科学出版社，2023.9

ISBN 978 - 7 - 5218 - 5140 - 3

Ⅰ.①流… Ⅱ.①赵… Ⅲ.①流动人口－影响－地方政府－公共服务－财政支出－研究－中国②城市化－影响－地方政府－公共服务－财政支出－研究－中国 Ⅳ.①F812.7

中国国家版本馆 CIP 数据核字（2023）第 175682 号

责任编辑：李一心
责任校对：王苗苗
责任印制：范 艳

流动人口和户籍人口对地方政府公共服务支出影响异质性研究

LIUDONG RENKOU HE HUJI RENKOU DUI DIFANG ZHENGFU GONGGONG FUWU ZHICHU YINGXIANG YIZHIXING YANJIU

赵 斌 著

经济科学出版社出版、发行 新华书店经销
社址：北京市海淀区阜成路甲 28 号 邮编：100142
总编部电话：010 - 88191217 发行部电话：010 - 88191522
网址：www. esp. com. cn
电子邮箱：esp@ esp. com. cn
天猫网店：经济科学出版社旗舰店
网址：http://jjkxcbs. tmall. com
北京密兴印刷有限公司印装
710 × 1000 16 开 15 印张 231000 字
2023 年 9 月第 1 版 2023 年 9 月第 1 次印刷
ISBN 978 - 7 - 5218 - 5140 - 3 定价：62.00 元
（图书出现印装问题，本社负责调换。电话：010 - 88191545）
（版权所有 侵权必究 打击盗版 举报热线：010 - 88191661
QQ：2242791300 营销中心电话：010 - 88191537
电子邮箱：dbts@ esp. com. cn）

序　言

　　流动人口是指离开户籍所在地、异地居住超过一定时间的人口，是中国户籍制度下特有的概念。跨省份、长时间、家庭化是中国人口流动的三大特征或趋势，与之伴随的是流动人口对流入地公共服务需求的日益增长，然而地方政府作为提供公共服务的关键主体，在公共服务供给中"重"户籍人口而相对"轻"流动人口，用于户籍人口和流动人口的人均公共服务支出存在较大差异，即流动人口和户籍人口对地方政府公共服务支出的影响程度存在异质性，流动人口对流入地公共服务的需求难以得到满足，这也是相关政策持续关注的重点问题。保障和改善流动人口公共服务，是推动农民工市民化、基本公共服务均等化、常住人口人均财政支出差距合理化的核心内容之一。党的十八届三中全会通过的《中共中央关于全面深化改革若干重大问题的决定》（以下简称《决定》）明确指出，建立财政转移支付同农业转移人口市民化挂钩机制。对此，2016年财政部设立了农业转移人口市民化奖励资金；从2012年开始，中央对地方转移支付的标准财政支出计算公式中，以一定折算比例考虑流动人口。本书认为，转移支付资金分配和地方政府公共财政支出安排需建立在科学合理地测算流动人口和户籍人口所享受的公共服务差异的基础之上，既要考虑流动人口对公共服务的现实需求、潜在需求，也要考虑地区、人口结构、公共财政支出类别等差异，做到既满足各地用于流动人口公共服务的实际支出，也鼓励地方政府为流动人口提供更完善的公共服务。本书研究流动人口和户籍人口对地方政府公共服务支出的影响异质性，这也是本书的创新和意义所在。

　　流动人口公共服务问题涉及流动人口、户籍人口、流入地政府、流出地政府、中央政府等多个主体，较为复杂。一方面，理论上，本书从

1

行为视角、政府间关系视角论证了流动人口和户籍人口对地方政府公共服务支出影响异质性的存在性、异质性程度的结构差异，总结了致力于保障流动人口公共服务以消减异质性的政府间财政事权和支出责任划分原则；另一方面，本书介绍了中国预算决策机制、流动人口公共服务、政府间事权和支出责任划分发展改革现状，旨在说明流动人口和户籍人口对地方政府公共服务支出影响异质性具有深刻的政策和制度背景或原因，而且运用省、市、区县等多层面数据，论证了流动人口和户籍人口对地方政府公共服务支出影响异质性的存在性，测算了异质性程度并比较了由支出类别、流动人口特征、地区、支出归属的政府行政层级等的不同所带来的异质性程度的差异。

鉴于不同的统计调查、政策文件和研究对流动人口的界定和计量各不相同，在理论分析以及梳理对流动人口的各种定义和统计的基础上，本书综合运用各类流动人口数据，全方位研究流动人口和户籍人口对地方政府公共服务支出的影响异质性，即用于流动人口和户籍人口的人均公共财政支出差异。

第 2 章文献综述奠定了本研究的文献研究基础。通过文献梳理，本书认为流动人口和户籍人口对地方政府公共服务支出的影响异质性，与流动人口和户籍人口对经济和政府收入贡献的差异、地方政府安排公共财政支出对流动人口差别化对待，以及基本公共服务均等化的内在要求等密切相关；通过比较回归系数的方法研究流动人口和户籍人口对公共财政支出的影响异质性，具有一定的创新性和意义。

第 3 章是本书理论分析的主要章节。从行为视角来看，流动人口和户籍人口对地方政府公共服务支出影响异质性的产生，可归因于流动人口公共服务需求端和地方政府公共服务供给端。从需求端来看，基于马斯洛需求层次理论和人口迁移动机理论，本书指出，人口流动以经济动机（工作、收入）为主，公共服务次之；长时间、远距离、家庭化流动背景下，流动人口对流入地教育、医疗卫生、社保、就业、住房等满足生理需求和安全需求的公共服务的需求最为迫切，同时考虑到流动人口的收入、受教育水平等因素，其对公共服务的需求与户籍人口存在一定差异。从供给端来看，基于包括激励契约理论、效率工资理论、职业前景理论和公共官僚模型理论在内的政府间关系中的经济学激励理论，本书认为，作为理性"经济人"，面对晋升激励、薪酬激励、地方财力及预算规模激励，地方政府及官员有为流动人口提供公共服务的激励（经济增长和维稳），但激励不足（非直接的"硬"考核和激励、可自由决策的财力约束等）。从政府间关系视角来看，基于财政职能理论、财政分权理论和外部性理论，考虑到信息、管理、组织优势，地方政府，尤其是基层政府在公共服务供给中占据重要地位；流动人口跨区域性带来了公共服务供给的外部性，如果没有区域之间的利益补偿机制或上级政府的统筹协调作支撑，地方政府主导性，加上外部性，导致其为流动人口提供公共服务动力不足。保障流动人口公共服务以削减异质性，政府间公共服务事权和支出责任划分遵循科学合理的原则是关键。

第4章政策和制度背景介绍奠定了本研究的现实基础。通过对与流动人口和户籍人口公共服务相关的预算决策机制、流动人口在流入地享受公共服务的政策和制度、公共服务财政事权与支出责任划分等的梳理和总结，本书认为流动人口和户籍人口对公共服务支出的影响异质性，背后是流动人口在"两上两下"的地方预算决策中处于相对弱势地位，利益诉求难以得到充分反映和满足；公共服务相关政策和制度安排以户籍人口为主而对流动人口重视不足；政府间公共服务财政事权和支出责任划分与人口流动不适应。

第5、第6、第7章是本书的实证分析部分。该部分利用省、市、区县等多层面数据，不仅论证了流动人口和户籍人口对公共财政支出影响异质性的存在性、测算了异质性程度，而且比较了由流入地、支出归属的政府行政层级、流动距离、公共财政支出类别、时间等的不同所带来的异质性程度的差异，并探讨了异质性背后的原因和所带来的后果及其相关作用机理。第一，地级市层面数据显示，户籍人口和省内流动人口对一般公共预算支出的影响差异为 1∶0.3～1∶0.5（即假设户籍人口在当地享受的公共服务水平为1，下同；基于2010年和2015年人口数据的分析结果），户籍人口和跨省流动人口则为 1∶0.3 左右（基于2010年和2015年人口数据的分析结果）和 0.6 左右（基于2020年人口数据的分析结果）；对教育、医疗卫生、社会保障和就业支出的影响差异更大；2015年差异相比于2010年有所降低，而户籍人口和跨省流动人口之间的差异2020年相比于2015年又有所降低；中部地区差异比东部地区小。第二，市辖区层面数据显示（基于 2010 年和 2015 年人口数据的分析），户籍人口和流动人口的影响差异为 1：0.2 左右；2015 年差异相比于 2010 年下降了 4%~6%；东部地区差异最大，其次是西部地区，中部地区最小；保障流动人口公共服务，东部地区市辖区是重点。第三，县（市）层面数据显示（基于 2010 年人口数据的分析），户籍人口和流动人口的影响差异为 1：0.37，户籍人口和省内流动人口的影响差异为 1：0.50，户籍人口和跨省流动人口的影响差异为 1：0.34；差异从小到大依次是中部、东部和西部地区。第四，各级行政区数据综合比较来看，全国层面以及东部、中部地区，市辖区影响异质性程度高于县（市），东部、中部市辖区是带来显著的影响异质性的重要地区。市辖区户籍人口和流动人口对市辖区公共财政支出的影响异质性程度，高于市辖区户籍人口和地级市流动人口对地级市公共财政支出的影响异质性程度，说明相比于市区政府安排财政支出，地级市政府公共财政支出的统筹层次更高、对流动人口公共服务的考虑更充分、均等化效果更好，更有助于促进辖区居民基本公共服务的均等化。第五，县（市）和市辖区数据的实证分析显示，流动人口和户籍人口对中小学在校生数、小学生师比、医院卫生院床位数、医生数、从业人数、社保参保人数的影响均存在显著差异，说明相关公共服务配备主要以户籍人口规模作为重要依据，对流动人口的考虑和重视程度不足；流动人口是流入地劳动力的重要补充，但享受流入地相应公共服务仍有较大提升空间。

最后，基于上述研究，第 8 章从体制机制设计及优化、政策制定、执行及完善两大方面提出了十条相关建议。

目　　录

第 1 章

绪　　论

1.1　研究背景及意义

1.1.1　研究背景

流动人口公共服务问题一直是人口学、财政学、区域经济学等学科及实务界关注的重点问题，而针对流动人口的公共服务支出不足或与户籍人口之间存在较大差距是问题的重要表现或产生原因。近年来人口跨省流动、长时间流动、家庭式流动特征明显，在人民生活水平不断提高的背景下，这种人口流动特征使得流动人口对流入地教育、医疗卫生、社会保障、住房保障等公共服务需求日益增长，而地方政府公共服务支出"重"户籍人口而相对"轻"流动人口，流动人口公共服务供给存在明显不足。"农民工市民化"、基本公共服务均等化等的推进将流动人口公共服务问题置于更加突出和更加重要的位置。

改革开放以来我国流动人口规模呈增长态势，近年来跨省流动人口规模占总流动人口的比重约为 1/3。根据 1982 年人口普查、2015 年人口抽样调查数据，我国流动人口规模从 1982 年的 675 万人增长到 2015 年的 2.47 亿人。第七次全国人口普查数据显示，2020 年我国流动人口规模达 3.76 亿人，相比 2010 年大幅增加 1.55 亿人，流动人口占总人口的比重为 26.7%。跨省流动人口方面，人口普查和 1% 人口抽样调查结果显示，2010 年、2015 年和 2020 年我国跨省流动人口总数分别为8588 万人、9723 万人和 12484 万人，占总流动人口的比重分别为38.9%、39.4% 和 33.2%，跨省流动人口数量不断增长。图 1-1 描述了分省跨省流入人口总数及占比的详细情况。从图中可以看出，东部发达省份是跨省人口流入大省，其流动人口中跨省流动人口占比较高。

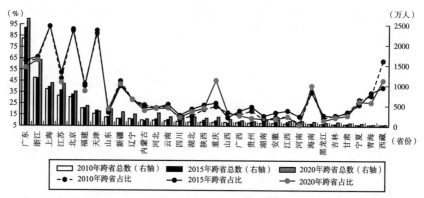

图 1-1 各省 2010 年、2015 年和 2020 年跨省流入人口总数（万人）及占比

资料来源：国家统计局 2010 年和 2020 年人口普查资料、2015 年 1% 人口抽样调查资料。

　　流动人口尤其是远距离跨省流动人口离开户籍所在地的时间呈上升趋势。如图 1-2 所示，各省跨省流动人口中，流动时间超过 3 年的流动人口所占比例不断提高：全国平均水平从 2010 年的 41% 提高到 2020年的 54%；除西藏之外，其他 30 个省（自治区、直辖市）都是上升的。

　　人口流动的家庭化趋势明显。国家卫生和计划生育委员会（现为国家卫生健康委员会）2017 年流动人口动态监测数据显示，流动人口家庭户平均规模保持在 2.5 人以上，2 人及以上的流动人口家庭户占81.8% 以上。已婚流动人口中，夫妻共同流动的比重为 85.5%，0～17岁子女随同流动的比重为 65.6%。

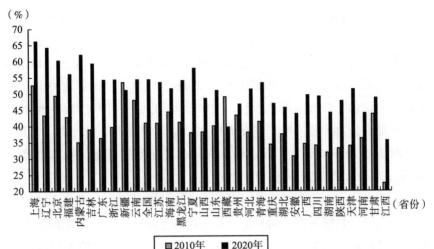

图 1-2 各省份 2010 年和 2020 年跨省流动人口中流动时间超过 3 年的所占比例

资料来源：国家统计局 2010 年和 2020 年人口普查资料。

人口跨省流动、长时间流动、家庭式流动特征提高了流动人口对流入地公共服务的需求，但在户籍制度约束下，无论是地方政府公共服务支出，还是中央政府转移支付，均是"重"户籍人口而相对"轻"流动人口，流动人口所享受的公共服务与户籍人口存在较大差距。例如，相当一部分随迁子女仍被排斥在流入地公立学校尤其是优质公立学校之外；流动人口就医异地报销结算（尤其是门诊费用）存在诸多障碍；大量流动人口，即使是长期居住（尤其是农民工），仍未被纳入流入地社会保障体系之内；流入地住房保障体系，尤其是经济适用房，对流动人口曾经或者现在仍设置相对较高的门槛；等等。

针对户籍人口和流动人口的人均财政支出差异是二者所享受的公共服务存在差异的原因及表现，合理化包括户籍人口和流动人口在内的常住人口人均财政支出差距是推动基本公共服务均等化、农民工市民化、促进要素自由流动的重要抓手，相关的制度建设正在推动这一进程。党的十八届三中全会通过的《决定》明确指出，建立财政转移支付同农业转移人口市民化挂钩机制。2012 年，中央对地方转移支付开始考虑外来人口，而在此之前计算总人口时只考虑户籍人口。具体来说，就是在计算标准财政支出时按照一定折算比例考虑外来人口（即流动人口），为增加流动人口公共服务支出提供财力支持。如 2022 年财政部印发的《中央对地方均衡性转移支付办法》中计算一般公共服务标准财政支出时，将各地区总人口设定为"总人口 = 户籍人口 + 流入（流出）人口 × 流入（流出）人口折算比例"。2016 年印发了《国务院关于实施支持农业转移人口市民化若干财政政策的通知》，支持和鼓励各地为流动人口提供公共服务，缩小流动人口和户籍人口的人均财政支出差距。对此财政部 2016 年设立了农业转移人口市民化奖励资金，初期规模为 100 亿元，2022 年已提高到 400 亿元。

如前所述，考虑到流动人口对流入地公共服务的巨大需求，以及针对流动人口公共服务供给的不足，各方正通过制度建设、政策和资金支持等手段推动流动人口公共服务改善、缩小流动人口和户籍人口的公共服务差距，其中最为关键的一点就是缩小针对流动人口和户籍人口的人均公共服务支出差距。而测算流动人口和户籍人口所享受的公共服务差异，或者说测算用于这两类人口的人均财政支出或人均公共服务支出差异，对于全面评估户籍人口和流动人口所享受的公共服务差距水平、分析差距产生的原因，提升转移支付制度与人口流动的适应性、促进更加科学合理地分配包括中央转移支付资金在内的财政资金，保障流动人口在财力可承受范围内享受更多基本的公共服务，具有重要意义和作用。但相关实务探究和学术研究均较少且存在明显缺陷、对实践的支撑不足。①

本书认为，流动人口和户籍人口的人均财政支出或人均公共服务支出差异，既要考虑流动人口对公共服务的现实需求、潜在需求，也要考虑地区、人口结构、财政支出类别及所归属的政府行政层级等差异。在流动人口和户籍人口之间分配公共服务资金，需做到既满足各地用于流动人口公共服务的实际支出，也要能鼓励地方政府为流动人口提供更完善的公共服务，实现地区财力和流动人口公共服务保障之间的有效平衡，更好发挥转移支付缩小地区之间、人群之间公共服务差距的作用。

---

① 例如，本书 2.4 节梳理了农业转移人口市民化成本测算的文献，这是间接测算流动人口和户籍人口对财政支出的影响差异，梳理后发现存在易高估成本、估算过于粗略、人口指标选取欠妥等问题。

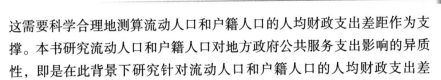

这需要科学合理地测算流动人口和户籍人口的人均财政支出差距作为支撑。本书研究流动人口和户籍人口对地方政府公共服务支出影响的异质性，即是在此背景下研究针对流动人口和户籍人口的人均财政支出差距，力图围绕这个差异进行全面的探究。

1.1.2　研究意义

本书具有如下三方面的理论和现实意义。

第一，利用公共服务供给端的地方政府及官员激励理论，以及需求端的马斯洛需求层次理论、人口迁移动机理论，从经济主体行为这一根本视角，探讨流动人口和户籍人口对地方政府公共服务支出影响存在异质性的原因，即从理论层面深刻理解为什么政府财政支出和公共服务供给对流动人口和户籍人口予以差别化对待。基于这样的理解，有助于在更好了解流动人口公共服务需求的基础上，通过建立政府间激励相容机制等措施完善流动人口公共服务供给政策和制度。另外，通过对财政分权理论、外部性理论、财政职能理论的分析，并结合中国现实，总结了关于流动人口公共服务供给的政府间财政事权和支出责任划分的五大原则，具有一定的理论指导意义和实践参考价值。

第二，可为完善现行的转移支付政策和制度提供量化支持。中央对地方转移支付资金分配，2012 年开始考虑流动人口，但流动人口需乘以一定的折算比例，省以下转移支付制度也作出了相应改变。本书通过大量实证分析所测算的、现实中用于流动人口和户籍人口的人均财政支出或公共服务支出差异，以及分地区、分时间、分公共服务支出类别、分行政层级、分流动距离对这种差异的异质性程度所作的量化比较分析，可为完善这个折算比例，进而完善整个转移支付制度提供一定的参考和借鉴。

第三，本书通过大量实证分析所论证的结论，即流动人口和户籍人口对政府公共服务支出、公共服务数量和质量的影响均存在显著的异质性，让我们能够对现实中流动人口和户籍人口所享受的公共服务差距有一个较为清晰的认识。本书不仅给出了差距的具体值，还分多种情况作了单独测算和比较分析，并提出了针对性的政策建议。这些工作有利于提高流动人口公共服务相关政策制定和实施的可行性、有效性，并有助于指导完善流动人口公共服务体系。

1.2 核心概念界定及说明

1.2.1 流动人口

人口流动是中国独特的现象，随之产生的流动人口群体也是中国独特的人群。[①] 国际上一般只有"迁移人口"或"人口迁移"概念，或与之具有相近特征的"不规则移民"（irregular migrants）和"非登记移民"（undocumented migrants），而没有"人口流动""流动人口"概念，这与我国独特的户籍制度有关。国外学者通常使用诸如"正式迁移/非正式迁移""永久迁移/临时迁移""户籍迁移/非户籍迁移"等对偶概念来研究中国的人口流动问题，其中，"户籍迁移/非户籍迁移"即是指人口流动。[②] 国际人口科学联盟主编的《多种语言人口学辞典》定义了人口迁移，即从一个地区向另一个地区移动的一种形式，它通常包含了从迁出地或原住地迁到迁入地或目的地的永久性变动。[③] 当然，这里的永久性并非绝对概念，而是指时间相对"足够长"，一个人一生也能经历多次迁移。"人口迁移"默认了伴随户口的相应变动，所以其定义只关注时间跨度和空间跨度两个因素，而基于中国现实情况的"人口流动"的定义，还增加了户籍因素。

不过，也有学者认为，中国语境下的"人口流动"和"人口迁移"由两个不同的概念逐步发展为同一概念。段成荣（1998）指出，由于

---

① 段成荣，孙玉晶. 我国流动人口统计口径的历史变动 [J]. 人口研究，2006 (4)：70 - 76.

② 张展新，杨思思. 流动人口研究中的概念、数据及议题综述 [J]. 中国人口科学，2013 (6)：102 - 112, 128.

③ Van de Walle E, Henry L. Multilingual demographic dictionary [J]. English Section. Ed. Liege，Belgium：Ordina，1982.

我国实行特有的户籍制度，户口所在地和经常居住地同时发生变化的人口迁移通常称为"迁移"，而只改变了经常性居住地而未改变户口所在地的人口迁移通常称为"流动"。所以，流动人口通常是指改变了经常性居住地而未改变户口所在地的人口。[①] 同样，陈刚等（2009）[②] 指出，有户籍变动的居住地变化，在国内学术界通常被称为"迁移"，没有户籍变动的居住地变化通常被称为"流动"。该文指出，未伴随户籍变动的劳动力流动现象，在 20 世纪 80 年代以来越来越普遍，上述区分的意义不大，所以该文中"迁移"和"流动"的概念等价。

　　流动人口有广义和狭义之分。广义的流动人口概念是绝对意义上的，是指空间位置发生变化的人口。因此对广义流动人口的定义只涉及空间跨度，既不关注空间跨度的范围，也不涉及时间跨度的长短。20 世纪 80 年代，当"流动人口"刚进入研究视野时，这一概念泛指包括在非户籍地长期居住人口、短期逗留人口和"流量"等常住户口人口之外的所有人口。[③] 从只关注空间跨度而忽视时间跨度这个角度来看，这一时期的流动人口定义接近广义概念。[④] 段成荣、孙玉晶（2006）指出，人口迁移或人口流动并非泛指所有的空间位置变动，而是指超过一定时间限度、跨越一定空间范围的位置变动，发生这种位置变动的人才能被称为迁移人口或流动人口。[⑤]

　　狭义上的流动人口概念，则从户口、空间跨度、时间跨度三个方面进行限定。概括来说，狭义的流动人口是指离开户籍所在地、异地居住超过一定时间的人口。根据空间跨度和时间跨度的不同划分，对狭义流动人口的定义也有所不同。空间跨度上，有跨乡镇街道、跨县（市区）、跨市、跨省等；时间跨度（即异地居住时间）上，例如短则规定 3 日以上，长则规定 1 年。

---

① 段成荣. 人口迁移研究：原理与方法 [M]. 重庆：重庆出版社，1998.

② 陈刚，李树，陈屹立. 人口流动对犯罪率的影响研究 [J]. 中国人口科学，2009 (4)：52 - 61，111 - 112.

③ 张展新，杨思思. 流动人口研究中的概念、数据及议题综述 [J]. 中国人口科学，2013 (6)：102 - 112，128.

④ 当然，它与广义概念仍有很大的区别，因为它涉及户籍因素。

⑤ 段成荣，孙玉晶. 我国流动人口统计口径的历史变动 [J]. 人口研究，2006 (4)：70 - 76.

一般来说，研究对象是狭义流动人口才有价值和意义。张展新、杨思思（2013）① 梳理了研究流动人口问题的五大议题：流动人口的描述性分析、中观层面的人口流动因素、农民工外出与回流行为、流动人口的相对地位分析、外来农民工个体差异。从这五大议题来看，它们所研究的均是狭义上的流动人口。本书研究与流动人口相关的公共服务及其财政支出问题，研究对象同样也是狭义上的流动人口。

流动人口概念不仅具有极强的政策性，也是一个统计意义上的概念，对其尚未有统一的界定和计量。有学者指出，在中国的迁移者中，流动人口是最难界定和统计的人群之一（Goodkind and West，2002）②。鉴于流动人口的计量和估算是本书的一大创新，因此有必要梳理相关重要政策、调查统计及其研究中对流动人口的界定和描述，并在此基础上，界定和计量本书所研究的流动人口。

1.2.1.1 国务院相关文件对流动人口的界定

2009 年 5 月 11 日，国务院颁布了唯一一个以"流动人口"为标题的文件《流动人口计划生育工作条例》，③ 对流动育龄人口的定义是离开户籍所在地的县、市或者市辖区（即跨县市区），以工作、生活为目的异地居住的成年育龄人员。④ 该定义未对时间跨度作明确限定，但各地流动人口计划生育管理规定显示，对流动人口居住时间的界定范围为 15 天到 30 天。⑤ 条例针对的是特定流动人口群体，其定义不具一般性。

2015 年 11 月 26 日，国务院颁布针对流动人口的《居住证暂行条例》，规定居住证的申请条件为：离开常住户口所在地，到其他城市居

---

① 张展新，杨思思. 流动人口研究中的概念、数据及议题综述 [J]. 中国人口科学，2013（6）：102 – 112，128.

② Goodkind D，West L A. China's floating population：Definitions，data and recent findings [J]. Urban studies，2002，39（12）：2237 – 2250.

③ 中央政府官网搜索标题含"流动人口"文件。

④ 两类人员除外：一是直辖市、设区的市内区与区之间异地居住；二是因出差、就医、上学等异地居住、预期返还户籍地。

⑤ 韦艳，张力."数字乱象"或"行政分工"：对中国流动人口多元统计口径的认识 [J]. 人口研究，2013，37（4）：56 – 65.

住半年以上，符合有合法稳定就业、合法稳定住所、连续就读条件之一。该定义既对时空跨度作了限定（半年以上、跨城市），又对就业住房等作了规定。居住证与流动人口公共服务挂钩，所以此界定与本书的研究主题密切相关。

1.2.1.2 公安部对流动人口的界定和统计

1996 年 11 月 26 日，公安部印发了《关于流动人口通报协查工作的规定》，该规定没有对流动人口作明确界定，但根据规定的内容，可知其定义只在空间跨度做了限定。

笔者未找到其他公安部颁布的专门针对"流动人口"的文件。不过，根据公安部发布的文件和数据来看，"暂住人口"与本书的"流动人口"概念相近。韦艳、张力（2013）指出，"暂住人口"是公安部门流动人口管理法规中常用的叫法。[①] 公安部治安管理局编写的《全国暂住人口统计资料汇编》对暂住人口的界定是，离开常住户口所在地的市、县到其他市（不含市辖县）、乡（镇）居住 3 日以上的人员。该资料统计了各省分性别、暂住时间（半年以下、半年至五年、五年以上）、来自地区、居住处所、离开户籍地原因等的暂住人口数据。由住房和城乡建设部编写的《中国城市建设统计年鉴》中公布了以公安部门暂住人口统计为准的、各省份和各地级市市区暂住人口和城区暂住人口数据，其中暂住人口的定义是，离开常住户口地的市区或乡、镇，到本市居住半年以上的人员。如果我们把公安部门统计的暂住人口等同为流动人口，那么定义流动人口时，空间跨度上是跨市、时间跨度上是至少 3 日。

不同于人口普查或 1% 抽样调查数据，公安部统计的暂住人口数据，时间上是连续的，便于实证分析。杨晓军（2017）[②] 把《中国城市建设统计年鉴》从公安部获取并统计的居住半年以上的市区暂住人口界定为城市流动人口，研究城市公共服务质量对流动人口的影响。颜

---

① 韦艳，张力."数字乱象"或"行政分工"：对中国流动人口多元统计口径的认识 [J]. 人口研究，2013，37（4）：56－65.

② 杨晓军. 城市公共服务质量对人口流动的影响 [J]. 中国人口科学，2017（2）：104－114，128.

咏华、郭志仪（2015）① 研究人口流动迁移对城市化进程的影响时，用公安部公布的居住时间一个月以上的暂住人口估算了各省流动人口数量。

1.2.1.3 国家卫生和计划生育等部门对流动人口的界定和统计

1998 年 9 月 22 日，国家计划生育委员会发布的《流动人口计划生育工作管理办法》规定，已婚育龄人口中，满足"现居住地不是户籍所在地，异地从事务工、经商等活动或者以生育为目的异地居住"条件的为该办法适用的对象。与之后 2009 年由国务院颁布的《流动人口计划生育工作条例》相比，这里的流动人口定义对空间跨度没有明确的规定。同样，该定义针对的是特定流动人口群体。

为全面了解流动人口生存发展状况及相关公共服务情况，从 2009 年开始，国家人口和计划生育委员会组织开展了流动人口动态监测调查，是研究流动人口问题、制定相关政策的重要数据来源。从时间跨度和空间跨度来看，它对流动人口的定义是，在流入地居住一个月及以上，非本区（县、市）户口的流入人口。

国家卫健委的流动人口动态监测调查不仅每年包括数十万个样本，而且统计了流动人口家庭成员和收支情况、流动和就业、居留和落户意愿、婚育和卫生计生服务等方面数十个问题，可挖掘的研究价值高。余运江、高向东（2017）② 研究市场潜能对城市间流动人口工资差异的影响效应，朱铭来、史晓晨（2016）③ 研究医疗保险对流动人口灾难性医疗支出的影响，苏丽锋（2017）④ 测算流动人口市民化及其影响因素等，均用了该调查数据。

---

① 颜咏华，郭志仪. 中国人口流动迁移对城市化进程影响的实证分析 [J]. 中国人口·资源与环境，2015，25（10）：103–110.

② 余运江，高向东. 市场潜能与流动人口工资差异：基于异质性视角的分析 [J]. 世界经济，2017，40（12）：98–118.

③ 朱铭来，史晓晨. 医疗保险对流动人口灾难性医疗支出的影响 [J]. 中国人口科学，2016（6）：47–57，127.

④ 苏丽锋. 中国流动人口市民化水平测算及影响因素研究 [J]. 中国人口科学，2017（2）：12–24，126.

1.2.1.4　国家统计局及人口普查抽查对流动人口的界定

国家统计局对流动人口的定义，以及由其牵头或组织的人口普查、抽样调查得到的流动人口数据，使用范围最广、影响力最大。国家统计局对流动人口的定义与其对人口的普查或抽样调查密不可分，经历了一个发展变化的过程。下面结合 1982 年以来的人口普查和抽样调查具体分析。[①]

1982 年第三次全国人口普查第一次出现与流动人口相关的内容。该普查采取按常住人口登记的原则，应在本县、市普查登记的人口有五类。[②] 1982 年人口普查表中对人口流动情况设有"常住人口的户口登记状况"，列有上述 5 个选项。虽然 1982 年人口普查未对流动人口作定义，但根据上述涉及户口登记状况的调查，可统计出的最详细的人口流动情况为：离开户籍所在的县、市，异地居住一年及以上。

1990 年第四次人口普查关于人口流动状况延续了前一次的内容，只是增加了"1985 年 7 月 1 日常住地状况"和"迁来本地的原因"两项内容。所能得到的最详细的人口流动情况与 1982 年相同。

1995 年 1% 人口抽样调查中关于人口流动特征的调查有了较大的变化，进一步识别了跨乡（镇、街道）、异地居住半年以上的非户籍人口。该调查仍采取按常住人口登记的原则，但最小地理区域由县、市变为乡、镇、街道，持续居住的最小时间标准由一年缩减为半年。如果户口不在本县、（县级）市、区，还需填写户口登记地具体的省、地市及县市区地址。[③] 虽然 1995 年 1% 人口抽样调查仍未定义流动人口，但根

---

① 1987 年 1% 人口抽样调查的数据收集方式与其他普查和调查大不相同，故不做专门讨论。

② 五类人为：（1）常住本县、市，并已在本县、市登记了常住户口的人；（2）已在本县、市常住一年以上，常住户口在外地的人；（3）在本县、市居住不满一年，但已离开常住户口登记地一年以上的人；（4）普查时在本县、市，常住户口待定的人；（5）原住本县、市，普查时在国外工作或学习，暂无常住户口的人。

③ 段成荣、孙玉晶（2006）认为 2000 年人口普查才第一次甄别了市内人户分离的人口。其实，早在 1995 年就实现了。1995 年 1% 人口抽查要求户口不在本县市区人口，填写户口登记地具体的省、地市及县市区地址，根据这一内容是可以识别出市内人户分离人口的，只是人口统计部门未按此要求处理并公布数据。

据上述涉及户口的调查，最小单位可计算出离开户籍所在的乡镇街道，但在户籍所在的县市区居住半年及以上的人口数量。

2000年第五次全国人口普查延续了1995年抽样调查中以乡镇街道为最小空间标准、以半年为最小时间标准识别判断户口登记状况的特点，仍采用按常住人口登记的原则。但2000年人口普查还有一个突出的特点，就是进一步识别了户口在外乡镇街道的具体情况：本县（市）其他乡；本县（市）其他镇；本县（市）其他街道；本市区其他乡；本市区其他镇；本市区其他街道；本省其他县（市）、市区；省外。

2005年1%人口抽样调查对人口流动的统计更加细化。表现为两点：第一，采用现住地登记的原则，以小区为单位，调查被抽到小区的全部人口。第二，将居住地和户口登记地分开统计，首次统计了非户籍登记地居住人口离开户口登记地的具体时间，并列有8个选项，其中最短为半年以下，系第一次统计离开户籍所在地半年以下的人口。根据该抽样调查数据，可计算出离开户籍所在的乡镇街道，异地居住半年以下的人口数量。

2010年第六次人口普查仍采用现住地登记原则，对户口登记地统计的最小单位由之前的乡镇街道进一步细化到村（居）委会。所以根据2010年人口普查数据，可得到最详细程度的人口流动情况为离开户籍所在的村（居）委会、异地居住半年以下。

2015年1%人口抽样调查对户籍登记地和离开户籍地时间的统计延续了2010年的安排，但最大的不同，就是在调查表中首次设计了问题"在本市居住时间"并列有8个选项，最短为不满半年，最长为10年以上。利用该年度的调查数据，可统计到各市非户籍人口本地居住的时间分布。

2020年第七次人口普查沿用了2015年1%人口抽样调查中对流动人口的相关处理方式。另外，《第七次全国人口普查公报（第七号）——城乡人口和流动人口情况》明确指出，流动人口是指人户分离人口中扣除市辖区内人户分离的人口，人户分离人口是指居住地与户口登记地所在的乡镇街道不一致且离开户口登记地半年以上的人口。

表1-1汇总了1982年以来历次人口普查和重要的人口抽查中对人口流动的相关统计情况。

表 1–1　　　　　　　历年人口普查和抽查的人口流动相关统计

抽查或普查年份	调查对象或登记原则	户籍登记地最小空间单位	离开户籍地最小时间统计单位	最详细程度人口流动统计	备注
1982（普查）	常住人口	县、市	一年	跨县、市，异地居住一年以上	首次统计人口流动相关内容
1990（普查）	常住人口	县、市	一年	跨县、市，异地居住一年以上	—
1995（抽查）	常住人口	乡镇街道	半年	跨乡镇街道，异地居住半年以上	首次统计县内跨乡镇街道和离开户籍登记地半年以上人口
2000（普查）	常住人口	乡镇街道	半年	跨乡镇街道，异地居住半年以上	首次公布市辖区人户分离人口
2005（抽查）	现住地人口	乡镇街道	半年以下	跨乡镇街道，异地居住半年以下	首次统计离开户籍登记地半年以下人口；首次将居住地和户口登记地分开统计
2010（普查）	现住地人口	村（居）委会	半年以下	跨村（居）委会，异地居住半年以下	首次将户籍登记地具体到村（居）委会
2015（抽查）	现住地人口	村（居）委会	半年以下	跨村（居）委会，异地居住半年以下	首次统计"在本市居住时间"（最短为半年以下）
2020（普查）	现住地人口	村（居）委会	半年以下	跨村（居）委会，异地居住半年以下	相关公报中对流动人口作了界定

资料来源：笔者根据历年人口普查、抽查资料整理。

2010 年国务院颁布《全国人口普查条例》，规定每 10 年进行一次人口普查，即尾数逢 0 的年份为普查年度，在两次人口普查的中间年度（即逢 5）开展 1% 人口抽样调查。虽然各年普查或抽查问卷中均没有对流动人口作出界定，但这些数据是研究人口流动问题的重要资料，也是定义流动人口的重要参考。① 同时，如前所述，2020 年人口普查公报中对流动人口做了明确界定。

国家统计局对流动人口的定义是，人户分离中扣除市辖区内人户分离的人口。其中，人户分离指的是，居住地与户口登记地所在的乡镇街道不一致且离开户口登记地半年及以上。市辖区内人户分离是指一个直辖市或地级市所辖区内或区与区之间，居住地和户口登记地不在同一乡镇街道。② 国家统计局定义流动人口时，空间跨度单位是乡镇街道，时间长度单位为半年。表 1 - 2 描述了国务院、国家统计局、国家卫健委和公安部对流动人口或相关指标的定义。

表 1 - 2　　　　　　　国务院及有关部委对流动人口的界定

发布或组织者	文件或统计调查	定义	时空跨度	备注
国务院	《居住证暂行条例》	离开常住户口所在地，到其他城市居住半年以上，符合有合法稳定就业、合法稳定住所、连续就读条件之一	跨市、半年以上	与公共服务挂钩的居住证申请条件
国家统计局	人口普查或抽查	居住地与户口登记地所在的乡镇街道不一致且离开户口登记地半年以上（市辖区内人户分离除外）	跨乡镇街道（市辖区内除外）、半年以上	样本量最大、应用最广
公安部	《全国暂住人口统计资料汇编》	离开常住户口所在地的市、县到其他市（不含市辖县）、乡（镇）居住 3 日以上	跨市、3 日以上	对暂住人口的定义
国家卫健委	流动人口动态监测调查	在流入地居住一个月以上，非本区（县、市）户口	跨区县市、一个月以上	微观数据，学术研究应用较多

资料来源：笔者整理。

① 张展新，杨思思. 流动人口研究中的概念、数据及议题综述 [J]. 中国人口科学，2013（6）：102 - 112，128.
② 定义来源于国家统计局网站。

人口普查和 1% 抽样调查对人口流动情况的统计全面、详细，许多学者纷纷使用这些调查所得到的数据来界定和衡量流动人口（陈刚，2009；郑真真，2013；段成荣等，2008）。[1] 劳昕、沈体雁（2015）[2] 利用五普和六普数据统计我国 300 多个地级市及以上层面城市的省内迁入和省外迁入流动人口，分析我国人口流动空间模式的变化。[3] 段成荣（2008）直接利用历年人口普查或抽样调查对流动人口作界定：三普中的流动人口指常住本地一年以上、户口在外地和住本地不满一年、离开户籍登记地一年以上的两类人；1987 年 1% 人口抽样调查的流动人口指户口登记地在外地的人；四普中的流动人口指常住本县市一年以上、户口在外县市和住本县市不满一年、离开户籍登记地一年以上的两类人；五普中的流动人口指住本乡镇街道半年以上、户口在外乡镇街道和住本乡镇街道不满半年、离开户籍登记地半年以上的两类人（剔除市内人户分离）；2005 年 1% 人口抽样调查的流动人口指调查时点居住地在本调查小区，但户口登记地为本乡镇街道以外的人口（剔除市内人户分离）。王丽艳、马光荣（2017）[4] 根据六普数据，对流动人口的定义是一年之中离开户籍所在县半年以上的人口。吕利丹、段成荣（2012）指出，依据 1995 年调查数据而界定的流动人口可以是"跨乡（镇、街道）、半年以上"的流动人口。[5]

另外，基于数据可得性和研究的需要，大量文献直接用"常住人口减户籍人口"来定义和统计流动人口，如黄虹、许祺（2017）[6]，于涛

① 段成荣，杨舸，张斐，卢雪和．改革开放以来我国流动人口变动的九大趋势［J］．人口研究，2008（6）：30－43；郑真真．中国流动人口变迁及政策启示［J］．中国人口科学，2013（1）：36－45，126－127；陈刚，李树，陈屹立．人口流动对犯罪率的影响研究［J］．中国人口科学，2009（4）：52－61，111－112.
② 劳昕，沈体雁．中国地级以上城市人口流动空间模式变化——基于 2000 和 2010 年人口普查数据的分析［J］．中国人口科学，2015（1）：15－28，126.
③ 本书认为迁入人口是指离开户口登记地、迁入现居住地"半年以上"的流动人口。
④ 王丽艳，马光荣．帆随风动、人随财走？——财政转移支付对人口流动的影响［J］．金融研究，2017（10）：18－34.
⑤ 吕利丹，段成荣．对我国流动人口统计调查的总结与思考［J］．南方人口，2012，27（3）：73－80.
⑥ 黄虹，许祺．人口流动、产业结构转变对上海市绿色 GDP 的影响研究［J］．中国软科学，2017（4）：94－108.

方（2012）[①]，王丽艳、马光荣（2017）[②] 等。但是，用常住人口减户籍人口会低估一个地区流动人口的规模，差额为本地（非户籍地）居住小于半年、但离开户籍地超过半年人口＋户口在本地，但不在本地居住超过半年［国（境）外除外］人口。

1.2.1.5　本书对流动人口的界定和计量

综上所述，我们发现，对流动人口规模和结构的准确计量是一项极其复杂甚至有时是难以实现的工作，基于已有数据的合理范围内的估算是可行的，也是必要的；应不拘泥于单个调查数据的约束，从研究目的出发灵活恰当地使用已有数据。

本书从宏观的省、市、市辖区、县（市）等多层面、多维度研究流动人口和户籍人口对公共财政支出的影响异质性以及背后的原因和机理，重点分析流动人口在流入地享受的公共服务与户籍人口之间的差异，因而涉及的是狭义上的流动人口，即离开户籍所在地、异地居住超过一定时间的人口。基于研究目的和数据可得性，所研究的流动人口的结构差异主要表现为时间和空间跨度的不同，未涉及流动人口的年龄、受教育水平等方面的差异。

综合上述梳理和分析，尤其是国家统计局和人口普查、抽查中对流动人口的统计，本书所研究的流动人口，是根据常住地来界定的，即离开户籍所在地，在某地居住超过半年的人口。例如，A 市的流动人口，是指户籍不在 A 市，但在 A 市居住时间超过半年的人口；B 省的流动人口，是指户籍不在 B 省，但在 B 省居住时间超过半年的人口。特别地，此界定下的流动人口，省级层面只有 2010 年、2015 年和 2020 年的数据，无法做实证分析。因此，在第 5 章省级层面的实证分析中，使用公安部统计的"跨省暂住人口"来近似替代跨省流动人口，虽然暂住人口在时间跨度上的统计口径是 3 日以上，但对于远距离的跨省流动来说，时间跨度一般较长，半年以上的比例较高。而且，第 5 章的实证分

① 于涛方. 中国城市人口流动增长的空间类型及影响因素 ［J］. 中国人口科学，2012 (4)：47 - 58，111 - 112.

② 王丽艳，马光荣. 帆随风动、人随财走？——财政转移支付对人口流动的影响 ［J］. 金融研究，2017 (10)：18 - 34.

析只是从省级层面论证流动人口和户籍人口对地方政府公共服务支出影响异质性的存在性，而不涉及更为核心的异质性程度的测算。本书实证分析各章节所使用的流动人口类型、数据来源及其界定，如表1-3所示。从表中可以看出，本书所定量研究的流动人口数据来自多个数据库，空间跨度涵盖跨县（市）、跨市区、跨地级市、跨省，有些章节还差别化考虑了流动人口的户籍地（属于市或县）和流入地状况。

表1-3　　　　　　本书研究所涉及的流动人口相关信息

流动人口类型	异地居住时间跨度	空间跨度	在本书中的位置	数据来源	备注
跨省暂住人口	3日以上	跨省	第5章	《全国暂住人口统计资料汇编》	
省内暂住人口	3日以上	省内跨市	第5章	《全国暂住人口统计资料汇编》	户籍地分省内市和省内县
省内但不含市辖区内的流动人口	半年及以上	省内，但非市辖区内或市辖区之间的跨乡（镇、街道）	第6章	分省《人口普查资料》（2010年和2020年）和《2015年人口1%抽样调查资料》	
跨省流动人口	半年及以上	跨省	第6/7章	分省《2010年人口普查资料》《2015年人口1%抽样调查资料》《2010年人口普查分县资料》	
本省其他县（市）/市区户籍的流动人口	半年及以上	省内跨县（市）或市区	第6/7章	《中国2010年人口普查分县资料》	
市区暂住（流动）人口	半年及以上	跨地级市	第6/7章	《中国城市建设统计年鉴》	流入地为市区

流动人口类型	异地居住时间跨度	空间跨度	在本书中的位置	数据来源	备注
省内跨县（市）流动人口	半年及以上	省内跨县（市）	第6/7章	《2010年人口普查分县资料》	

1.2.2　地方政府公共服务支出

中国实行的是包含"中央、省（自治区、直辖市）、市（自治州、盟、地区）、县（区、市）、乡（镇）"五级政府的多级行政管理体制。本书研究流动人口和户籍人口对地方政府公共服务支出的影响异质性。其中，"地方"，一般泛指除中央层面之外的省（自治区、直辖市）、市（自治州、盟、地区）、县（区、市）、乡（镇）各级；但在实证分析部分，基于数据可得性，特指省（自治区、直辖市）、市（自治州、盟、地区）、县（区、市）三级。"政府公共服务支出"，一般泛指与人们生活密切相关的，由政府财政资金安排的，用于公共教育、医疗卫生、社会保障、社会服务、就业创业培训、住房保障、环保、公共安全、文化体育等各项民生的支出；在实证分析部分，基于政府收支分类和数据可得性，特指政府一般公共预算支出以及一般公共预算支出中按功能分类的教育支出、医疗卫生支出、社会保障和就业支出、住房保障支出、科学技术支出等。[①]

特别指出的是，考虑到政府公共财政支出的公共性和公益性，在不引起混淆的前提下，本书中"公共服务支出"与"公共财政支出"一般等同。尤其在实证分析部分，公共服务支出指一般公共预算支出以及一般公共预算支出中按功能分类的教育支出、医疗卫生支出、社会保障和就业支出、住房保障支出、科学技术支出等。

---

① 科学技术支出并不是本书实证分析研究的重点。如后文所述，鉴于科学技术支出是仅有的几个省、区、市各层面数据均有的支出之一，将科学技术支出纳入，有助于丰富本书的比较研究，其结论也有参考价值。

1.2.3　异质性

异质性即差异性。本书所要研究的异质性，是指流动人口和户籍人口对地方政府公共服务支出的影响差异。从流动人口角度来看，异质性指流动人口在流入地所享受的公共服务与本地户籍人口之间的差异；从地方政府角度来看，异质性指地方政府花费在辖区流动人口和户籍人口上的人均公共服务支出差异；反映在实证回归上，异质性指在以流动人口和户籍人口为核心解释变量，公共财政支出为被解释变量的回归中，流动人口和户籍人口回归系数之间的差异，即平均增加一单位流动人口和平均增加一单位户籍人口所带来的公共财政支出的平均增加值之间的差异。

对地方政府公共服务支出的影响异质性及异质性程度的差异，不仅体现在流动人口和户籍人口之间，也存在于不同流动人口群体之间，还会因公共服务支出所归属的地区、政府行政层级和支出类别等的不同而有所差异。流动人口和户籍人口之间、不同流动人口群体之间在年龄结构、受教育水平、收入水平等方面均存在较大差异。因此，一方面，地方政府公共服务供给，不仅对流动人口和户籍人口差别化对待，而且针对不同流动人口群体可能也会采取不同的政策，即从供给端带来异质性；另一方面，由于自身禀赋、迁移动机等差异，不同流动人口群体对流入地公共服务的需求、预期以及获取公共服务的能力等方面也存在较大差异，即从需求端带来异质性。另外，无论从需求端还是供给端来看，公共服务类型、流入地经济发展水平和公共服务体系完善程度、不同层级政府所承担的职能和所具备的特点或优势等方面的不同，均会带来流动人口和户籍人口对公共财政支出的影响异质性以及异质性程度的差异。因此，本书所探讨的流动人口和户籍人口对地方政府公共服务支出的影响异质性以及异质性程度的差异，包括四个层次：流动人口和户籍人口之间的影响异质性、不同流动人口群体之间的影响异质性、户籍人口和不同流动人口群体之间的影响异质性、由公共服务支出属性不同所带来的影响异质性。图 1-3 总结了本书所研究的"异质性"及所涉及的逻辑关系。

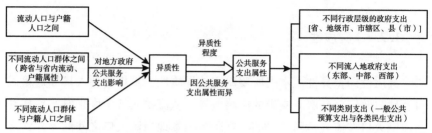

图1-3 本书所研究的"异质性"说明

其中，有三点值得特别说明。

第一，本书主要是论证和测算流动人口和户籍人口对地方政府公共服务支出的影响异质性及其程度，且适当地考虑了流动人口的结构。考虑到不同流动人口群体在受教育水平、年龄、收入、工作类型、迁移动机等属性方面存在较大差异，因而需考虑不同流动人口群体之间，以及户籍人口与不同流动人口群体之间对地方政府公共服务支出的影响异质性。但是，已有的、整体层面的对流动人口的调查和统计，缺乏对上述属性具体而全面的数据，难以支撑有说服力的回归分析。[①] 因此，本书在数据可得的前提下，考虑了流动人口的流动距离（跨省和省内流动）、户籍属性（户籍地位于市区还是县，基本可视为城镇户籍和农村户籍的差异）等差异。笔者认为，一方面，本书所研究的是流动人口和户籍人口作为两大整体，对地方政府公共服务支出的影响异质性；另一方面，流入地差异［东、中、西（东北）部］[②]、户籍地差异（城镇与农村）在一定程度上也反映了流动人口在受教育水平、收入、工作类型、迁移动机等属性上的差异。因此，本书的数据选取及处理是合理

---

① 诸如国家卫健委的"中国流动人口动态监测调查"等数据详细统计了流动人口多方面的属性，但这些调查均是相对于总体样本而言极小的抽样调查，不适用于本书的研究主题。

② 按照当前国家统计局的划分，东部地区包括北京、天津、河北、上海、江苏、浙江、福建、山东、广东、海南10个省份；中部地区包括山西、安徽、江西、河南、湖北、湖南6个省份；西部地区包括内蒙古、广西、重庆、四川、贵州、云南、西藏、陕西、甘肃、青海、宁夏、新疆12个省份；东北地区包括辽宁、吉林、黑龙江3个省份。在第6章实证分析中，分区域板块回归时，考虑到样本容量问题，即东北和中部地区省份较少，影响回归结果准确性和可信度，故根据区位特征，将辽宁划为东部地区，黑龙江和吉林划为中部地区。在第6章对应部分也作了说明。

的，所得结论是有意义的。

第二，公共服务支出属性不同会带来影响异质性程度的差异。流动人口和户籍人口对地方政府公共服务支出影响异质性的程度，会因公共服务支出所归属的政府行政层级［省、地级市、市辖区、县（市）］、支出所归属的流入地（东、中、西部地区）、支出类别（一般公共预算支出以及按功能分类的教育支出、医疗卫生支出、社会保障和就业支出、住房保障支出等）等的不同而有所差异。对此，第 3 章 3.3 节将会结合政治学、经济学、社会学等相关理论，从理论上分析地方政府公共服务支出属性，以及流动人口自身的流动距离、户籍地等属性，所带来的流动人口和户籍人口对地方政府公共服务支出影响异质性程度的差异，即"异质性程度的差异性"，这些也都将在实证分析的第 5 章、第 6 章、第 7 章中予以验证。

第三，出于简洁性需要，如无特别说明，在本研究主题下，书中出现的"影响异质性""异质性"，一般是指流动人口和户籍人口对相关变量（如一般公共预算支出和按功能分类的教育、医疗卫生、社会保障和就业支出，地区从业人数、医院卫生院床位数、医生数、社保参保人数等）影响的异质性。例如，"公共服务支出属性不同会带来影响异质性程度的差异"，是指公共服务支出属性不同，会带来流动人口和户籍人口对公共服务支出影响异质性程度的差异。

1.3 研究内容、逻辑及研究方法

1.3.1 研究内容

本书一方面致力于从理论上分析流动人口和户籍人口对地方政府公共服务支出影响异质性的产生原因、表现及后果，以及异质性程度的差异，探讨为了削减异质性而在政府间划分流动人口公共服务供给相关事权和支出责任的原则。另一方面，运用大量实证分析，论证流动人口和户籍人口对政府公共服务支出影响异质性的存在性，测算影响异质性的程度及其结构化差异,并分析影响异质性在公共教育、医疗卫生和社会保障等公共服务领域的表现、后果以及作用机理。本书内容安排如下:

第1章是绪论。介绍本书的研究背景及意义,通过梳理相关政策、调查及研究界定本书的核心概念——流动人口,说明本书所研究的"异质性"及所涉及的逻辑关系,以及地方政府公共服务支出的内涵和范围,概括本书的研究内容、逻辑及研究方法,并指出本书的创新及不足之处。

第2章是相关文献综述。前三节综述了三个方面的文献:流动人口和户籍人口对流入、流出地经济和财政收入均有影响且影响存在异质性;地方政府安排公共财政支出时对流动人口差别化对待;基本公共服务均等化内含公共服务差异化、需保障流动人口的基本公共服务。这说明本书所研究的流动人口和户籍人口对地方政府公共服务支出的影响异质性具有深刻的政策、制度、现实等原因。第4节和第5节分别梳理评述了间接测算流动人口和户籍人口对公共服务支出影响异质性程度的文献——农业转移人口市民化成本测算,以及直接测算这种异质性的极少量文献,通过总结这些研究的局限性,论证本书通过比较回归系数的方法考察户籍人口和流动人口对公共服务支出影响异质性具有一定的创新价值和意义。

第3章是相关基础理论及分析。运用马斯洛需求层次理论、人口迁移动机理论、地方政府及官员激励理论、财政职能理论、财政分权理论、外部性理论,并结合中国实际情况,探讨流动人口和户籍人口对地方政府公共服务支出影响异质性的产生原因、表征或后果、异质性程度差异,以及保障流动人口公共服务供给以削减异质性的政府间财政事权和支出责任划分原则。

第4章通过梳理和介绍我国预算决策机制、人口流动相关公共服务政策和制度、政府间财政事权和支出责任划分政策和制度,探讨流动人口和户籍人口对地方政府公共服务支出影响异质性背后的政策和制度背景或原因,并指出这些政策和制度在保障流动人口公共服务方面存在的问题。结论有三点:一是流动人口在地方预算支出决策中处于相对弱势地位,利益诉求反映和体现不足。二是长期以来,户籍制度下的财政体制、公共服务供给政策和制度以人口不流动为前提,流动人口享受流入地公共服务存在诸多障碍，但随着人口流动的日益频繁，这一情况正在发生改变，但完善空间仍很大。三是人口流动相关的公共服务供给基本上都属于政府间共同事权，公共服务财政事权与支出责任划分与人口流动有较大的不适应性，因此完善政府间财政事权和支出责任划分是保障流动人口公共服务的重难点。

第 5 章用省级数据论证了流动人口和户籍人口对地方政府公共服务支出影响异质性的存在性，并分财政支出类别（按功能分类）、流动人口户籍类型（城镇户口和农村户口）等作了异质性程度的比较分析，且结合相关理论对结果进行探讨。

第 6 章聚焦于更加贴近辖区居民、承担较多公共服务支出责任的地级市、市辖区、县层面，不仅论证了流动人口和户籍人口对公共财政支出的影响具有异质性，测算了异质性程度的大小或范围，而且还比较了由区域、行政层级、支出类别、流动人口类型、时间等的不同所带来的异质性程度的差异，并结合相关理论、现行政策和制度对实证结果进行分析。

第 7 章以公共教育、医疗卫生和社会保障公共服务为例，用大样本的县（市）、市辖区层面数据，比较流动人口和户籍人口对中小学在校生数、小学生师比、从业人数、医院卫生院床位数、医生数、社保参保人数等变量的影响异质性，论证了流动人口为流入地提供了丰富的劳动力，流动人口对流入地义务教育等公共服务有较强烈的需求或潜在需求，但流动人口和户籍人口所享受的这三类公共服务有明显的差异（或者说这三类公共服务供给对流动人口考虑和重视程度不足），并增加了以常住人口规模衡量的地区公共服务资源的紧张程度。这既是异质性影响产生的原因，也是后果和表征。结合相关理论，解读了上述结果。

第 8 章是研究结论及对策建议。该章总结了本书八个方面的研究结论，并从体制机制设计及优化、政策制定、执行及完善两大方面提出了十条对策建议。

1.3.2 逻辑框架

本书逻辑框架如图 1 - 4 所示。

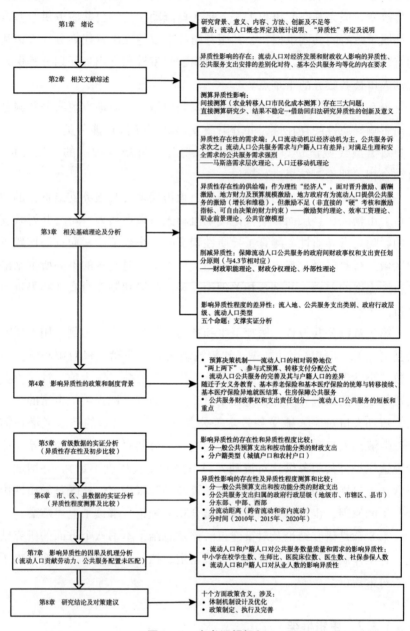

图 1 - 4　本书逻辑框架

1.3.3 研究方法

本书综合运用文献研究法、回归分析法、比较研究法，深入系统地研究流动人口和户籍人口对地方政府公共服务支出和公共服务数量、质量的影响异质性，且分支出类别、分人口结构、分地区、分时间、分支出归属的政府行政层级测算并比较了异质性程度的差异。

文献研究法贯穿论文始终。通过梳理政策文件和相关研究，对流动人口定义作了系统的梳理并给出了本书的界定；基础理论均是来自对已有经典或重要文献的梳理和总结；第 2 章文献综述部分更是通过已有文献的梳理，从三个方面论证本书所研究的流动人口和户籍人口对公共服务支出影响异质性的存在性、合理性、必然性，并发现对其的直接或间接测算均存在局限性，而本书通过回归法研究这种影响异质性具有一定的创新价值和意义。本书其他部分也借助文献研究法获取理论、技术和政策制度支持，开拓研究思路。

回归分析法应用于本书核心部分：论证户籍人口和流动人口对地方政府公共服务支出影响异质性的存在性，并测算在不同情况下的影响异质性程度。本书还通过回归分析法比较了流动人口和户籍人口对公共服务数量、质量以及从业人数的影响异质性，从而将本书所研究的影响异质性进一步具体化。

比较研究法是本书研究的立足点。本书比较了流动人口和户籍人口对地方政府公共服务支出的影响差异，并分地区、人口结构和公共服务支出属性等作了不同情况下的异质性程度的比较分析，比较了流动人口和户籍人口对公共服务数量质量和从业人数的影响差异。

1.4 本书创新及不足之处

1.4.1 创新之处

流动人口问题，是中国特有的户籍制度下较为复杂的特殊问题。流动人口和户籍人口对地方政府公共服务支出的影响异质性，或者说用于流动人口和户籍人口的人均财政支出差异，这一主题是已有研究较少涉及的；而且，基于回归分析的方法，综合利用各类流动人口统计数据对这一主题展开量化研究，已有研究更少涉及。本书研究即围绕这一创新主题展开。

第一，综合运用公共服务供给端的地方政府及官员激励理论，公共服务需求端的人口迁移动机理论、马斯洛需求层次理论，并结合中国实际情况，创造性地从公共服务供需两端的行为视角分析流动人口和户籍人口对地方政府公共服务支出影响异质性产生的根本原因。

第二，全面系统地梳理了针对流动人口的各种统计和调查项目，及其对流动人口的界定和统计，有助于对流动人口这一复杂的概念形成较为清晰的认识。综合利用各种流动人口统计数据，多维度、多层面定量分析流动人口和户籍人口对公共服务支出的影响异质性，夯实了本书的定量研究基础。

第三，本书创造性地借助回归分析并通过比较回归系数的方法，基于省、地级市、市区、县（市）等多维度的流动人口数据，研究流动人口和户籍人口对地方政府公共服务支出的影响异质性，并得到具体的异质性程度，这可以衡量用于流动人口和户籍人口的人均财政支出差异。回归分析的方法克服了直接计算异质性所受到的数据和方法的约束。更进一步，比较了不同地区、不同时间、不同流动距离、不同流动人口户籍类型、不同财政支出类别、不同政府行政层级下的影响异质性程度的差异。在此基础上，以义务教育、医疗卫生、社会保障公共服务为切入点，利用市辖区和县（市）数据，将上述影响异质性直观化、具体化，考察流动人口和户籍人口对这三类公共服务数量和质量的影响，探究了异质性的作用机理及背后的地方政府行为。

第四，系统梳理了与人口流动相关的公共服务政策和制度，有助于全面了解流动人口公共服务现状及问题。涉及随迁子女义务教育、社会保险的统筹与转移接续、医疗保险异地就医结算、住房保障等公共服务，并对政府间公共服务财政事权和支出责任划分做了较为全面的梳理。

1.4.2　不足之处

首先，较大程度地受到数据可得性和有效性的制约，主要是流动人口数据。其一，在部分实证分析中，为了克服规模效应的影响，只能以拥有当地户籍但户籍地和常住地不在同一地区（同一乡镇街道或同一区县等）的人口为户籍人口，而且省内流动人口难以与这些户籍人口做严格的区分，因此得到的流动人口和户籍人口对地方政府公共服务支出的影响异质性程度实际上是一种近似计算。其二，影响异质性程度测算所用的只是 2010 年、2015 年和 2020 年的数据，实证分析结果受到样本量和时效性制约。其三，各章节所使用的人口数据缺乏统一性，可能会影响实证结论的稳健性。

其次，本研究与实务、实践的结合程度有待提高。本书只是从较为宏观和整体的层面考察流动人口和户籍人口对地方政府公共服务支出的影响异质性，或用于流动人口和户籍人口的人均公共财政支出差异。实际中公共服务支出安排如何考虑人口因素，对户籍人口和流动人口是否真的差别化对待，如果是的话，实际执行状况怎样，这些都值得结合相关实践工作进一步深入探讨。

最后，未测算流动人口和户籍人口对政府公共服务支出的边际影响。本书基于整体层面的数据，得到的只是平均增加一单位户籍人口或流动人口所带来的公共财政支出的平均增加值的差异。如果能测算并比较增加一单位流动人口或户籍人口所带来的公共财政支出的边际增加值的差异，将是对本研究的有益扩充，研究结论也将更有政策指导意义。

第 2 章

流动人口和户籍人口对公共服务
支出影响异质性相关文献综述

　　鉴于与本书研究主题直接相关的文献较少，本章一方面述评仅有的少量直接测算流动人口和户籍人口对财政支出影响异质性程度的文献，以及间接测算这种影响异质性程度的文献——农业转移人口市民化成本测算文献。另一方面，综述了以下三个方面的文献：流动人口和户籍人口对流入、流出地经济和财政收入均有影响且影响存在异质性；地方政府安排公共财政支出时对流动人口差别化对待；基本公共服务均等化内含公共服务差异化，应加强保障流动人口基本的公共服务。本章的目的不仅是综述相关文献，也是论证本书研究主题的合理性和可行性。前者是论证本书通过比较回归系数的方法考察户籍人口和流动人口对公共服务支出的影响异质性具有一定的价值和意义；后者从流动人口与户籍人口对财政收入和经济发展的影响异质性、地方财政支出行为对流动人口的差别化对待、基本公共服务均等化和财力可承受能力的内在要求三个方面说明，本书所研究的流动人口和户籍人口对财政支出的影响异质性具有深刻的政策、制度、现实等原因和背景。

2.1　流动人口和户籍人口对流入、流出地
经济和财政收入的影响异质性

　　国外关于迁移的研究认为，人口流动过程伴随着生产要素的空间再

配置，人口流动的发生和发展，形成了推动经济社会发展的重要动力（Black and Sward，2009①；De Haas，2010②；Gamlen，2010③）。对于中国来说，流动人口和户籍人口均推动了流入地经济发展和财政收入增长，但二者贡献有所差别，且流动人口通过缓解流出地人多地少矛盾、增加收入、革新观念等促进了流出地经济的发展。当然，流出地也遭受了人力资本损失等不利影响。

第一，流动人口对流入地经济和财政收入作出了重要的贡献，但与户籍人口有所差别。马晓微、张岩（2004）④ 测算出 1997～2003 年北京市外来人口对北京市 GDP 的贡献率为 27.96%。严于龙、李小云（2007）⑤ 测算的结果比较接近，2001～2005 年农民工对 GDP 的贡献份额分别为 18.3%、20.0%、21.8%、22.6%、24.0%。段平忠、刘传江（2005）⑥ 利用省级数据的实证分析显示，流动人口对地区经济增长的贡献非常大，但贡献的趋势逐渐递减。张力（2015）⑦ 利用上海市的数据测算结果显示，非城镇户籍流动人口对上海个人所得税、增值税、营业税、消费税的贡献分别为 2875 元、2034 元、176 元、330 元。流动人口所作出的这些贡献相对全市平均水平偏低，即流动人口对城市经济的贡献要低于本地户籍人口。王金营、李庄园（2015）⑧ 通过测算后发现，随着流动人口规模的不断扩大，其对宁波 GDP 的贡献也越来越大，

①　Black R，Sward J. Migration，Poverty Reduction Strategies and Human Development［J］. Migration，2009：38.

②　De Haas H. Migration and Development：A Theoretical Perspective［J］. International Migration Review，2010，44（1）：227 – 264.

③　Gamlen A. The New Migration and Development Optimism：A Review of the 2009 Human Development Report［J］. Global Governance，2010：415 – 422.

④　马晓微，张岩. 城市流动人口的经济贡献量化初探［J］. 人口研究，2004（4）：63 – 67.

⑤　严于龙，李小云. 农民工对经济增长贡献及成果分享的定量测量［J］. 统计研究，2007（1）：22 – 26.

⑥　段平忠，刘传江. 人口流动对经济增长地区差距的影响［J］. 中国软科学，2005（12）：99 – 110.

⑦　张力. 流动人口对城市的经济贡献剖析：以上海为例［J］. 人口研究，2015，39（4）：57 – 65.

⑧　王金营，李庄园. 快速成长城市流动人口对财政支出规模影响研究——以宁波市为例［J］. 财政研究，2015（12）：82 – 89.

2012 年更是贡献了宁波 GDP 总量的 27.66%。对财政收入的贡献从 2003 年到 2012 年翻了八倍多，2012 年贡献了 425.04 亿元财政收入。王春超、荆琛（2012）① 运用 C–D 生产函数分析了 1991～2010 年农民工对中国非农经济产出的贡献率，结果显示农民工贡献了中国非农经济产出的 16.37%，城镇职工贡献了 26.63%，为前者的 1.63 倍。笔者根据文中的数据，计算了 2006～2010 年城镇职工人数与农民工人数之比的平均值，为 1.43 倍，所以城镇职工人均贡献率要高于农民工。

第二，人口流动对流出地的经济发展和财政收入影响既有积极的一面，又存在消极或不利的一面。段成荣（1998）② 认为流动人口对农村经济发展的影响主要有：为农村劳动力转移提供有效途径，缓解人多地少矛盾，为农业规模化经营创造条件；增加农民收入，为农村经济发展提供资金支持；城市地区的生活就业经历锻炼了农业转移人口，有利于农村地区观念变革。蔡昉、白南生（2006）③ 认为人口流动促进了输出地人均收入水平的提高。王志理、王如松（2012）④ 发现人口流动有利于缩小城乡收入差距，带动流出地人民收入增长和经济发展。付文林（2007）⑤ 认为，人口流动的结构性障碍导致高技术人才从经济欠发达地区流出，短期来看可能会拉大地区间人力资本积累水平的差距，导致更大的地区发展差异。杜小敏、陈建宝（2004）⑥ 发现对于中西部一些人口输出大省，人口流动对其经济的影响是负面的，这些地区希望通过劳务输出带回收入来拉动当地经济增长的空间非常有限。阮荣平等（2011）⑦ 指出，人口流动对输出地人力资本的影响既有抑制作用，也

① 王春超，荆琛．中国城市化进程中农民工对经济产出的贡献与收益分享［J］．经济社会体制比较，2012（2）：144–153.

② 段成荣．流动人口对城乡社会经济发展的影响［J］．人口研究，1998（4）：58–63.

③ 蔡昉，白南生．中国转轨时期劳动力流动［M］．北京：社会科学文献出版社，2006.

④ 王志理，王如松．流动人口城市居住生态及其政策分析［J］．中国人口·资源与环境，2012，22（S1）：379–382.

⑤ 付文林．人口流动的结构性障碍：基于公共支出竞争的经验分析［J］．世界经济，2007（12）：32–40.

⑥ 杜小敏，陈建宝．人口迁移与流动对我国各地区经济影响的实证分析［J］．人口研究，2010，34（3）：77–88.

⑦ 阮荣平，刘力，郑风田．人口流动对输出地人力资本影响研究［J］．中国人口科学，2011（1）：83–91，112.

有促进作用，且这种影响并非简单的线性关系，而是会随着地区收入差距、经济发展水平差距以及人口流动程度的变化而变化。利用中国省级数据的实证分析结果显示，我国人口流动总体上削弱了输出地人力资本水平。

第三，流动人口对流入地和流出地的经济发展和财政收入都会产生影响，但对流入地和流出地的影响可能存在本质差别。范红忠（2006）[①] 利用跨国大都市区数据分析后指出，对于人口密度和人口压力较大的国家来说，大都市区通过吸收大量人口，大大减缓了其人口压力。我国农村人地矛盾突出，人口向东部沿海地区的流动有利于缓解这些压力、减小地区经济差距。国家人口计生委流动人口服务管理司（2010）[②] 指出，向城市流动的劳动力，一方面促进了城市经济的繁荣和产业的集聚，拉大了流出地和流入地之间的差距；但另一方面，流动人口也会通过向流出地的亲人汇款、投资或人力资本回流等方式，促进流出地经济社会的发展。范剑勇等（2004）[③] 以一个新的国际贸易理论和新经济地理学构成的框架分析了中西部农村劳动力向东部发达地区跨省流动所带来的影响，指出这种人口流动推动了沿海地区的产业集聚和经济增长，但减缓了中西部地区的工业化进程。

2.2　地方政府安排公共财政支出对流动人口差别化对待

户籍人口和流动人口所享受的公共服务有较大差距，地方政府在安排公共财政支出时对流动人口仍有歧视。但是，由于流动人口的特殊性（如流动的不稳定性；并不是所有人愿意在流入地长期居住并落户）以

①　范红忠. 地区经济差距与人口流动：基于七国大都市区人口分布的比较研究［J］. 经济经纬，2006（2）：93-95.

②　国家人口计生委流动人口服务管理司. 引导人口有序流动迁移　促进城镇化健康发展——人口流动迁移与城镇化国际研讨会综述［J］. 人口研究，2010，34（5）：88-92.

③　范剑勇，王立军，沈林洁. 产业集聚与农村劳动力的跨区域流动［J］. 管理世界，2004（4）：22-29，155.

及户籍制度、财力的制约，至少中短期来看，流动人口与户籍人口公共服务存在一定差距具有相对合理性和必然性。户籍地政府也应为流出人口提供部分公共服务。

一方面，地方政府财政支出行为歧视性对待流动人口，流动人口难以享受到与户籍人口同等的公共服务。段丁强等（2016）[1] 指出，部分地区通过设定门槛，限制部分常住流动人口享受基本公共卫生服务，短期流动人口仍未纳入基本公共卫生服务的筹资和支出安排考虑中。陈丰（2012）[2] 指出，流动人口的养老、工伤、失业、医疗等各项社会保障公共服务与户籍人口有明显差异。王志理、王如松（2012）[3] 发现流动人口在分享城市公共教育、医疗、住房和就业等资源方面，流动人口与户籍人口存在较大差距，流动人口很难得到流入地公共资源的支持。甘行琼等（2015）[4] 研究发现，地方政府确实存在根据户籍供给公共服务的倾向，流动人口被歧视。户籍制度的制约、财政激励的扭曲是重要原因。刘尚希（2012）[5] 认为，我国现行的财政体制，是以假定人口不流动为前提，财政支出安排以辖区户籍人口为基础，流动人口的公共服务面临"两不管"的困境。刘大帅、甘行琼（2013）[6] 认为人口流入地政府只愿意接受流动人口的"劳动"，而不愿为其提供公共服务，地方政府主要根据户籍提供多种公共服务的做法在事实上排斥了流动人口。段哲哲等（2017）[7] 指出人口流动会对流入地教育资源产生挤占效应，地方政府出于本地利益最大化的自利性动机，通过设置门槛来限制流动人

① 段丁强，应亚珍，周靖. 促进我国流动人口基本公共卫生服务均等化的筹资机制研究 [J]. 人口与经济，2016（4）：34 – 44.

② 陈丰. 流动人口社会管理与公共服务一体化研究 [J]. 人口与经济，2012（6）：59 – 64.

③ 王志理，王如松. 流动人口城市居住生态及其政策分析 [J]. 中国人口·资源与环境，2012，22（S1）：379 – 382.

④ 甘行琼，刘大帅，胡朋飞. 流动人口公共服务供给中的地方政府财政激励实证研究 [J]. 财贸经济，2015（10）：87 – 101.

⑤ 刘尚希. 我国城镇化对财政体制的"五大挑战"及对策思路 [J]. 地方财政研究，2012（4）：4 – 10.

⑥ 刘大帅，甘行琼. 公共服务均等化的转移支付模式选择——基于人口流动的视角 [J]. 中南财经政法大学学报，2013（4）：13 – 20，158.

⑦ 段哲哲，黄伟任，黄昊. 流动人口对县级政府基础教育支出影响研究——基于2009 ~ 2014年江苏省44个县市数据 [J]. 西北人口，2017，38（1）：19 – 27.

口子女在本地上学。刘乃全等（2017）① 利用2014年国家卫计委流动人口动态监测数据分析后发现，相对于城镇户籍流动人口，农村户籍流动人口更难以获取城市公共服务。朱柏铭（2015）② 认为地方政府根据户籍人口提供公共服务主要表现在两个方面：一是辖区公务员、教师、医务人员等行政事业单位的编制人员，即财政供养人口规模，根据辖区户籍人口数量确定；二是辖区内医院、学校、体育馆等公共设施以户籍人口为基数进行配置。

　　另一方面，流入地政府为流动人口提供公共服务是必要的，有助于区域之间的财力协调，但要考虑流动人口的需求和地方财政的承受能力，量力而行，户籍地政府也不能缺位。国家人口计生委流动人口服务管理司（2010）③ 认为农民工为大城市的发展创造了财富并贡献了税收，城市当局有义务为农民工提供社会保障等公共服务。刘晓峰等（2010）④ 指出，城镇化和流动人口规模达到一定程度，城市当局对流动人口公共服务的歧视性对待必然拉大城市户籍人口和流动人口所享受的公共服务之间的差距，甚至引发社会矛盾，反过来也会降低户籍人口所享受的公共福利水平。郑秉文（2008）⑤ 指出，由于流动人口大多回户籍地养老，在目前的社保政策（如便携性差等）下，流动人口所在的流入地社保制度将受益，流出地会受损，流入地的受益是以流出地对流动人口的社保补贴为代价。张力（2015）⑥ 认为流动人口对城市经济作出了贡献，但也并不意味着地方政府可以让他们自由落户并提供户籍人口所享受的公共服务，主要因为落户带来的人均财政成本高于其财政

　　① 刘乃全，宇畅，赵海涛．流动人口城市公共服务获取与居留意愿——基于长三角地区的实证分析［J］．经济与管理评论，2017，33（6）：112－121.

　　② 朱柏铭．人口净流入——补助低溢入与财政转移支付［J］．地方财政研究，2015（5）：40－47，74.

　　③ 国家人口计生委流动人口服务管理司．引导人口有序流动迁移　促进城镇化健康发展——人口流动迁移与城镇化国际研讨会综述［J］．人口研究，2010，34（5）：88－92.

　　④ 刘晓峰，陈钊，陆铭．社会融合与经济增长：城市化和城市发展的内生政策变迁［J］．世界经济，2010，33（6）：60－80.

　　⑤ 郑秉文．改革开放30年中国流动人口社会保障的发展与挑战［J］．中国人口科学，2008（5）：2－17，95.

　　⑥ 张力．流动人口对城市的经济贡献剖析：以上海为例［J］．人口研究，2015，39（4）：57－65.

贡献、与之相伴随的非就业家眷市民化的公共成本高昂、流动人口对城市经济的贡献不稳定。吴伟平、刘乃全（2016）[1] 认为流动人口公共服务供给失衡主要有三方面的原因：属地化管理体制下的地方政府行为激励扭曲，财政体制以人口不流动假定为前提，地方政府能依据户籍制度规避公共服务供给的责任；建设用地"占补平衡"下省际调剂机制缺失导致流入地公共服务设施建设用地指标短缺；公共服务管理行政编制配置缺乏适应人口流动的灵活性，流入地政府公共服务管理行政编制不足。章也微（2011）[2] 基于信息不对称理论、外部性理论等认为，户籍地政府介入流动人口公共服务的供给十分必要，如建立与流入地的信息共享制度、开展外出前的培训服务、承担流动人口的公共卫生服务等。

2.3 基本公共服务均等化仍难以消除流动人口公共服务差异化

基本公共服务均等化不能忽视流动人口的公共服务，但也难以要求其享受与本地户籍人口完全一致的公共服务。申鹏（2013）[3] 指出，流动人口只能在极其有限的范围内享受到基本公共服务的均等化，在诸多方面所享受的公共服务仍很不完善，主要表现在：流动人口随迁子女不能享受与户籍儿童同等的义务教育服务，部分随迁农民工子女只能在民办学校就读；部分流动人口不能享受到流入地保障房公共服务，只能租住在条件较差的出租屋或工地上；流动人口维护合法劳动权益存在诸多障碍；流动人口，尤其是农民工参加城市社会保障体系的比例较低；流动人口计划生育服务水平有待提高，难以享受到流入地医疗保险公共服

① 吴伟平，刘乃全. 属地化管理下的流动人口公共服务供需匹配优化研究 [J]. 上海经济研究，2016（8）：49-54.

② 章也微. 户籍地政府介入流动人口公共服务供给研究 [J]. 云南民族大学学报（哲学社会科学版），2011，28（4）：80-83.

③ 申鹏. 城市流动人口社会化服务管理的困境与创新：基于贵阳市实践的探索 [J]. 人口学刊，2013，35（6）：85-94.

务。廖昕宇、罗阳（2014）[1] 指出，流动人口计划生育公共服务均等化，并不代表流动人口与户籍人口享受同样的生育基本公共服务，而是在承认人群等存在差别的前提下，保障流动人口能够享受到一定标准之上的计划生育公共服务。张立承（2013）[2] 认为，对于农民工来说，基本公共服务均等化并非强调让农民工享受的公共服务与本地居民完全等同，而是在承认差异的前提下，让城市公共服务体系覆盖农民工群体，保障其能够享受到一定标准之上的公共服务，其本质是公共服务的"底线均等"。

2.4 流动人口对公共服务支出影响异质性间接测算：农业转移人口市民化成本

　　直接研究用于户籍人口和流动人口的人均公共服务支出差异的文献很少，但当前关注度高的农业转移人口市民化成本测算与本书主题密切相关。

　　总的来说，农业转移人口市民化成本测算多是从农民工和当地城市居民的生活差异出发，分类测算要使城市中的农民工转换成市民、完全融入城市生活、享受与城市居民相同的消费和服务，需要提供的公共支出或公共支出和私人支出之和。定量分析用于户籍人口和流动人口的人均公共服务支出差异，并以户籍人口作为标杆测算财政保障流动人口享受一定水平的公共服务应提供的资金，这是农业转移人口市民化成本测算与本书测算流动人口和户籍人口对公共服务支出影响异质性的相同之处，值得参考和借鉴。当然，最大的不同也很明显，前者是让流动人口享受与本地人口基本完全一样的公共服务，后者则只要保障流动人口享受部分或基本的公共服务即可。

　　诸多研究运用不同方法进行测算，并得到了不同的结果。王敬尧、叶成（2015）[3] 以东中西部分城市为例，从教育、医疗卫生、一般公共

① 廖昕宇，罗阳. 国内流动人口计划生育公共服务均等化研究综述 [J]. 西北人口，2015，36（2）：108−111.

② 张立承. 以农民工基本公共服务均等化为导向的财政体制改革 [J]. 经济研究参考，2013（13）：32−39.

③ 王敬尧，叶成. 地方财政视角下的农民市民化成本 [J]. 华中师范大学学报（人文社会科学版），2015，54（5）：12−20.

服务、社会保障和就业、住房保障、文化体育和传媒六个方面分类计算市辖区人均公共服务支出，并将它们的和视为当年农民市民化人均地方财政支出成本。周春山、杨高（2015）① 结合马斯洛需求理论中五个层次的需求，对应城市基础设施成本、城市生活成本、住房成本、社会保障成本、成人教育培训成本、义务教育成本和机会成本，计算了广东省农业转移人口市民化人均成本为 93523 元。王志章、韩佳丽（2015）② 从随迁子女义务教育成本、医疗保障成本、养老保险成本、其他社会保障成本、保障性住房成本、城市公共成本六个方面分类计算了其城乡补贴差额，以其和作为农业转移人口市民化成本，数值为 31802.2 元。张国胜（2008）③ 认为农民工市民化的社会成本包括私人发展成本和公共发展成本，前者包括城镇生活的人均水电气等支出，后者包括城市基础设施成本、固定资产投资成本、社会保障成本等。张占斌等（2013）④ 分随迁子女的教育支出、社会保障支出、保障性住房支出和就业等服务支出四类支出测算，测算结果显示，将现已居住在城市的 15863 万农村转移人口市民化，所需教育、社保、低保、住房方面的新增财政支出为 18091.58 亿元。陆成林（2014）⑤ 用区间思维分析农民工市民化成本，认为下限成本应是现实状态下已经发生的农民工市民化成本，用基本公共服务增量和城镇人口增量之间的比值衡量；上限成本为市民的社会保障成本、义务教育成本（扣除农村教育支出）、住房成本、市政建设成本四者之和。国务院发展研究中心课题组（2010）⑥ 认为农民工市民化成本主要应包括义务教育、居民合作医疗、基本养老保险、民政其他社

① 周春山，杨高. 广东省农业转移人口市民化成本——收益预测及分担机制研究 [J]. 南方人口，2015，30（5）：20 - 31.

② 王志章，韩佳丽. 农业转移人口市民化的公共服务成本测算及分摊机制研究 [J]. 中国软科学，2015（10）：101 - 110.

③ 张国胜. 基于社会成本考虑的农民工市民化：一个转轨中发展大国的视角与政策选择 [J]. 中国软科学，2009（4）：56 - 69，79.

④ 张占斌，冯俏彬，黄锟. 我国农村转移人口市民化的财政支出测算与时空分布研究 [J]. 中央财经大学学报，2013（10）：1 - 7.

⑤ 陆成林. 新型城镇化过程中农民工市民化成本测算 [J]. 财经问题研究，2014（7）：86 - 90.

⑥ 国务院发展研究中心课题组. 农村转移人口市民化制度创新与顶层政策设计 [M]. 北京：中国发展出版社，2011.

会保障费用、城市管理费用、住房等，测算结果为一个农民工市民化的成本约为 8 万元。国务院发展研究中心课题组（2011）① 指出，由于目前的农民工已经享受部分公共服务，因此市民化所需要增加的实际成本可能没有上述计算的那么多。

本书认为，流入地的农民工市民化财政支出成本，应等于流入地用于户籍人口和流动人口的公共支出成本之差；如果考虑流入地、流出地之间的补偿或全国层面的成本，那么还需减去流动人口在户籍地的公共支出成本。基于此公式，上述研究或测算有三大问题。

首先，一些研究认为流入地市民的公共服务支出成本就等于农业转移人口市民化成本，会带来成本的高估。如张继良、马洪福（2015）② 直接用城镇义务教育生均费用表示农民工随迁子女教育成本，既忽略了当前已经为部分流动人口子女提供的教育服务，又没有考虑其在本省农村已享受的教育服务。魏义方、顾严（2017）③ 认为这是农民工落户城镇成本存高估误区的原因。即使是测算流入地的农民工市民化成本，由于当前的公共服务支出已经部分考虑了流动人口，这也会导致成本的高估（国务院发展研究中心课题组，2011）。

其次，即使用当地人口和流动人口的支出成本差额来测算，如张占斌等（2013）认为农业转移人口市民化不会带来就业服务、城市管理、医疗保险补贴等支出的额外增加，杜帼男、蔡继明（2014）④，王志章、韩佳丽（2015）⑤，顾东东等（2018）⑥ 用城乡之间公共服务支出成本的差额来测算农业转移人口市民化成本，但多是定性判断或非常粗略的估

①　国务院发展研究中心课题组，侯云春，韩俊，等 . 农民工市民化进程的总体态势与战略取向 [J]. 改革，2011（5）：5 - 29.

②　张继良，马洪福 . 江苏外来农民工市民化成本测算及分摊 [J]. 中国农村观察，2015（2）：44 - 56，96.

③　魏义方，顾严 . 农业转移人口市民化：为何地方政府不积极——基于农民工落户城镇的成本收益分析 [J]. 宏观经济研究，2017（8）：109 - 120.

④　杜帼男，蔡继明 . 我国城市化成本的分析与测算 [J]. 中州学刊，2014（10）：33 - 38.

⑤　王志章，韩佳丽 . 农业转移人口市民化的公共服务成本测算及分摊机制研究 [J]. 中国软科学，2015（10）：101 - 110.

⑥　顾东东，杜海峰，王琦 . 就地就近城镇化背景下农民工市民化的成本测算与发现——基于河南省三个县市的比较 [J]. 管理评论，2018，30（3）：240 - 247.

算。即使像张继良（2018）① 较为细致地计算了农民工在城市和乡村所享受的社会保障的差异，其差额也只是考虑流出地和流入地的差额，忽略了流入地户籍人口和流动人口之间的差额，因而依然无法克服高估成本的弊端。丁萌萌、徐滇庆（2014）② 就指出，对于已进城并入学的适龄流动儿童来说，农民工市民化不会带来额外的费用。

最后，在计算流入地市民的人均公共支出时，用户籍人口和常住人口都会带来一定的偏误，前者多考虑了本地流出人口，后者多考虑了流入人口，不能较为准确地反映真正在当地居住的户籍人口的人均公共支出成本。还有一点，用全国层面数据，或用几个省份数据来代表全国层面的市民化成本，不能反映地区间的异质性，比如由物价、自然地理环境等带来的支出成本差异。

这些研究局限性背后的根本原因是难以直接测算用于户籍人口和流动人口的人均公共财政支出差异。③ 比如，葛乃旭等（2017）④、申兵（2012）⑤ 虽然拿到了上海闵行区和宁波市详细的数据，但部分公共服务支出（如公共卫生支出）也无法分离出用于户籍人口和流动人口的比例，同时，这种处理也会受到户籍人口流出的影响。可见，直接测算确实是非常困难的，这也是本书从回归的视角测算户籍人口和流动人口的公共服务支出成本差异的原因和意义所在。

① 张继良，马洪福. 江苏外来农民工市民化成本测算及分摊 [J]. 中国农村观察，2015（2）：44－56，96.

② 丁萌萌，徐滇庆. 城镇化进程中农民工市民化的成本测算 [J]. 经济学动态，2014（2）：36－43.

③ 在测算农民工市民化的私人支出成本时，这类研究使用了本地市民和流动人口的私人消费支出的差额或城乡消费支出的差异（如李永乐等，2017）。这恰恰说明了不同于私人支出，由于具有一定程度的非排他性和非竞争性，难以对用于户籍人口和流动人口的公共财政支出分别作测算，一些财政支出安排时其实也未做这种区分。李永乐，代安源. 农业转移人口市民化成本核算及其分担研究——基于2005—2014年的南京市数据分析 [J]. 华东师范大学学报（哲学社会科学版），2017，49（6）：153－162，173.

④ 葛乃旭，符宁，陈静. 特大城市农民工市民化成本测算与政策建议 [J]. 经济纵横，2017（3）：65－68.

⑤ 申兵. "十二五"时期农民工市民化成本测算及其分担机制构建——以跨省农民工集中流入地区宁波市为案例 [J]. 城市发展研究，2012，19（1）：86－92.

2.5　流动人口和户籍人口对公共服务支出影响异质性直接测算

根据笔者的梳理，直接测算流动人口和户籍人口对公共财政支出影响异质性的文献极少，而且测算结果的合理性有待商榷，方法有待完善。王金营、李庄园（2015）[①] 指出，受数据可得性和公共服务共享性等限制，无法直接、精确地分离用于户籍人口和流动人口的财政支出。该文以常住人口减去户籍人口来表示流动人口，通过分段测算，基于回归法间接剥离户籍人口和流动人口所消耗的财政支出。笔者首先通过回归得到 1990～2005 年宁波常住人口人均 GDP 与财政支出 GDP 占比之间的关系，然后代入 2005～2012 年常住人口人均 GDP，得到 2005～2012 年宁波市财政支出 GDP 占比。由于 2005 年之前宁波流动人口较少，所以假设 1990～2005 年财政支出全部用于户籍人口，即上述关系反映的实际上是户籍人口人均 GDP 和财政支出 GDP 占比之间的关系，所以将上述得到的 2005～2012 年宁波市财政支出 GDP 占比乘以 GDP，即算出 2005～2012 年用于户籍人口的财政支出和户籍人口人均财政支出。最后用实际的财政支出扣除对应年份的针对户籍人口的财政支出，得到用于流动人口的财政支出和流动人口人均财政支出，结果如表 2－1 所示。这是笔者找到的仅有的通过回归测算流动人口和户籍人口公共财政支出差异的文献，但测算结果极不稳定，表 2－1 显示，用于流动人口和户籍人口的人均财政支出之比由 2008 年的 0.04 猛增到 2012 年的 0.77。所以，此方法有待完善。

表 2－1　流动人口和户籍人口公共财政支出差异（以宁波为例）

项目	2008 年	2009 年	2010 年	2011 年	2012 年
流动人口人均财政支出	299.88	2628.86	2659.77	7479.93	9286.32

①　王金营，李庄园. 快速成长城市流动人口对财政支出规模影响研究——以宁波市为例 [J]. 财政研究，2015（12）：82－89.

续表

项目	2008 年	2009 年	2010 年	2011 年	2012 年
户籍人口人均财政支出	7126.44	7794.12	9450.27	11077.25	12086.92
流动人口/户籍人口	0.04	0.34	0.28	0.68	0.77

资料来源：根据"王金营，李庄园．快速成长城市流动人口对财政支出规模影响研究——以宁波市为例 [J]．财政研究，2015（12）：82 – 89."中的内容整理。

2.6　本章小结

通过对已有相关研究的梳理和分析，深化了对本书研究主题、研究意义和价值的认识，一些观点和结论也具有较为坚实的文献支撑。从收入端来看，人口流动和流动人口本身推动了流入地经济发展和财政收入增长，但与户籍人口的贡献有所差别，且流动人口通过缓解流出地人多地少矛盾、增加收入、革新观念等促进了流出地经济的发展。当然，流出地也遭受了人力资本损失等不利影响。从支出端来看，流入地政府在安排公共财政支出时忽视或歧视流动人口，户籍人口和流动人口所享受的公共服务有较大差距。当然，我们也应认识到，流入地政府为流动人口提供公共服务虽然是必要的，但也要考虑流动人口的需求（如流动的不稳定性、并非所有人愿意在流入地长期居住并落户等特征所带来的公共服务需求特殊性）和地方财政的可承受能力，量力而行，户籍地政府在流动人口公共服务供给中也不能缺位。基本公共服务均等化不能忽视流动人口的公共服务，但主要是保障基本的公共服务，并不要求或并不能保障其享受与本地户籍人口完全一致的公共服务。

直接研究用于户籍人口和流动人口的人均公共财政支出差异的文献很少，当前关注度高的农业转移人口市民化成本测算与本书主题密切相关，但通过笔者的梳理，这类文献存在三个方面的问题，易导致成本的高估。这说明直接测算用于户籍人口和流动人口的人均公共财政支出差异是困难的，本书通过比较回归系数的方法考察户籍人口和流动人口对公共服务支出的影响异质性具有一定的价值和意义。同时，根据笔者的梳理，已有研究中仅有一篇文献直接测算流动人口和户籍人口对财政支出的影响异质性，但测算结果的合理性有待商榷，方法有待完善。总之，本章的文献综述既论证了通过比较回归系数的方法考察户籍人口和流动人口对公共服务支出影响异质性具有一定的价值和意义，又说明了本书所研究的影响异质性具有深刻的政策、制度、现实等原因。

第 3 章

相关基础理论及分析

　　流动人口和户籍人口对地方政府公共服务支出的影响异质性程度，或者说地方公共服务支出安排对流动人口的差别化对待程度，随安排财政支出的政府行政层级、支出类别、地域、流动人口特征等的不同而有所差异。从行为视角来看，影响异质性源于流动人口对流入地公共服务需求与户籍人口之间的差异，以及地方政府及官员为流动人口提供公共服务的激励不足。从政府间关系来看，公共服务供给作为财政的核心职能之一，地方政府尤其是基层政府在其中占主导地位；流动人口跨区域性带来了公共服务供给的外部性。如果没有区域之间的利益补偿机制或上级政府的统筹协调作支撑，地方政府主体性、自主性，加上公共服务外部性导致其为流动人口提供公共服务动力不足，带来了流动人口和户籍人口对地方政府公共服务支出的影响异质性。为了保障流动人口在流入地所享受的公共服务，削减流动人口和户籍人口对地方政府公共服务支出的影响异质性，政府间公共服务财政事权和支出责任划分应遵循科学合理的原则。

　　本章作为理论分析，即围绕上述内容展开，具体逻辑见图 3 - 1。

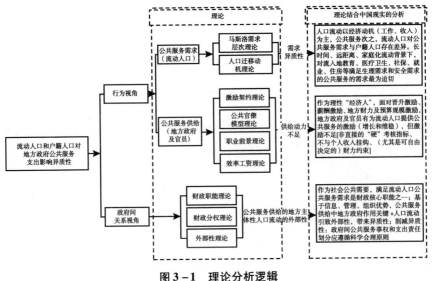

图3-1 理论分析逻辑

3.1 行为视角下的影响异质性：公共服务的流动人口需求与地方政府供给

从最为根本的行为视角来看，流动人口和户籍人口对地方政府公共服务支出的影响异质性，源于两大方面：其一，经济动机是驱动人口流动的主要因素，公共服务次之，流动人口对不同类型公共服务的需求层次和重视程度有所差异，带来了流动人口对流入地公共服务的需求与户籍人口之间的差异性；二是晋升激励、薪酬激励、地方财力及预算规模激励下，地方政府及官员为流动人口提供公共服务的动力不足。

3.1.1 流动人口需求视角：马斯洛需求层次理论与人口迁移动机理论

以就业和收入为主的经济因素是我国人口流动的主要动机，公共服务诉求次之。不同类型公共服务所满足的需求层次存在差异，流动人口对不同类型、不同层次的公共服务的需求有轻重缓急之分。财力约束下流入地政府优先为流动人口提供最为亟须的公共服务是合理的、必要的。流入地公共服务的非核心性、公共服务需求的层次性，从需求端带来了流动人口和户籍人口对地方政府公共服务支出影响的异质性。

3.1.1.1 马斯洛需求层次理论

美国社会心理学家马斯洛在其 1943 年发表的论文《人类激励理论》中首次提出了人类需求层次理论，认为每个人都有 5 种不同层次的需求。[①] 分别是:[②]

1. 生理需求

生理需求是维持自身生存的最基本的需求，是最为优先满足的需求，如吃饱、穿暖。它是所有激励理论的出发点，生理需求及其相关行为是其他各种需求的通道，即其他各种需求都是建立在生理需求的基础上。

2. 安全需求

马斯洛（Maslow，1943）指出，如果生理需求相对充分地得到了满足，接着就会出现一整套可归类并称为的安全需求。在一个人看来，现实的一切可能都不如安全重要，甚至有时候生理需求由于被满足而不受重视。儿童的安全需要最为直接，也最容易表露出来，其重要表现之一是喜欢一种安稳的程序或节奏，更喜欢生活在一个安全、有序、可预见、有组织的世界。父母的状态对儿童会产生显著的影响，所以生活在一个没有威胁、充满爱的环境对儿童的安全需求至关重要。人们一般都愿意找有保障的、可终身任职的工作，渴望有个银行账户和各种类型的保险，也往往偏爱熟悉的事物、已知的事物、秩序化的社会，这些都是安全需求的表现。

3. 感情需求

如果生理需求和安全需求都很好地得到了满足，那么爱、情感和归属感的需求就会随之产生。人们一般渴望与他人建立深情的关系，即在

---

① Maslow A H. A theory of human motivation [J]. Psychological Review, 1943, 50 (4): 370.

② 以下内容均为对 Maslow (1943) 中对应内容的翻译。

他所在的群体中拥有一席之地，并为之顽强努力。他对获得这样一个位置的渴望甚至超过世界上其他任何东西。不容忽视的一个事实是，感情需求既包括爱的给予，也包括爱的接收。

4. 尊重需求

社会上所有的人（少数病态的人除外）都有获得他人对自己稳定的、坚实的、（通常是）较高评价的需要或欲望，渴望自尊自重并获得他人的尊敬。我们所说的有坚实基础的自我尊重，指的是这种尊重完全建立在实际能力、成就以及来自他人的尊重的基础上。尊重的需求可分为两类：其一，对力量、成就、能力、面对世界的自信、独立和自由的渴望；其二，对名誉或威望（指来自他人的尊敬或尊重）、认可度、被关注度、重要性和赞赏的需求。自尊需求的满足使人感到自信、有价值、有力量、有能力、有意义并觉得在这个世界上是被需要的。但是这些需要一旦受挫，就会产生自卑、软弱和无助的感觉。

5. 自我实现的需求

即使上述所有需求都被满足，我们仍然可能（并非总是）预料新的不满足和不安将很快出现，除非我们正在干所适合的事情。如果他希望最终获得快乐，那么作曲家必须作曲，画家必须绘画，诗人必须写诗，等等。一个人能够成为什么样的人，他就必然会成为这样的人。这种需求就是我们所说的自我实现需求。自我实现需求，指的是自我完成的欲望，即，使其实现各种潜在因素（包括潜能）所决定的应该实现的事情的趋势。这种趋势可描述为越来越想还原其本色，并成为与自身能力相匹配的人的欲望。自我实现需求的显性化出现，有赖于生理、安全、情感、尊重需求的满足。

一般来说，上述五种需求层次是由低到高排列，满足条件也是由易到难，实现顺序一般也是由先到后。当一种需要得到充分的满足时，下一个占优势的（较高级的）需求就会出现，转而支配意识活动并成为将行为组织起来的中心，已被满足的需求不再是有效的激励因素。当然，马斯洛（Maslow，1943）指出，也有一些例外，如在有些人身上，自尊似乎就比情感更重要；创造力强的人，即使缺乏基本满足，仍要创造。需求层次发生颠倒的另一个原因是，当一种需求长期得到满足时，其价值就可能被低估。

3.1.1.2 人口迁移理论中的人口迁移动机

人口迁移是多种因素共同作用的结果，迁移动机最为基础。拉文斯坦（Ravenstein，1885）[①] 提出的"人口迁移法则"是公认的最早阐述人口迁移的理论。拉文斯坦（1885）认为，提高收入、追求更高的经济收益、改善经济状况是人口迁移的主要原因（冷智花等，2015）。[②]拉文斯坦提出的人口迁移七大法则是：（1）大部分人口迁移都是近距离的，大量人口向大的商业和工业中心迁移；（2）人口迁移呈递进模式，离城市较近地区人口向城市迁移所带来的人口空缺会被较远地区补充；（3）人口分散过程是人口聚集的逆过程，并呈现相似的特征；（4）每个规模较大的人口迁移都会产生补偿性的逆流；（5）远距离的迁移人口一般是为进入大的商业或工业中心；（6）城镇人口的迁移倾向低于农村人口；（7）女性的迁移倾向比男性高。李（Lee，1966）[③]回顾这七大法则时，指出经济动机占据了主导地位，如沉重的税负、不友好的社会环境、压迫性的法律、难以适应的气候等。

赫伯勒（Heberle，1938）[④] 最早系统总结了人口迁移的推—拉理论。他认为，人口迁移是由来自迁出地的推力和来自迁入地的拉力共同促成的。人口迁移的目的是改善生活，迁入地有利于改善生活的条件就是拉力，迁出地不利于改善生活的条件就是推力。劳动力迁移的主要原因是流入地和流出地的工资差异。赫伯勒（1938）的推—拉理论包含两个假设：人们的迁移决策是理性的；迁移者对迁入地和迁出地的信息有较为充分的了解。博格（Bogue，1959）[⑤] 的推—拉理论也假设人的迁移是一种理性行为，是充分了解并综合分析迁出地和迁入地信息后的

① Ravenstein E G. The laws of migration [J]. Journal of the Statistical Society of London, 1885, 48 (2): 167–235.

② 冷智花，付畅俭，许先普. 收入差距与人口迁移——人口学视角的城市化动因研究 [J]. 重庆大学学报（社会科学版），2015，21 (6): 35–44.

③ Lee E S. A theory of migration [J]. Demography, 1966, 3 (1): 47–57.

④ Heberle R. The causes of rural-urban migration a survey of German theories [J]. American Journal of Sociology, 1938, 43 (6): 932–950.

⑤ Bogue D J. Internal migration [M]//Duncan H. The study of population: An inventory appraisal. Chicago: University of Chicago Press, 1959.

结果。人口流动是迁出地的推力和迁入地的拉力共同作用而产生的。产生推力的因素主要包括恶劣的自然环境、低收入水平、高生产成本、较少的工作机会等；产生拉力的主要因素包括较高的收入水平、较为完善的公共设施和服务、较多的就业机会等。

舒尔茨（Schultz，1961）[①] 将个人或家庭为了获得更好的就业机会而发生的迁移视为与教育和健康投资相类似的人力资本投资，这也是经济增长的动力来源之一。是否迁移的决策，是综合权衡迁移的成本和收益之后作出的。迁移的成本包括在迁出地所获收入、交通成本、寻找工作和待业期间的成本等，迁移的收益包括工资增加、更完善的公共服务、更畅通的信息、更宜人的气候等。年轻人从迁移中得到的预期收益比年长的人高，这可以解释年轻人和年长人之间没有社会学上的差异，但迁移的选择却存在很大不同。

李（1966）[②] 将影响人口迁移的因素分为四类：（1）与迁出地相关的因素；（2）与迁入地相关的因素；（3）中介障碍因素；（4）个人因素。不同的人对相同的因素有不同的反应，同一个人在不同的阶段对同一个因素也会有不同的反应。因此，应全面看待人口迁移的因素，不可绝对化。例如，好学校，对有适龄儿童的父母来说是正向因素，但对没有孩子的房主来说却是负向因素（加重纳税负担），对于未婚的不缴税的人来说就是中性的。该文指出，中介障碍因素研究最多的是距离，这也是其中最重要的因素。很多时候，人们的迁移是被动迁移，如随迁子女；人们的迁移决策并不一定都是理性的。李指出，一个地区移民的多少和移民的比例，取决于地区多样性、人群多样性、克服中介障碍（如距离等物理障碍）的难易程度、经济的波动性（经济扩张时期流入人口增多）、地区的进步等因素。除非戒严等极端因素，人口迁移的规模和迁移率一般会随时间推移而增加，比如，随着时间推移，地区的多样性、人群多样性会增加，技术进步等也会减少中介障碍，成功的迁移会降低定居的惰性和惯性等。该文认为，任何时候人口流动都是双向的，

---

① Schultz T W. Investment in human capital [J]. The American Economic Review, 1961, 51 (1): 1–17.

② Lee E S. A theory of migration [J]. Demography, 1966, 3 (1): 47–57.

若把"流入人口/其中又回流回去的人口"设为流动效率，它与人口流入流出地的差异、中介障碍程度和经济发展景气度成正比。

刘易斯（Lewis，1954）[1] 提出了二元经济结构理论，把发展中经济划分为传统的、低生产率和低收入水平的农业部门，以及先进的、高生产率和高收入水平的工业部门。第一阶段，农业部门有大量剩余劳动力，两个部门经济结构和收入水平的差异带来劳动力由农业部门向工业部门转移，直到剩余劳动力全部转移。第二阶段，农业部门的生产率、工业化程度和收入水平不断提高，劳动力变得相对稀缺，农业部门和工业部门竞争劳动力，农业部门逐步走向现代化，二元经济走向一元经济。刘易斯认为，工业部门的工资水平是由农业部门的收入水平决定的，只要前者的综合收入水平大于后者，第一阶段中后者就能为前者提供无限的劳动力。

拉尼斯和费（Ranis and Fei，1961）[2] 发展了刘易斯的模型（拉尼斯—费模型），认为农业生产率的提高、剩余产品的出现是劳动力转移的前提条件，并把劳动力转移分为三个阶段：（1）农业部门边际劳动生产率为零，即存在大量农村剩余劳动力。（2）农业部门边际劳动生产率大于零，但小于农业劳动者的平均收入水平，农业劳动力转移带来农业总产出下降，粮食价格上涨，工资水平相应提高。（3）农村剩余劳动力全部转入工业部门，农业部门边际生产率与工业部门相等。但是，该模型假定农业收入不会因劳动生产率提高而增加，工业部门工资水平是由农业部门决定的，是不合理的。

在刘易斯—拉尼斯—费模型中，城乡实际收入差异是农村劳动力向城市转移的唯一决定因素，只要城市工业部门的一般工资水平高于农村，农民就愿意转移至城市谋求职业。这实际上暗含了城市不存在失业这一假定（郭熙保，2011）。[3] 在发展中国家城市失业问题日益严重的背景下，托达罗（Todaro，1969）[4] 构建了新的人口流动模型。他认为，

① Lewis W A. Economic development with unlimited supplies of labour [J]. The Manchester School，1954，22（2）：139–191.

② Ranis G，Fei J C. A theory of economic development [J]. American Economic Review，1961，51（4）：533–565.

③ 郭熙保. 发展经济学 [M]. 北京：高等教育出版社，2011：309.

④ Todaro M P. A model of labor migration and urban unemployment in less developed countries [J]. The American Economic Review，1969，59（1）：138–148.

农业劳动者是否迁入城市不仅取决于城乡实际收入差距，还取决于城市的失业状况。当城市失业率高时，即使城乡实际收入差距较大，他也不一定会迁入城市，还必须考虑城市的就业状况。也就是说，是否迁移的决策取决于预期收入，即由城乡实际收入差距和在城市找到工作的概率共同决定。就业概率的引入解释了城市失业率高企时仍有农村劳动力迁入城市这一现象。该模型还考虑了短期和长期的预期收入和成本，在城市居留的时间越长，找到合适工作的概率可能越大，迁入城市的概率也会越大。与推动城市工业部门发展以解决失业问题相比，他更倾向于通过提高农业生产力，改善农村生产生活条件，缩小城乡收入差距，以减缓农业人口迁入城市，缓解城市的失业问题。

3.1.1.3　基于马斯洛需求层次理论和人口迁移动机理论的流动人口公共服务需求差异分析

基于人口迁移动机理论，并结合中国现实情况，以就业机会和收入为主的经济动机是大部分流动人口离开户籍所在地的主要原因，公共服务次之。在长时间、远距离、家庭化流动的大背景下，流入地公共服务虽然不是驱动人口流动的核心要素，但也是重要的人口迁移动机。由于不是首要考虑因素，同时也受到自身收入水平、能力和工作环境等的限制，流动人口群体对流入地公共服务的需求与户籍人口群体之间存在差异，对不同类型、不同层次的公共服务需求有轻重缓急之分，财力约束下优先满足流动人口最为亟须的公共服务，是必要的，也是合理的。这是从需求端带来流动人口和户籍人口对公共服务支出影响异质性的原因所在。下面基于马斯洛需求层次理论对流动人口公共服务需求的层次性做具体划分。

人们对公共服务的需求均可归入马斯洛需求层次理论中某一层次或某几个层次的需求之中。龚金保（2007）[①]认为马斯洛需求层次理论中五个层次的需求分别大致对应着五个层次的公共产品，并对其实现顺序作了具体划分；公共服务均等化主要是满足群众的生理需求和安全需求，这也是财政支出应优先保障的重点（尤其是财力有限时）。因此，

---

①　龚金保. 需求层次理论与公共服务均等化的实现顺序 [J]. 财政研究，2007（10）：33－35.

流动人口对不同种类公共服务的需求有程度高低或优先劣后之分。闫春晓等（2014）[①] 指出，实现城乡公共服务均等化过程中应按照马斯洛需求层次理论，运用梯次结构，确立先后顺序，以在政府财力相对有限的情况下，提高公共服务供求的适应性。

财力约束下，流入地政府可能会根据流动人口的需求程度，选择性地提供部分最为紧要的公共服务。从流动人口需求角度出发，这也是一种次优选择，有其合理性。但优先向流动人口提供哪些公共服务，如何考虑流动人口不同于户籍人口的公共服务需求的特殊性？下面基于马斯洛需求层次理论，并结合中国政府文件中所划分的公共服务以及按功能分类的一般公共预算支出，试图对此作出回答。流动人口和户籍人口对公共服务支出的影响异质性，部分可归因于流动人口的公共服务需求异质性，例如流动（尤其是流动较为频繁）人口对流入地生态环境保护的需求一般低于本地人口，以外出务工为主的流动人口对流入地就业培训公共服务的需求可能更为迫切，等等。

2017 年 1 月 23 日，国务院印发的《"十三五"推进基本公共服务均等化规划》指出，基本公共服务领域包括基本公共教育、基本劳动就业创业、基本社会保险、基本医疗卫生、基本社会服务、基本住房保障、基本公共文化体育、残疾人基本公共服务八个领域，每个领域下又包含若干项目。根据前面介绍的马斯洛需求层次理论，本书将这八个领域的公共服务分别归入对应的一个或几个需求层次中，结果如表 3 - 1 所示。

表 3 - 1　《"十三五"推进基本公共服务均等化规划》中基本
公共服务领域、内容及对应需求层次划分

基本公共 服务领域	内容	需求层次
基本公共教育	免费义务教育、农村义务教育学生营养改善、寄宿生生活补助、普惠性学前教育资助、中等职业教育国家助学金、中等职业教育免除学杂费、普通高中国家助学金、免除普通高中建档立卡等家庭经济困难学生学杂费	生理需求、安全需求，有助于自我实现的需求

① 闫春晓，吴永林，费虹，等. 推进城乡基本公共服务均等化的思考［J］. 北方经济，2014（9）：88 - 89.

续表

基本公共 服务领域	内容	需求层次
基本劳动 就业创业	基本公共就业服务、创业服务、就业援助、就业见习服务、大中城市联合招聘服务、职业技能培训和技能鉴定、"12333"人力资源和社会保障服务热线电话咨询、劳动关系协调、劳动人事争议调解仲裁、劳动保障监察	安全需求，有助于自我实现的需求
基本社会保险	职工基本养老保险、城乡居民基本养老保险、职工基本医疗保险、生育保险、城乡居民基本医疗保险、失业保险、工伤保险	安全需求
基本医疗卫生	居民健康档案、健康教育、预防接种、传染病及突发公共卫生事件报告和处理、儿童健康管理、孕产妇健康管理、老年人健康管理、慢性病患者管理、严重精神障碍患者管理、卫生计生监督协管、结核病患者健康管理、中医药健康管理、艾滋病病毒感染者和病人随访管理、社区艾滋病高危行为人群干预、免费孕前优生健康检查、基本药物制度、计划生育技术指导咨询、农村部分计划生育家庭奖励扶助、计划生育家庭特别扶助、食品药品安全保障	生理需求、安全需求
基本社会服务	最低生活保障、特困人员救助供养、医疗救助、临时救助、受灾人员救助、法律援助、老年人福利补贴、困境儿童保障、农村留守儿童关爱保护、基本殡葬服务、优待抚恤、退役军人安置、重点优抚对象集中供养	生理需求、安全需求
基本住房保障	公共租赁住房、城镇棚户区住房改造、农村危房改造	生理需求、安全需求
基本公共文化体育	公共文化设施免费开放、送地方戏、收听广播、观看电视、观赏电影、读书看报、少数民族文化服务、参观文化遗产、公共体育场馆开放、全民健身服务	感情需求
残疾人基本公共服务	困难残疾人生活补贴和重度残疾人护理补贴、无业重度残疾人最低生活保障、残疾人基本社会保险个人缴费资助和保险待遇、残疾人基本住房保障、残疾人托养服务、残疾人康复、残疾人教育、残疾人职业培训和就业服务、残疾人文化体育、无障碍环境支持	生理需求、安全需求、感情需求、尊重需求

资料来源：《"十三五"推进基本公共服务均等化规划》及笔者整理。

八个基本领域的公共服务大多只能满足基本的生理需求或安全需

求，对居民的重要性可想而知。尤其是流动人口在流入地处于相对弱势，其生理需求和安全需求更应该得到保障。所以，本书认为，流入地政府必须为流动人口提供部分或全部的基本公共教育、基本社会服务、基本住房保障、基本劳动就业创业、基本社会保险、基本医疗卫生六类公共服务，基本公共文化体育也应结合社会经济发展情况综合安排。而且，基本公共教育和基本劳动就业创业公共服务有助于更高层次的自我实现的需求，对于流动人口提升经济社会地位，更好地融入当地社会十分重要。特别地，马斯洛（1943）强调了儿童安全需求的脆弱性。基于此，本书认为农村留守儿童问题产生的重要原因之一是其脆弱的安全需求难以得到满足，因此，流动儿童的公共教育服务至关重要。

公共服务资金需求由政府公共财政支出满足，分类的公共服务都有按功能分类的一般公共预算支出与之相对应。表3-2列出了2007年政府收支分类改革后，一般公共服务支出等23个支出分类对应的所直接满足的流动人口需求层次。与表3-1相似，除了文化体育与传媒支出、城乡社区支出、交通运输支出直接或间接涉及感情需求，教育支出、社会保障和就业支出间接有助于自我实现需求之外，其他一般公共预算支出所能直接满足的大多是基本的生理需求或安全需求，对流动人口来说不可或缺。流入地政府所安排的教育支出、社会保障和就业支出、住房保障支出、节能环保支出、医疗卫生与计划生育支出、城乡社区支出、交通运输支出、农林水支出、一般公共服务支出、公共安全支出、科学技术支出涉及基本需求，必须考虑流动人口，其中前五类支出涉及的直接需求较多，尤为重要，应优先提供。文化体育与传媒支出也应综合考虑流动人口因素。金融支出等其他支出不直接涉及各需求层次，流动人口对其提供的公共服务没有强烈的需求，地方政府可根据财力情况选择性供给。① 所以，流动人口和户籍人口对公共服务支出的影响存在异质性，有内在的流动人口公共服务需求层面的原因。

---

① 当然，这些支出很多也不是直接基于人口来安排，但是有些仍会间接受到人口因素的影响，如粮油物资储备与辖区人口规模正相关，相对应的粮油物资储备支出则会受到人口规模的影响。

表3-2 一般公共预算支出功能分类对应满足的流动人口需求层次

一般公共预算支出功能分类	对应满足的流动人口需求层次	说明
教育支出	生理需求、安全需求	有助于自我实现的需求
社会保障和就业支出	生理需求、安全需求	有助于自我实现的需求
住房保障支出	生理需求、安全需求	
节能环保支出	生理需求、安全需求	
医疗卫生与计划生育支出	生理需求、安全需求	
城乡社区支出	安全需求、感情需求	
交通运输支出	安全需求	因便捷沟通，有助于感情需求
农林水支出	生理需求、安全需求	涉及扶贫
一般公共服务支出	安全需求	
公共安全支出	安全需求	
外交支出	安全需求	
国防支出	安全需求	
科学技术支出	安全需求	
文化体育与传媒支出	感情需求	
金融支出	不直接涉及	
资源勘探信息等支出	不直接涉及	
商业服务业等支出	不直接涉及	
援助其他地区支出	不直接涉及	
国土海洋气象等支出	不直接涉及	
粮油物资储备支出	不直接涉及	
债务付息支出	不直接涉及	
债务发行费用支出	不直接涉及	
其他支出	不直接涉及	

资料来源：笔者整理。

值得特别指出的是，流入地政府为流动人口提供公共服务，或者说财政支出安排时考虑流动人口，是对流动人口感情需求、尊重需求，乃至自我实现需求的满足。马斯洛（1943）认为，找到归属感、融入群体并在群体中拥有一席之地是情感需求的重要方面；被关注、被认可有助于尊重需求的满足。所以说，虽然上述财政支出或由其提供的公共服务较少直接满足流动人口较高层次的需求，但财政支出安排和公共服务供给体系所体现出的对流动人口的开放、关注、包容、关心和温情，既满足了流动人口的基本需求，也有助于更高层次的情感需求、尊重需求，甚至自我实现需求的满足。

3.1.2 地方政府公共服务供给视角：地方政府及官员激励理论

中国的行政管理体制具有高度的属地化管理特点，地方政府承担着大量的事权和支出责任。同时，上级政府，尤其是中央政府通过人事任命权掌握着绝对的权威。在此背景下，地方官员面临的激励主要有晋升激励、薪酬激励、地方财力及预算规模激励等。基于激励契约理论、公共官僚模型理论、职业前景理论、效率工资理论等政府间关系中的经济学激励理论，并结合中国现实的分析，本书认为，地方政府及官员为流动人口提供公共服务，有基于通过促进辖区经济增长和社会稳定而谋求晋升的考虑，但激励不足，主要表现为：激励的作用机制都是间接的，流动人口公共服务供给并不是考核地方政府及官员的主要直接指标，动力难免不足；中央政府对地方政府流动人口公共服务供给的规定约束力较弱，多以鼓励为主；薪酬激励、财政分成激励和预算规模激励三者密切相关，这三者与流动人口公共服务供给之间并不存在显著的或直接的正向关系，甚至有一定程度的负相关。这是导致流入地流动人口公共服务供给不足的重要原因。

3.1.2.1 政府间关系中的经济学激励理论[①]

激励问题，简言之，就是如何调动人们积极性的问题。它主要存在于委托人与代理人之间，即委托人（如中央政府）把某项工作或任务

[①] 激励契约理论、效率工资理论、职业前景理论的介绍主要参考：周黎安. 转型中的地方政府：官员激励与治理（第二版）[M]. 上海：格致出版社，上海三联书店，上海人民出版社，2017.

交给代理人（如地方政府）去实施，委托人如何通过一系列机制设计和安排，激励代理人努力完成该项工作或任务。从经济学的角度来看，激励问题产生的原因有两个：一是委托人与代理人的目标不一致，如中央政府可能更关心宏观经济的稳定，地方政府可能更关注投资和经济增长；二是由于信息不对称，委托人对代理人是否努力或努力程度的信息是不完全的，如中央政府对地方官员的监督是有限的。委托人和代理人的目标冲突和信息不对称必须同时存在才能导致激励问题或委托—代理问题。委托—代理问题的解决有赖于激励工具或机制的设计，对此，涉及政府间激励关系的重要的经济学理论主要有四大方面：激励契约理论、效率工资理论、职业前景理论和公共官僚模型理论。

1. 激励契约理论

激励契约是委托人为了引导代理人努力工作而制定的契约，其核心是将代理人的报酬与其努力程度或工作业绩以某种形式联系起来。激励契约发挥作用的前提是代理人的努力程度能够通过其产出或绩效反映出来，可以写入契约并能客观评估。当然，这种产出或绩效也可能受到随机不可控因素的影响。激励契约一般由两部分组成：一是与产出或绩效无关的固定报酬方案；二是与产出或绩效相挂钩的薪酬支付方案。激励契约的设计有两个约束条件："参与约束"和"激励相容约束"。前者指理性的参与人基于自身利益考虑，愿意接受契约；后者指在该激励契约下，代理人的行为、努力程度或所选择的最优产出或绩效水平与委托人的期望相一致。

激励契约设计的难点在于如何将代理人所获得的报酬与其努力程度或产出相挂钩，从理论上来讲，这种设计是相当复杂的。但在实际操作中，多采用线性激励契约，即报酬与产出或绩效呈正线性关系，如计件工资制、分成租佃制。这种线性激励契约虽然简单，但霍姆斯特姆和米尔格罗姆（Holmström and Milgrom，1987）[①] 指出，在满足一定条件下，线性激励契约可以达到最优的激励效果，这说明了线性激励契约被广泛应用的原因和合理性。

---

① Holmström B，Milgrom P. Aggregation and linearity in the provision of intertemporal incentives［J］. Econometrica：Journal of the Econometric Society，1987：303 – 328.

最优激励契约的设计应在效率和风险分担之间寻求最优的平衡。具体来说，为了激励代理人努力工作，委托人应该将代理人的报酬更多地与其产出或绩效挂钩，另外，随着代理人所获报酬与其绩效挂钩的程度不断提高，代理人的报酬波动性也随之提高，如果代理人是风险规避的，那么他所面临的效用损失也越大。如果委托人是风险中性的，即不怕承担风险，那么就应该让委托人承担更多的风险，即让固定报酬所占的比例更大。基于此，可以得到一些有用的结论。

首先，如果代理人控制产出的能力较强，那么应给予代理人较强的激励，即其所获报酬与产出或绩效挂钩的程度较高。反之亦然。其次，若产出或绩效受随机因素的影响较大，不确定性较高，或者产出或绩效不易度量，那么对代理人的激励应较弱。政府部门公务员多采用固定薪酬，就是因为其产出或绩效难以准确度量。再次，如果代理人风险规避的程度较高，那么应给予其弱激励。最后，若代理人对激励的反应灵敏，那么应对其进行较强的激励。

现实中有很多代理人、多委托人、多任务的委托—代理情形。面对多代理人情形，可以采用相对绩效评估来设计激励契约。相对于绝对绩效评估，相对绩效评估可以排除一些共同干扰因素对产出或绩效的影响，如外部环境对国内各省经济增速的影响，但相对绩效评估也会带来恶性竞争、互相拆台等问题。霍姆斯特姆（Holmström, 1982）[1] 提出了一种解决办法，即让每一个代理人的报酬至少部分与所有代理人的平均产出或业绩挂钩，以达到抑制代理人之间互相破坏的目的。多任务的委托—代理下，即代理人面对多个任务时，如果委托人对代理人各个任务可考核的程度不同，或者对各个任务的考核重视程度不同，那么代理人就会将更多的精力或努力花费在可考核程度更高，或者委托人重视程度更高的任务上，减少甚至放弃在其他任务上的努力。霍姆斯特姆和米尔格罗姆（Holmström and Milgrom, 1991）[2] 指出，面对多任务且可考核

① Holmström B. Moral hazard in teams [J]. The Bell Journal of Economics, 1982, 13 (2): 324 – 340.

② Holmström B, Milgrom P. Multitask principal-agent analyses: Incentive contracts, asset ownership, and job design [J]. JL Econ. & Org., 1991, 7: 24.

程度不同情形下的激励扭曲，可采用弱化可考核程度高或较容易观察其产出或业绩的任务的激励，促使代理人较为平衡地分配在多个任务上的努力。多代理人的委托—代理，即共同代理问题，委托人对各种可能行为的偏好是相互冲突的。① 霍姆斯特姆和米尔格罗姆（1991）②、迪克西特（Dixit，1997）③ 等认为，共同代理下，一个代理人须在多个任务之间分配其难以观测的努力，且委托人就代理人在多个任务之间该如何分配其努力持不同看法，因而委托人所给予的报酬激励较低，因为代理人只会在那些看起来相对比较容易评估的任务上花更多的精力。伯恩海姆和惠斯顿（Bernheim and Whinston，1986）④ 用模型说明了委托人之间的共谋在任何时候都是最优的，存在强纳什均衡，且必将带来有效率的结果。另外，本书认为，如果委托人所持有的可用于激励或约束代理人的资源差距较大，那么代理人将倾向于投入更多的精力或努力在拥有更多资源的委托人所委托的任务上。

2. 尼斯坎南的公共官僚模型理论

尼斯坎南（Niskanen，1971）⑤ 提出了著名的官员预算最大化理论，即官员总是追求总预算规模最大化的。该理论认为，工资、岗位津贴、公共声誉、权力、赞助、管理官僚机构的容易程度、进行改革的容易程度等都是可能影响官僚效用函数的变量，而且这些变量是官僚机构总预算的单极正函数；官僚机构在最大化其预算时通常都是成功的。基于这两点，尼斯坎南建立了官僚最大化预算模型，并认为甚至对于那些追求金钱的动机较低、追求公共利益的动机较高的官僚来说，追求预算最大化的目标也同样成立。但是，作者并没有提供足够的经验证据来支持模

① 王小芳，管锡展. 多委托人代理关系——共同代理理论研究及其最新进展 [J]. 外国经济与管理，2004（10）：10 – 14，30.

② Holmström B，Milgrom P. Multitask principal-agent analyses：Incentive contracts，asset ownership，and job design [J]. JL Econ. & Org.，1991，7：24.

③ Dixit A. Power of incentives in private versus public organizations [J]. The American Economic Review，1997，87（2）：378 – 382.

④ Bernheim B D，Whinston M D. Common agency [J]. Econometrica：Journal of the Econometric Society，1986：923 – 942.

⑤ Niskanen W. Representative Government and Bureaucracy [J]. Chicago：Aldine/Atherton，1971.

型的假设和结论。[①]

之后包括尼斯坎南本人在内的诸多学者对这一模型和理论做了诸多修改。米涅等（Migué et al.，1974）[②] 认为，其实官僚最关心的是自由裁量的管理权，因此他们真正想最大化的，是可自主支配的预算，且是收入超过最低成本的部分，当然，这些预算也与总预算规模相关。威尔逊（Wilson，1989）[③] 认为官僚追求总预算规模最大化的理论假设，忽略了官僚及官僚机构经常在更多的预算和机构自主权之间作权衡这一事实。当其他条件不变时，对于官僚及官僚机构来说，预算越多越好，但如果考虑到自主权，情况很可能就发生变化了。自主权至少和预算规模同等重要。马骏等（2005）引用西方学者的观点指出，尼斯坎南模型的假设：规模扩张更快的官僚机构中的官僚能够获得更高的薪水增长速度和更快的升职，不一定成立，许多实证研究均给出了证据。周黎安（2017）[④] 指出，尼斯坎南关于官僚个人有让部门规模最大化的动力的假设是不成立的。官僚相对固定的报酬取决于职位和工作年限，与部门规模无关，扩大预算规模，居于领导位置的官员获益很少；忽略了官员基于跨部门的职业前景发展的考虑。

尼斯坎南（1975，1991）[⑤] 也认为，影响官僚效用的可能是自由裁量的预算和产出（总预算），官僚最大化的是可自由裁量的预算。尼斯坎南（2004）[⑥] 也指出，自己早先的官僚供给模型的起点是假设官僚的目标是预算最大化，虽然为该假设作了似乎合理的辩护，但并没有从一种比较一般的效用最大化的框架出发来推导出这一点。随着时间的变

① 马骏，周超，於莉. 尼斯坎南模型：理论争论与经验研究 [J]. 武汉大学学报（哲学社会科学版），2005（5）：674–680.

② Migué J L，Belanger G，Niskanen W A. Toward a general theory of managerial discretion [J]. Public Choice，1974，17（1）：27–47.

③ Wilson J Q. Bureaucracy [M]. New York：Basic Books，1989.

④ 周黎安. 转型中的地方政府：官员激励与治理（第二版）[M]. 上海：格致出版社，上海三联书店，上海人民出版社，2017.

⑤ Niskanen W A. Bureaucrats and politicians [J]. The Journal of Law and Economics，1975，18（3）：617–643. Niskanen W A. A Reflection on 'Bureaucracy and Representative Government' [J]. The Budget Maximizing Bureaucrats：Appraisal and Evidence，1991：13–32.

⑥ 威廉姆·A. 尼斯坎南，王浦劬，等译. 官僚制与公共经济学 [M]. 北京：中国青年出版社，2004.

化，尼斯坎南对于官员的目标理论发生了变化，认为官僚所追求的目标是自由决定的预算最大化。

3. 职业前景理论

法马（Fama，1980）① 提出，经理们在有效的职业经理人市场中，出于树立自己在该市场上的声誉等考虑，会有充分的激励努力工作。因此，企业内部的委托—代理问题没有想象中严重。在此基础上，霍姆斯特姆（Holmström，1999）② 提出了职业前景理论。该理论认为，经理人工作的回报不仅局限于当前的工资，还有更为重要的将来的升迁和跳槽的机会。如果经理人市场的运行是有效的，那么当前和潜在的雇主可通过经理人的表现来推断其能力，进而开出工资或决定是否聘用。经理人为了展现自己的能力，树立良好形象，赢得更多更好的工作机会，会努力高效地工作，即使当前收入较低也会如此。霍姆斯特姆认为，职业前景对拥有广阔职业发展空间、更为注重自身在职业市场上形象的年轻人的激励效应最为显著。

4. 效率工资理论

效率工资，即高于市场水平、以激励员工努力而高效率工作的工资。最早由美国福特公司于 20 世纪初付诸实践，看似会提高成本、降低利润，结果却由于工人的努力、高效率工作而压缩了成本、提高了利润。效率工资为何会提高工人的工作效率，经济学给出了不同的解释。

第一种理论认为高工资促进了工人改善饮食和营养，健康的身体提高了工作效率，这是效率工作最早的理论解释。第二种理论由夏皮罗和斯蒂格利茨（Shapiro and Stiglitz，1984）③ 提出，是目前最为流行的解释。该理论认为，企业不能完全监督工人的行为，导致了工人的道德风险问题。支付给工人高于市场水平的工资，相当于增加了工人偷懒被发现而被解雇的成本，从而激励工人努力而高效率地工作，最终提高企业

① Fama E F. Agency problems and the theory of the firm ［J］. Journal of Political Economy，1980，88（2）：288 – 307.

② Holmström B. Managerial incentive problems：A dynamic perspective ［J］. The Review of Economic Studies，1999，66（1）：169 – 182.

③ Shapiro C，Stiglitz J E. Equilibrium unemployment as a worker discipline device ［J］. The American Economic Review，1984，74（3）：433 – 444.

的利润。第三种理论认为高工资能够吸引更多高素质高效率的工人。第四种理论认为，高工资相当于企业给予员工的礼物或奖励，培养员工对企业的忠诚度，用更努力而高效的工作回报企业。

不同于激励契约，效率工资不需要与职工的产出或绩效挂钩，也不需要产出或绩效可度量，但根据上述流行的第二种理论，效率工资需有效的监督和严厉的惩罚为基础和支撑。"高薪养廉"就是效率工资在政府部门的应用，中国香港、新加坡是良好典范，对激励公职人员尽职尽责、约束其贪腐行为发挥了重要的作用。

3.1.2.2 基于激励理论的地方政府流动人口公共服务供给不足分析

流动人口和户籍人口对地方政府公共服务支出的影响异质性与地方政府及地方官员面临的激励密切相关。金等（Jin et al.，2005）①强调了政府间激励机制对中国改革成功的重要性，而俄罗斯虽然实行了较为彻底的市场化和私有化，但对地方政府的财政激励缺失是改革失败的重要原因。分析地方政府的支出行为，激励机制是基础。作为"政治参与人"和"经济参与人"，地方政府及其主政官既有为辖区流动人口提供公共服务的政治压力以及政治和经济动机，又面临着激励和约束不足。中国地方政府及官员面临的激励具有特殊性，这是流动人口公共服务供给问题产生的重要制度性原因。由于"用手投票"和"用脚投票"机制不健全（汪永成，2008）②，在此背景下，属地化管理体制中公共资源配置机制的扭曲是流动人口公共服务供给难题背后的深层次原因。国外的公共产品理论和公共选择理论难以适用于该问题，因而这是一个本土的"中国问题"（周建明，2014）。③ 奥茨（Oates，1972）④ 认为，地

① Jin H, Qian Y, Weingast B R. Regional decentralization and fiscal incentives：Federalism, Chinese style［J］. Journal of Public Economics，2005，89（9–10）：1719–1742.

② 汪永成."亲流动性要素的服务型政府"：形成机理与矫正策略——一种分析和解决当前中国民生问题的新视角［J］. 学习与探索，2008（3）：46–52.

③ 周建明. 高流动社会与属地化管理体制下的公共产品供给［J］. 学术月刊，2014，46（2）：86–92.

④ Oates W E. Fiscal federalism［M］. New York：Harcourt Brace Jovanovich Publishers, 1972.

方政府具有信息优势且可提供异质性的服务，财政分权通过"用手投票"和"用脚投票"的竞争机制可以激励地方政府改善地方的社会福利。但林江等（2011）[①] 以义务教育供给为例，说明由于不受"用脚投票"和"用手投票"机制的约束，我国财政分权不能促进地方公共服务供给。

乔宝云等（2010）[②] 认为中国中央政府对地方政府的激励主要采取两种方式："官员晋升锦标赛"和财政分成，二者分别以官员晋升和财政收入增加为激励手段，但本质都是官员所掌握的资源的增加。不同的是，在"晋升锦标赛"激励制度下，地方官员关注的是如何把自己的饼做的比别人大，而在财政分成激励体制下，地方官员关心的只是把自己的饼做大。钱颖一、温加斯特（Weingast）等提出了"中国特色的联邦主义"假说（Montinola et al.，1995；Qian and Roland，1998；Jin et al.，2005）。[③] 该理论认为中国中央政府对地方政府的激励主要表现在两个方面：第一，行政分权，20 世纪 80 年代后，许多经济管理权力由中央下放到地方，相对自主的经济决策权被授予地方政府；第二，财政分成，中央政府通过财政包干制或分税制，把很多财力下放给地方，使得财政收入由中央和地方共同分享，且地方分享的财政收入随财政总收入的增加而增加。基于这两种激励，地方政府维护市场以推动经济增长的热情非常高，该假说因而也被称为市场维护型联邦主义（market-preserving federalism）。

综合上述观点和激励理论，本书认为，中国的行政管理体制具有高度的属地化管理特点，地方政府承担着大量的事权和支出责任，周黎安

① 林江，孙辉，黄亮雄. 财政分权、晋升激励和地方政府义务教育供给［J］. 财贸经济，2011（1）：34 – 40.

② 乔宝云，刘乐峥，尹训东，等. 地方政府激励制度的比较分析［J］. 经济研究，2014，49（10）：102 – 110.

③ Montinola G，Qian Y，Weingast B R. Federalism，Chinese style：the political basis for economic success in China［J］. World Politics，1995，48（1）：50 – 81；Qian Y，Roland G. Federalism and the Soft Budget Constraint［J］. American Economic Review，1998，88（5）：1143 – 1162；Jin H，Qian Y，Weingast B R. Regional decentralization and fiscal incentives：Federalism，Chinese style［J］. Journal of Public Economics，2005，89（9 – 10）：1719 – 1742.

将之称为属地化行政逐级发包制。① 同时，上级政府，尤其是中央政府通过人事任命权掌握着绝对的权威。在此背景下，地方官员面临的激励主要有晋升激励、薪酬激励、地方财力及预算规模激励等。

地方政府及官员为流动人口提供公共服务，有基于通过促进辖区经济增长和社会稳定而谋求晋升的考虑，但激励不足。以劳动年龄人口为主的流动人口是经济增长的关键生产要素，完善的公共服务有助于吸引人口流入，以经济建设为中心始终是社会主义初级阶段的基本路线，经济增长也是考核地方官员、决定其是否晋升的重要指标；社会稳定是地方政府及官员考核的重要内容，流动人口在流入地的安居乐业是社会稳定的重要表现，完善流动人口公共服务是流动人口安居乐业的保障，因而也是促进社会稳定的重要手段。根据职业前景理论，如果地方官员预期辖区经济增长和社会稳定是决定自己是否能够晋升的重要因素，那么就会有强烈的动机为之努力，提高流动人口公共服务供给便是考虑之一。② 另外，在人口流动日益频繁、规模日益壮大的背景下，作为辖区居民的流动人口，其在流入地享受的公共服务日益受到上级政府，尤其是中央政府的高度重视。例如，2016 年，国务院发布《关于实施支持农业转移人口市民化若干财政政策的通知》，要求强化地方政府尤其是人口流入地政府的主体责任，建立健全支持农业转移人口市民化的财政政策体系，将持有居住证人口纳入基本公共服务保障范围，创造条件加快实现基本公共服务常住人口全覆盖。

但是，上述激励的作用机制都是间接的，流动人口公共服务供给并不是考核地方政府及官员的直接指标，动力难免不足；中央政府对地方政府流动人口公共服务供给的规定约束力较弱，多以鼓励为主。激励契约理论认为，多任务的委托—代理下，即代理人面对多个任务时，如果

① 周黎安. 转型中的地方政府：官员激励与治理（第二版）［M］. 上海：格致出版社，上海三联书店，上海人民出版社，2017.

② 笔者认为，职业前景理论适用于中国官场。例如，佟健、宋小宁（2011）指出，不同于委托人与代理人之间由正式契约所带来的显性激励，职业生涯发展激励是一种由市场提供的隐性激励。为了树立良好的声誉，地方官员在职业生涯的早期会努力工作；而在职业生涯的后期，其能力被上级政府了解，晋升无望的地方政府官员没有了工作的动力。佟健，宋小宁. 中国地方政府官员的隐性激励机制——基于职业生涯考虑模型［J］. 当代财经，2011（6）：30－36.

委托人对代理人各个任务可考核的程度不同，或者对各个任务的考核重视程度不同，那么代理人就会将更多的精力或努力花费在可考核程度更高，或者委托人重视程度更高的任务上，减少甚至放弃在其他任务上的努力。流入地政府流动人口公共服务供给，一直都是各方容易忽视的问题，近年来才逐渐被关注；由于统计的复杂性、人口的流动性，可考核的程度也不高。作为代理人的地方政府，在面对经济增长、社会稳定、环境保护、公共安全等多任务时，对辖区流动人口公共服务供给的重视程度可想而知了。另外，如果把上级政府、辖区户籍人口和流动人口共同作为委托人，地方政府作为代理人，这就是一个共同代理问题。委托人之间的偏好存在冲突，且所掌握的资源或力量相差悬殊，流动人口处于绝对的弱势，委托人之间的共谋难以达成，即算达成，流动人口牺牲的也将更多。在此情况下，代理人只重视那些看起来相对比较容易评估，且由拥有更多资源的委托人所委托的任务上，如促增长效应更明显的支出，流动人口公共服务供给明显不足。例如，钱和罗纳德（Qian and Roland，1998）[①] 指出，许多针对发展中国家和发达国家的实证分析发现，财政分权会带来政府支出结构中，基础设施支出占比提高。

薪酬激励、财政分成激励和预算规模激励三者密切相关，这三者与流动人口公共服务供给之间并不存在显著的或直接的正向关系，甚至有一定程度的负相关，是流入地流动人口公共服务供给不足的重要原因。第一，中国政府官员，尤其是地方主政官的薪酬多是固定的，与级别、所处地区类型及发达程度、工作年限等因素挂钩，与辖区经济社会发展情况关系不大，不存在效率工资。第二，流入地流动人口公共服务供给与薪酬激励、财政分成激励、预算规模激励至多只是存在某些方面的、间接的正向关系，这种关系主要是通过吸引人口流入而做大经济蛋糕实现的。第三，根据尼斯坎南的公共官僚模型理论，官员所追求的是可自由决定的预算规模最大化，其他条件一定时，流入地政府为流动人口承担的公共服务供给责任越多，可自由决定的预算规模一般就会越小，与

---

① Qian Y，Roland G. Federalism and the Soft Budget Constraint [J]. American Economic Review，1998，88（5）：1143－1162.

其作为"理性人"的目标相违背。陆万军、张彬斌（2016）① 通过实证分析发现，一些城市虽可通过降低落户门槛来提高人均产出，但可能会因流动人口的大量涌入而抵消政策效果，尤其是增大财政支出压力。因此，地方政府通过设置落户门槛筛选出财政收入或经济增长贡献较高的流动人口落户，其他一些流动人口则可能被拒户籍门槛之外。第四，上级政府（中央政府）对下级政府（地方政府）的转移支付主要以户籍人口为依据，导致地方政府对流动人口公共服务供给不足。② 同样，根据尼斯坎南的公共官僚模型理论，没有上级政府的财力支持，地方政府为流动人口提供公共服务的激励明显不足。刘大帅、甘行琼（2013）③认为现行转移支付制度对流动人口因素的考虑不够，现行转移支付制度由于对流动人口的重视程度不够而导致均等化效果降低。甘行琼等（2015）④ 认为，中央在分配转移支付资金时，对户籍人口的考虑更多，常住人口人均转移支付随人口流出而增加，随人口流入而减少。甘娜、胡朋飞（2017）⑤ 通过实证研究发现人口流入越多，人均中央对地方转移支付规模越小，说明我国中央对地方转移支付制度对流动人口因素的考虑不够，二者之间缺乏适配性。朱柏铭（2015）⑥ 通过梳理中央对地方转移支付办法，发现现行转移支付决定机制的人口变量主要是户籍人口，在这种转移支付体制下，东部发达省份多是人口净流入—补助低溢入地区，因此在流动人口的公共服务提供上面临较大的财政压力。地方财政利益在以省域为主体的财政承包制中不断固化，根据"财政供养人

① 陆万军，张彬斌. 户籍门槛、发展型政府与人口城镇化政策——基于大中城市面板数据的经验研究 ［J］. 南方经济，2016（2）：28－42.

② 当然，近年来，中央政府也逐步提供财力支持流入地为流动人口提供公共服务，但规模有限。例如，2015 年 11 月 25 日，国务院发布《关于进一步完善城乡义务教育经费保障机制的通知》，规定义务教育经费可携带，即可随学生流动；2016 年财政部设立农业转移人口市民化奖励资金。

③ 刘大帅，甘行琼. 公共服务均等化的转移支付模式选择——基于人口流动的视角 ［J］. 中南财经政法大学学报，2013（4）：13－20，158.

④ 甘行琼，刘大帅，胡朋飞. 流动人口公共服务供给中的地方政府财政激励实证研究 ［J］. 财贸经济，2015（10）：87－101.

⑤ 甘娜，胡朋飞. 人口流动对政府间转移支付均等化效应的影响分析 ［J］. 审计与经济研究，2017，32（3）：119－127.

⑥ 朱柏铭. 人口净流入——补助低溢入与财政转移支付 ［J］. 地方财政研究，2015（5）：40－47，74.

口"分配财力，这一传统做法导致公共服务不能随人而动（孙红玲，2013）。① 陈建东等（2014）② 也认为现行的转移支付制度没有充分考虑地区间的人口流动因素。

3.2　影响异质性与财政职能、政府间财政事权和支出责任划分理论

　　为包括流动人口在内的居民提供公共服务是履行财政职能的核心要义。作为财政的核心职能之一，公共服务供给事权和支出责任在不同层级政府之间的划分有所差异。一方面，基于财政分权理论和中国的现实情况，地方政府在公共服务供给中占据主体地位，不可避免地伴随着户籍人口和流动人口对地方政府公共服务支出的影响异质性。另一方面，流动人口跨区域性带来了外部性。如果没有区域之间的利益补偿机制或上级政府的统筹协调做支撑，地方政府为流动人口提供公共服务的动力难免不足，进而也带来了流动人口和户籍人口对地方政府公共服务支出的影响异质性。为了更好地保障流动人口公共服务，削减流动人口和户籍人口对地方政府公共服务支出的影响异质性，基于财政分权理论、外部性等理论，流动人口公共服务供给的政府间财政事权和支出责任划分应遵循五大原则。

3.2.1　财政职能理论

3.2.1.1　国家分配论③

　　"国家分配论"的提出，最早可追溯到千家驹（1949）、尹文敬

---

　　① 孙红玲. 推进新型城镇化需改按常住人口分配地方财力 [J]. 财政研究，2013（3）：56 - 58.

　　② 陈建东，蒲冰怡，程树磊. 财政转移支付均等化效应分析——基于基尼系数分解的视角 [J]. 财政研究，2014（10）：28 - 33.

　　③ 主要参考：许毅. 继往开来　深入发展"国家分配论"——纪念许廷星教授专著《关于财政学的对象问题》出版 50 周年 [J]. 财政研究，2008（6）：2 - 12；许毅."国家分配论"的产生与发展 [J]. 财政研究，1995（6）：34 - 39.

（1953）以及丁方、罗毅（1951）等，他们均指出财政是体现国家意志的经济行为，其中后者明确指出财政是为满足国家需要而进行的分配与再分配的经济行为。

"国家分配论"是在苏联理论界关于财政本质的认识——货币资金论、经济关系论和货币关系体系论的基础上发展出来的，这三种理论均把财政和国家职能联系起来。"国家分配论"认为，国家和财政有着本质联系，这也是区分"国家分配论"最起码的标志。

党的十一届三中全会后，"国家分配论"的发展主要体现在两个方面：第一，深入挖掘马克思恩格斯等经典作家的财政思想，并运用马克思主义再生产理论分析财政分配在社会再生产中的地位和作用，重点研究分配结构对国民经济结构合理化的作用，把毛泽东的经济决定财政、财政影响经济的辩证关系做了分析和拓展。第二，从生产资料所有制出发，研究财政分配与社会经济结构的关系，尤其是财政分配对形成新的经济形式的作用，从而更加明确了生产关系如何适应生产力的发展。至此，"国家分配论"把分配置于马克思再生产原理四个环节的中介地位，把财政置于生产力与生产关系、上层建筑与经济基础的矛盾运动中。以此为基础构建的财政学，突破了以前那种收、支、平、管的旧体系。

"国家分配论"的重要贡献者许毅对该理论所持有的论点主要有五个：第一，根据马克思社会再生产原理，财政处于四个环节的中介地位，财政分配是一般分配中分化并独立出来的分配范畴。第二，分配关系作为生产关系，能反作用于生产力，但生产力是决定因素。第三，生产力再生产规律制约生产关系再生产，所以研究分配规律应弄清楚生产力再生产规律。财政分配在生产力的再生产中，必须以生产力三要素为出发点，在利益分配上，必须以调节生产关系适应生产力为出发点，而在分配结构上，应以三大基金和六项扣除为依据。第四，财政学应深入到收支两个侧面——积累和消费，按六项扣除原理去探讨每一个侧面的安排以适应基本经济规律。第五，财政学的研究必须向下联系生产力，向上联系上层建筑（国家职能），并把生产关系上升到生产方式的高度。

许毅认为，"国家分配论"不能被狭窄化，"财政分配论"应研究解放生产力、发展生产力，研究财源、培养税源，应考虑分配方式、交换方式和社会主义运行机制，不能片面强调财政分配的独立性、强制性、无偿性和服务性。

"国家分配论"的主要贡献在于把分配、交换这两个不同的社会再生产中介环节加以区别，表明财政分配与社会再生产四环节之间相辅相成的辩证关系；搞清楚了财政分配的对象是社会总产品和国民收入的分配和再分配，避免了用货币关系归纳财政本质所造成的局限性和模糊性。"国家分配论"指出，社会主义生产方式决定了社会主义财政分配本质上是对社会产品和国民收入进行"取之于民、用之于民"的社会扣除，不具有剥削性。包括如下四个方面：第一，主体论：财政分配的主体是国家。第二，制导论：财政分配的目的是制导生产力的发展和生产关系的调整，而不是简单地再分配预算收入，更不是简单地制造公共产品，限于公共消费；强调制导的科学性并发挥主观能动性。第三，结构论：从再生产四环节入手，研究财政如何采取措施影响其他三个环节，体现在实际中，就是要有经济—财政—经济的观念，强调培养税源、涵养税基。第四，机制论：分配涉及各方面利益关系，必须通过机制研究确定最佳的利益分配格局。

总之，"国家分配论"正确认识了社会主义财政的本质、主体和目的，搞清了财政分配与其他分配形式的制约关系，以及分配与交换特别是商品交换中的价值运动和物资运动的关系。同时，对财政政策的形成依据和财政分配与生产方式的联系，进行了较为科学的阐述，开辟了深入探讨和改革上层建筑中不适应生产力发展一系列相互关系的环节和方面，以及解放生产力、发展生产力的道路。

3.2.1.2 公共财政理论

公共财政理论产生于西方国家，属于公共经济学的范畴。许毅（2008）[①] 指出，公共财政理论大多来源于西方的理论与实践，其职能范围的界定口径是满足社会公共需要，以追求公共利益而非自身盈利为

① 许毅. 继往开来 深入发展"国家分配论"——纪念许廷星教授专著《关于财政学的对象问题》出版 50 周年 [J]. 财政研究，2008（6）：2–12.

目的。政府职能定位更多的是扮演"守夜人"角色，强调市场配置资源的作用。公共财政框架下，财政职能主要表现为服务功能，即为市场的有序运转提供外部条件，为经济建设和人民生活服务，建设各种公用事业，促进公平分配以及稳定宏观经济等，从而提高经济运行效率，主要包括对诸如教育、医疗、文化、卫生、社保等社会公共产品的投入以及保证国家机器的正常运转。

公共财政是针对以往财政而形成的新概念（刘尚希，2000）①。西方的公共财政以市场经济为基础，我国的公共财政也以国民经济的市场化为前提（刘尚希，2000）②。郭代模、杨涛（2000）③ 认为，公共财政是国家分配的本质观在市场经济条件背景下的具体化体现。1998 年"公共财政"被正式纳入政府决策中，明确提出建立公共财政体系（刘尚希，2010）④。

刘尚希（2010）⑤ 指出，西方财政学最早可追溯到亚当·斯密《国富论》中关于财政问题的论述，在那个自由资本主义盛行的时代和以"私"为本位的社会语境中，财政从一产生就具有"公"的特点，财政就是为"公共产品"提供资金保障，以满足公共需要。西方社会是先有市场机制的形成，后有现代财政制度的出现。无论是在经济自由主义盛行，还是强调政府干预的凯恩斯主义出现之后，财政往往局限在市场不起作用的领域，如公共领域的资源配置、再分配、宏观经济稳定等。刘尚希（2000）⑥认为，搞公共财政不等于放弃宏观调控，按公共财政的要求，解决的应是财政的"缺位"和"越位"问题。其中，政府在公共服务、基础设施、基础性科研和教育、收入分配等领域"缺位"较多。构建公共财政基本框架，必须处理好经济增长与社会发展的关系，财政既要支持经济建设，也要解决好教育、医疗、保健、文化、社会治安等社会发展问题。

① 刘尚希. 公共财政：我的一点看法 [M]//经济活页文选. 北京：中国财政经济出版社，2000.

②⑥ 刘尚希. 公共财政：从概念到现实 [J]. 财贸经济，2000 (5)：10 – 14.

③ 郭代模，杨涛. 论中国特色公共财政体系的构建 [J]. 财贸经济，2000 (2)：24 – 28，39.

④⑤ 刘尚希. 公共财政：公共化改革的一种转轨理论假说 [J]. 财贸经济，2010 (8)：31 – 36，90.

高培勇（2008）[①]结合中国的现实背景，认为不能把市场经济财政等同于公共财政，也不能把非市场经济财政全归于"非"公共财政，而应结合体制转轨的特殊历史背景来理解中国的公共财政。中国由"非公共财政"向"公共财政"转变，表现为从国有制财政走向多种所有制财政、从城市财政走向城乡一体化财政、从生产建设财政走向公共服务财政；由"取自家之财，办自家之事"到"取众人之财，办众人之事"。公共财政概念的提出以及围绕其发生的相关变化是一个制度变革的过程。因此，归根结底，公共财政是一种制度安排，公共财政建设是一场以满足社会公共需要为主旨、以市场化为取向的财政制度变革。公共财政的基本特征有公共性、非营利性和规范性。其中，公共性引申出公共财政的三大职能：提供公共服务、调节收入分配和实施宏观调控。

方铸、王敏（2017）[②]指出，自由资本主义时期，财政的职能虽是充当"守夜人"角色，但政府仍被赋予了维护国家安全、维持司法制度的权威以及基于全国大部分居民的需要，建立相应的公共工程和机构等职能。垄断资本主义时期，财政还被赋予了改善社会福利水平（如建立社会保障制度）、调节收入分配等职能。混合经济时期（大萧条之后），财政又增加了稳定经济职能，其配置资源、调节收入分配的职能也得到强化。综上所述，马斯格雷夫将财政职能归为三类：配置职能、分配职能和稳定职能。[③] 陈共（2015）[④]指出，财政具有资源配置、收入分配、经济稳定和发展、保障社会和谐稳定和实现国家的长治久安四大职能。

3.2.2 财政分权理论

"财政分权"指的是公共财政（public finance）和公共服务供给的

① 高培勇. 公共财政：概念界说与演变脉络——兼论中国财政改革30年的基本轨迹[J]. 经济研究，2008，43（12）：4－16.

② 方铸，王敏. 对公共财政理论的再反思——兼论现代财政制度[J]. 财政监督，2017（19）：85－91.

③ 马斯格雷夫等. 财政理论与实践[M]. 邓子基，邓力平校译. 北京：中国财政经济出版社，2003.

④ 陈共. 财政学（第八版）[M]. 北京：中国人民大学出版社，2015：15－18.

权力从中央政府下放给地方政府（Tanzi，1995）。① 权力下放涉及政府间关系的四个方面：支出决策、税收或筹集收入的权力、地方借款和政府间转移支付。一般认为，财政分权理论起源于蒂布特（Tiebout）在1956年发表的《地方支出的纯理论》一文。②③ 财政分权理论分为第一代财政分权理论或传统的财政分权理论和第二代财政分权理论。

传统的财政分权理论也被称为财政联邦主义理论，代表人物有蒂布特（Tiebout）、奥茨（Oates）和马斯格雷夫（Musgrave）。核心理论包括蒂布特的"用脚投票"理论、奥茨的分权定理、马斯格雷夫的财政职能理论、Stiglers地方政府存在合理性理论。核心观点将资源配置的权力更多地向地方政府倾斜，通过地方政府之间的竞争，促使其财政决策更好地满足辖区居民的偏好，强化对政府行为的约束，发挥地方政府了解辖区居民偏好的优势。蒂布特（1956）在人口可自由流动、存在大量税收体制相同的辖区、辖区间无外部性和信息完备等一系列假设条件下构建模型，认为居民会根据各地区政府提供的公共产品和税负情况，选择最符合自身偏好的地区居住。"用脚投票"理论认为，居民可通过自由迁徙，从不满足自身偏好的地区迁出，进而迁入满足自身偏好的地区居住，从而实现帕累托最优和资源的优化配置，达到社会福利最大化。奥茨（1972）④ 为地方分权的合理性提出了"分权定理"，认为中央政府应提供具有广泛偏好的、没有地区差异性的、全国性的公共产品，但如果公民的异质性较强，需求偏好存在较大的差异，那么由地方政府来提供公共产品更具效率优势。方晓利、周业安（2001）⑤ 指出，分权定理暗含着，如果下级政府能够提供和上级政府一样的公共产品，

① Tanzi V. Fiscal federalism and decentralization：A review of some efficiency and macroeconomic aspects ［C］. in Annual World Bank Conference on Development Economics，Eds. Bruno M，Pleskovic B. Washington DC：World Bank，1995：295 –330.

② Tiebout C M. A pure theory of local expenditures ［J］. Journal of political economy，1956，64（5）：416 –424.

③ 杨灿明，赵福军. 财政分权理论及其发展述评 ［J］. 中南财经政法大学学报，2004（4）：3 –10，142；周中胜. 国外财政分权理论研究的进展与启示 ［J］. 国外社会科学，2011（2）：76 –82.

④ Oates W E. Fiscal federalism ［M］. New York：Harcourt Brace Jovanovich Publishers，1972.

⑤ 方晓利，周业安. 财政分权理论述评 ［J］. 教学与研究，2001（3）：53 –57.

那么由前者提供更优。马斯格雷夫（1959）①认为财政具有资源配置、收入分配、宏观经济稳定三大职能，中央政府和地方政府间的财政职能分工是不同的。地方政府由于缺乏强大的财力支撑且难以掌控经济主体的全局性流动，因此应由中央政府负责收入分配和宏观经济稳定职能，另外，各地区居民之间的偏好具有异质性，地方政府更具信息优势，因此资源配置职能应由地方政府负责，以提高效率、增进福利。斯蒂格勒（Stigler，1957）②从两个方面说明由地方政府配置资源比中央政府更有效率：一是地方政府更接近辖区民众，更了解他们的需求和效用；二是在一个国家内，不同的人有权对不同数量和不同种类的公共产品进行投票表决，由地方政府配置资源更能体现这一权利，从而促进效率提升和福利改善。

另外，早在1945年，哈耶克（Hayek，1945）③就指出，分权的好处本质上在于地方政府拥有相对信息优势，对当地的情况更加了解，可作出更好的决策。美国学者埃克斯坦（O. Echesten）提出了受益分权原则，认为应该根据公共产品的受益范围而有效划分各级政府的职能，并在此基础上分配财权。受益范围为全国公民的公共产品，应由中央政府提供；一部分受益群体虽为部分群体，但对全社会的发展至关重要的公共产品，也应由中央政府提供，如义务教育支出、扶贫支出等。同时，为了维护局部利益，应赋予地方政府一定的财力和职权。特里西（Tresch，1981）④提出了"偏好误识"理论，指出以往的分权理论高估了中央政府的能力，向地方分权是十分必要的。这些理论把中央政府设想为全知全能的政府，准确地了解所有居民的偏好和社会福利函数的偏好序列，具备全部适当的政策工具，并且中央政府可调停地区之间的冲突、恰当分配地区之间的收入。特里西认为，如果真是这样，就没有分权的必要了，地方政府只要遵循中央政府的指示就能实现公共产品最优

① Musgrave，R. A. The theory of public finance［M］. New York：McGraw – Hill，1959.

② Stigler G J. The tenable range of functions of local governments［R］. Joint Economic Committee，US Congress，Federal Expenditure Policy for Economic Growth Stability，1957.

③ Hayek F A. The use of knowledge in society［J］. The American Economic Review，1945，35（4）：519 – 530.

④ Tresch R W. Public finance：A normative approach［J］. Piano，Texas：Business Publications Inc，1981.

供给。但实际情况并非如此。

传统的财政分权理论假设政府是仁慈而高效的，政府和官员恪尽职守，目标是追求公共福利最大化和资源的优化配置。这一理论受到以钱颖一（Qian）、温加斯特（Weingast）和罗纳德（Ronald）等为代表的第二代财政分权理论的质疑。第二代财政分权理论也被称为市场维护型财政联邦主义，其继承了传统财政分权理论的核心思想，最大的不同就是认为政府及官员作为"经济人"，也有私人物质利益，他们追求的是个人利益最大化，而非公共福利最大化，在缺乏有效约束的情况下可能存在寻租行为。第二代财政分权理论认为，中央政府及官员、地方政府及官员、公民之间构成了各种类型的委托—代理关系，需通过设计官员利益和公共利益之间的激励相容机制来促进社会福利最大化。① 钱颖一和温加斯特（1997）② 指出，政府及官员有自己的物质利益，财政分权或联邦制能够促进地区之间的竞争，竞争获胜的地方政府及官员能获得更多的利益，如官员的当选和晋升，从而保证地方政府采取保护市场的行为，即"市场维护型"财政联邦制。在该体制下，中央政府和地方政府之间的责权利明确划分，政府之间的激励是可信激励，地方政府承担着促进地区经济发展的主要责任并有与自身利益相容的激励动机。钱颖一和罗纳德（1998）③ 认为联邦制的分权有利于硬化地方政府的预算约束。分权制下，货币信贷及政策被银行及中央政府控制，地方政府无法干预，从而无法通过无限度的借款来保护辖区落后企业。生产要素流动下地方政府之间的财政竞争增加了政府无效救助的机会成本。另外，第二代财政分权理论认为，中央政府对地方政府的有效监督，以及地方政府具备协商一致反对中央政府滥用权力的有效手段是财政联邦主义持续、稳定运行并发挥作用的两个必备条件。

---

① 刘晓路. 财政分权与经济增长：第二代财政分权理论［J］. 财贸经济，2007（3）：47 - 53，129.

② Qian Y, Weingast B R. Federalism as a commitment to reserving market incentives［J］. Journal of Economic Perspectives, 1997, 11（4）：83 - 92.

③ Qian Y, Roland G. Federalism and the Soft Budget Constraint［J］. American Economic Review, 1998, 88（5）：1143 - 1162.

3.2.3　外部性理论

外部性理论的提出最早可追溯到英国经济学家、剑桥学派奠基人亨利·西奇威克，其对外部性最初的认识体现在对穆勒"灯塔"问题的探讨上。他在著作《政治经济学原理》中指出，假设某人完全出于个人利益建造灯塔，但也服务了他人，而这些人并未对此付出成本，而且还可能会额外负担一些由他人行为而造成的无法获得补偿的精神或货币成本。他认为，个人通过自由交换总能够为其所提供的劳务获得报酬，这一观点是错误的。某些公共设施实际上不可能由建造者或愿意购买的人所有。①② 一般认为，外部性这一概念最早由马歇尔提出。他在 1890年发表的《经济学原理》中分析单个厂商和行业经济运行时首次提出了"内部经济"和"外部经济"。前者指单个企业由于分工等带来的效率提升，与微观经济学中的规模经济属于此类；后者指由企业间分工合作而带来的效率提升。马歇尔虽没有提到内部不经济和外部不经济概念，但根据他的内部经济和外部经济概念，可推出来。20 世纪 20 年代，马歇尔的学生庇古在其著作《福利经济学》中进一步研究并完善了外部性问题。庇古通过对社会边际成本和私人边际成本、社会边际纯产值和私人边际纯产值等概念及其差异的分析，丰富了外部性理论，认为既存在正外部性，也存在负外部性。庇古认为，社会边际纯产值和私人边际纯产值之间、社会边际成本和私人边际成本之间的差异导致市场机制无法实现资源的优化配置并达到帕累托最优，应该通过政府干预来解决，如庇古税。③④ 值得指出的是，马歇尔的外部经济是指企业活动受到外部影响，而庇古的外部性是指企业活动对外部的影响，二者存在较大差别。⑤

---

① 张宏军. 西方外部性理论研究述评［J］. 经济问题，2007（2）：14 - 16.

② 徐桂华，杨定华. 外部性理论的演变与发展［J］. 社会科学，2004（3）：26 - 30.

③ 李郁芳. 国外政府行为外部性理论评介［J］. 经济学动态，2003（12）：74 - 77.

④ 向晅，任健. 西方经济学界外部理论研究介评［J］. 经济评论，2002（3）：58 - 62.

⑤ 沈满洪，何灵巧. 外部性的分类及外部性理论的演化［J］. 浙江大学学报（人文社会科学版），2002（1）：152 - 160.

外部性概念的界定仍未达成共识，但归结起来不外乎两类。① 其一是萨缪尔森和诺德豪斯的定义：外部性是指那些生产或消费对其他团体强征了不可补偿的成本或给予了无须补偿的收益的情况；② 其二如兰德尔的定义：外部性是用来表示当一个行动的某些效益或成本不在决策者的考虑范围内的时候所产生的一些低效率现象，即某些收益被给予，或某些成本被强加给未参与决策的人。③ 沈满洪、何灵巧（2002）④将外部性现象分为七大类：根据影响效果划分的外部经济和外部不经济、根据产生领域划分的生产的外部性和消费的外部性、单向的外部性和交互的外部性、根据产生时空划分的代内外部性和代际外部性、根据产生的前提条件划分的竞争条件下的外部性和垄断条件下的外部性、稳定的外部性和不稳定的外部性、根据产生根源划分的制度外部性和科技外部性。

科斯对外部性理论的发展也产生了里程碑式的影响。科斯（1960）⑤对庇古税提出了批判，认为：第一，外部性具有相互性；第二，在交易费用为零，即各方可通过自由协商达成共识而实现资源优化配置的情况下，庇古税没有必要；第三，即使交易费用不为零，也要比较各种解决外部性问题方法的成本和收益，庇古税不一定是最优的。西方经济学家总结科斯的学术理论和思想，提出了科斯定理，即只要产权是明确的，并且交易成本为零或者很小，则无论在开始时将财产权赋予谁，市场均衡的最终结果都是有效率的。⑥ 科斯定理拓展了市场"看不见的手"的作用机制和范围，根据科斯定理，只要假设条件成立，即使存在外部性影响，市场机制配置资源也能实现帕累托最优。当然，科斯定理在现实中有很大的局限性，一是产权难以明晰，尤其在制度建设落后的发展中国家，二是交易成本一般都较高，协商费用可能高于由此带来的收益。

①④ 沈满洪，何灵巧. 外部性的分类及外部性理论的演化 [J]. 浙江大学学报（人文社会科学版），2002（1）：152 – 160.

② 萨缪尔森，诺德豪斯. 经济学 [M]. 北京：华夏出版社，1999.

③ 兰德尔. 资源经济学 [M]. 北京：商务印书馆，1989.

⑤ Coase R H. The Problem of Social Cost [J]. Journal of Law and Economics，1960，3：1 – 44.

⑥ 高鸿业主编. 西方经济学（微观部分）[M]. 北京：中国人民大学出版社，2014：338.

3.2.4　公共服务供给中的地方政府主体性、主导性伴随影响异质性

无论是国家分配论，还是公共财政理论，均强调财政满足社会公共需要的职能。前者以马克思主义社会扣除理论等为基础，突出社会主义财政分配的本质是"取之于民、用之于民"；后者以西方经济学理论为基础，明确将收入分配、社会和经济稳定作为财政的核心职能之一。为广大民众提供公共服务是财政满足上述职能最为重要的手段。不论是辖区户籍人口，还是作为中国特有户籍制度下的流动人口群体，为其提供公共服务是中央政府和地方政府、流入地政府和流出地政府不可推卸的职责。特别是缩小流动人口和户籍人口所享受的公共服务差异，促进基本公共服务均等化是履行财政职能的核心要义。

作为财政的核心职能之一，公共服务供给事权和支出责任在不同层级政府之间的划分有所差异。其中，地方政府占据主体地位，是公共服务供给事权和支出责任的主要承担者之一，这也不可避免地伴随着户籍人口和流动人口对地方政府公共服务支出的影响异质性。根据财政分权理论，由于地方政府，尤其是基层政府所具有的信息优势、管理优势、组织优势以及区域竞争所带来的效率提升，其在地区性公共服务供给方面具有明显的优势。对此，中央政府提供具有广泛偏好的、没有地区差异性的、全国性的公共产品，但如果公民的异质性较强，需求偏好存在较大的差异，那么由地方政府来提供公共产品更具效率优势。如教育、医疗卫生、社会保障、就业培训、住房保障等公共服务，被划分为地方财政事权或地方政府主导的共同事权，其重要原因就是地方政府所具有的上述优势，例如，2013 年区县政府财政支出占各级政府财政总支出的比例高达 68%。[①] 考虑到中国特有的户籍制度及其配套机制，并结合第二代财政分权理论和 3.1 节所提到的地方政府及官员激励理论，地方政府，尤其是基层政府，在主导公共产品和公共服务供给时，不可避免地差别化对待户籍人口和流动人口，即带来了户籍人口和流动人口对地

---

① 　数据来自《中国城市统计年鉴》和《中国区域经济统计年鉴》。

方政府公共服务支出的影响异质性。

另外，流动人口跨区域性带来了外部性，即地方政府为辖区流动人口提供公共服务的行为有外溢效应，流入地政府和流出地政府彼此之间均能从对方为流动人口所提供的公共服务中获得正外部性或负外部性。比如，流入地政府从流出地政府为流动人口提供公共教育服务的行为中获得了由人力资本流入所带来的正外部性，流出地政府从流入地政府为流动人口提供就业培训的行为中获得了由汇回收入增加所带来的正外部性。如果没有区域之间的利益补偿机制或上级政府的统筹协调作支撑，地方政府为流动人口提供公共服务的动力难免不足，进而带来了流动人口和户籍人口对地方政府公共服务支出的影响异质性。

3.2.5 削减异质性：保障流动人口公共服务的政府间财政事权和支出责任划分原则

与流动人口相关的公共服务主要涉及教育、医疗、社保、就业、住房等诸多方面。2015 年 12 月 12 日，国务院发布《居住证暂行条例》，与居住证挂钩的基本公共服务有义务教育、基本公共就业服务、基本公共卫生服务和计划生育服务、公共文化体育服务、法律援助和其他法律服务等。流动人口公共服务供给财政事权和支出责任划分涉及纵向的中央政府和省级政府之间和省以下上下级政府之间，以及横向的流入地和流出地政府之间两大方面。

如何划分？既涉及上下级政府之间的财政激励问题，以及不同层级政府公共服务供给所具有的特点和优势，又涉及流入地和流出地政府之间的竞争和合作，以及中央政府、省级政府的统筹和协调。本书认为，为了更好地保障流动人口公共服务，削减流动人口和户籍人口对地方政府公共服务支出的影响异质性，流动人口公共服务供给的政府间事权和支出责任划分应遵循如下原则。

第一，发挥好中央政府的主导、统筹和协调作用。2020 年人口普查结果显示，2020 年我国跨省流动人口占总流动人口的比重高达33.2%，流动人口公共服务供给涉及省级政府之间的统筹和协调，应由更高层次的中央政府主导。流动人口公共服务是基本公共服务均等化的短板，而基本公共服务均等化是保障公民基本权利、促进区域协调发展、推动生产要素跨区域自由流动的重要举措，这些都是需要由中央政府主导的事权，如制定全国统一的基本标准（如义务教育学校标准化建设），通过转移支付支持欠发达地区、鼓励发达地区为流动人口提供公共服务。另外，流动人口在流入地享受的公共服务，尤其是基本公共服务是一种全国性的公共产品，关系到地区经济和社会的稳定，也涉及劳动力要素资源配置和流动人口收入和福利水平的提升，根据奥茨（1972）[①] 的分权定理和马斯格雷夫（1959）[②] 的财政职能理论，中央政府应发挥主导作用并提供财力支持。美国学者埃克斯坦提出的受益分权原则认为，一部分受益范围虽为部分群体，但对全社会的发展至关重要的公共产品，也应由中央政府提供。本书认为，流动人口公共服务，虽然受益群体仅为流动人口，但由于涉及要素流动和配置、社会公平和稳定等诸多重要方面，中央政府的主导不可或缺。

　　第二，充分发挥地方政府，尤其是基层政府贴近辖区居民所具有的信息优势、管理优势、组织优势，体现受益范围的一致性。从蒂布特的"用脚投票"理论、奥茨的分权定理、马斯格雷夫的财政职能理论、斯蒂格勒的地方政府存在合理性，再到以钱颖一、温加斯特和罗纳德等为代表的第二代财政分权理论，财政分权的理论和现实基础，以及地方政府存在必要性中最为关键的是地方政府的信息、管理和组织优势及其相互竞争。对于上述所提到的与流动人口相关的教育、医疗卫生、社保、就业、住房保障等公共服务，地方政府更了解辖区居民的异质性偏好、更能反映辖区居民的诉求，也有更强的组织和动员能力。特别地，鉴于流动人口问题的复杂性和中国较为浓厚的属地化行政管理色彩，流动人口公共服务供给中地方政府的作用尤为重要。另外，流动人口是流入地劳动力的重要补充和流出地居民收入的重要来源，也解决了流出地的劳动力过剩问题，间接提高了流出地居民的人力资本水平，流入地和流出地均是人口流动的受益方，共同为流动人口提供公共服务符合成本—收

①　Oates W E. Fiscal federalism [M]. New York：Harcourt Brace Jovanovich Publishers, 1972.

②　Musgrave, R. A. The theory of public finance [M]. New York：McGraw - Hill, 1959.

益原则，体现了公共服务受益范围的一致性。

第三，建立政府间激励相容机制，既保障流动人口基本的公共服务，又鼓励地方政府为流动人口落户，或提供更加均等的公共服务。第二代财政分权理论认为，政府及官员作为"经济人"，也有私人物质利益，他们追求的是个人利益最大化，而非公共福利最大化。在这种情况下，需设计官员利益和公共利益之间的激励相容机制来促进社会福利的最大化。对于流入地政府来说，流动人口补充了劳动力资源，促进了经济发展，带来了财政收入增长，但为其提供公共服务会降低户籍人口的公共服务水平和政府可支配财力，这是流入地政府"劳动力接收、户籍拒绝"和流动人口公共服务供给不足的根本原因。对此，应淡化公共服务供给的户籍属性，强化居住属性，通过绑定更多的公共服务提高居住证的含金量，甚至可以此为抓手，推动户籍制度改革。基于蒂布特的"用脚投票"理论，改革户籍制度，促进人口尤其是劳动力的自由流动，即人们可根据公共服务供给、税负、工作机会等自由选择符合自己偏好的地区居住，这样可以强化地区之间的人才等要素竞争。资本、技术等生产要素离不开人，地方政府要想吸引更多更优秀的人才和劳动力、更先进的技术、更丰富的资本，提高流入人口所享受公共服务水平是重要手段，而这往往是自发的，是符合激励相容原则的。通过上级政府转移支付鼓励流入地政府为流动人口提供公共服务是激励效果更为直接的方式，如2016年财政部设立农业转移人口市民化奖励资金、2012年中央对地方均衡性转移支付首次考虑外来人口等均属此类。①

第四，加强人口流入地、流出地之间的合作，弱化公共服务供给的户籍属性，借助信息化手段贯彻财政收入—支出的成本收益原则，并通过转移支付调剂地区财力。流出地为流入地输出了大量劳动力，也带来了流出地居民收入增长、素质提高，缓解了就业压力；与此同时，人口流入带来了财政支出压力加大、拥挤、社会不稳定因素增加，人口流出也导致人力资本流失、留守儿童等问题。因此人口流动带来了流入地和流出地互相之间的正外部性和负外部性。借鉴科斯定理，加强流入地和流出地政府之间的沟通、协调和合作，有助于消除外部性对资源配置效

---

① 2012年以前计算总人口时只考虑户籍人口，不考虑流动人口。

率的负面影响。科斯定理的假设前提之一是清晰的产权。如果把人的概念抽象化，那么人的"产权"可以有两种理解：其一，"产权"归属于户籍，易界定，也是现实中的做法；其二，将"产权"与流动人口一生所创造的物质价值或对地区经济增长的贡献挂钩，那么归属流入地的"产权"可能更多，尤其对于那些常年外出打工的劳动力来说更是如此。如果公共服务由"产权"归属地供给，第一种情况中虽然"产权"容易界定，但忽略了人的流动性，缺乏地区之间的协商合作，人口流出地一般居弱势，表现为当前流动人口公共服务供给不足；第二种情况，符合成本—收益原则，但"产权"难以界定并清晰划分，尤其是涉及流动人口本人的教育问题、子女教育问题、养老问题等诸多方面，十分复杂，但这是解决流动人口公共服务供给不足的良策。

本书认为，将"产权"与户籍脱绑，与经济、税收贡献挂钩，进而基本公共服务与户籍脱绑，强调流动人口公共服务支出与其经济税收贡献的匹配度，加强人口流入地和流出地政府之间的交流、协商与合作，是解决当前流动人口公共服务问题的关键。合作的理想方式之一是建立在完备的人口流动数据基础上的横向转移支付制度，考虑到我国没有横向转移支付制度，应由中央政府或省级政府通过纵向转移支付制度协调地区之间的财力，"抽肥补瘦"。值得特别指出的是，人口净流入地多是经济较发达地区，净流出地多是经济欠发达地区；很大一部分外出务工人员年老后多选择回到老家，势必加大流出地的财政负担等，促进流动人口公共服务供给的转移支付应充分考虑这些情况。另外，流入地和流出地之间的合作还体现在信息资源共享以构建关于流动人口立体的、全面的信息网络体系，如建立医疗保险异地结算等社会保障跨区域统筹机制。

第五，贯彻"钱随人走"的财政资金分配理念，公共服务供给体制更好适应人的流动性。人的自由流动是劳动力要素市场化配置的前提，建立与人的自由流动相匹配的公共服务供给体制有助于提高资源配置效率。中国的政治治理一贯具有浓厚的属地化管理色彩。周黎安（2014）[1] 指出，中国的属地层层发包将跨区域事务和全国性公共产品

---

① 周黎安. 行政发包制 [J]. 社会，2014，34（6）：1－38.

进行了人为的属地切割，以属地为基础的行政发包制适合于各属地间相对独立、经济和社会的横向联系较少的状况，但经济市场化和一体化的推进冲击着属地管理的体制，人口和货物的跨地域自由流动让属地边界变得日益模糊。与此相适应，公共产品和公共服务供给，作为政府的核心职能，应打破原有的以生产要素较少流动为前提的、建立在户籍制度基础上的属地化供给体制，关键是贯彻"钱随人走"的财政分配理念。转移支付资金分配与常住人口挂钩，而非户籍人口；中央政府统筹和保障流动人口基本的公共服务，如义务教育、基本医疗保障；财力较好的流入地对流动人口既要"劳动力接收"，也要"公共服务接收"和"户籍接收"；对于那些持续时间长，甚至伴人终身的诸如养老保险、医疗保险等社会保障服务，实现全国统筹，等等。这样才能真正实现"钱随人走"。

3.3 影响异质性程度的差异性分析：行政层级、支出类别、地区与流动人口特征

流动人口和户籍人口对地方政府公共服务支出的影响不仅存在异质性，而且这种异质性程度因流入地、财政支出类别、财政支出所归属的政府行政层级（中央、省、市、县等各级政府）、流动人口特征等的不同而有所差异。这背后都有深刻的政治学、经济学、社会学的理论支撑。

3.3.1 公共服务支出归属的行政层级不同带来的影响异质性程度差异

一般来说，政府行政层级越高，流动人口和户籍人口对其公共服务支出影响的异质性程度越低。辖区流动人口和户籍人口对全省公共服务支出的影响异质性程度一般低于对全市公共服务支出的影响异质性程度，而辖区流动人口和户籍人口对全市公共服务支出的影响异质性程度一般又要低于对区（市、县）公共服务支出的影响异质性程度。利用

财政分权理论、外部性理论、财政职能理论等可对此作出解释。

第一，财政分权理论认为，基层政府为辖区居民提供公共服务具有信息、管理和组织优势，这种优势可能主要是针对辖区户籍人口而非流动人口而言；正是具有这种优势，越基层的政府，可能会越关注户籍人口的公共服务。另外，政府层级越高，一部分流动人口就成为了户籍人口。① 即算仍是流动人口，层级越高的地方政府所掌握和可动用的资源越多，有助于发挥信息、管理和组织优势，为流动人口提供公共服务。第二，根据财政分权和政府职能理论，层级越高的政府会更关注促进公平和稳定方面的公共服务，如收入分配、社会保障，这些职能的有效履行有赖于对流动人口的重视。第三，基于外部性理论和政府激励理论，层级越高的政府，内部化外部性的能力越强，即从为流动人口提供公共服务中所获收益的比例更高、外溢性更小。例如，辖区越大，流动人口生产和消费活动对经济和财政收入增长的贡献被辖区接收的比例越高，政府更有动机为流动人口提供公共服务，以吸引其迁入。第四，地方政府层级越高，受中央政府影响和约束的程度越高，中央政府通过其贯彻自己政策意图的能力越强。与地方政府相比，中央政府更加关注流动人口的公共服务。例如，国家分配论认为，国家财政应注重研究财源、培养税源，保障流动人口公共服务、推动劳动力要素自由流动，无疑是中央财政工作的重要内容。地方政府层级越高，中央政策传达下来所经历的中间层级越少，中央政府通过人事、财政等手段促使其执行中央政策的能力越强，这些地方政府会更趋向于与中央保持高度一致。

3.3.2 公共服务支出类别不同带来的影响异质性程度差异

流动人口和户籍人口对地方政府公共服务支出的影响异质性程度随支出类别的不同而有所差异。具体来说，其对医疗卫生、教育、社会保障和就业、住房保障等与人们生活密切相关的公共服务或民生支出的影响异质性程度高于其他公共财政支出或公共财政总支出；其对医疗卫

---

① 例如市内跨区流动人口，对于区而言，是流动人口，对于市而言，就是辖区户籍人口了。

生、教育、社会保障和就业、住房保障等公共服务支出的影响异质性程度彼此之间也存在差异。可从如下五个方面做理论上的分析。

第一，医疗卫生、教育、社保、就业和住房保障等财政支出与人们生活息息相关，也最为关注，因而是地方政府保障辖区户籍人口公共服务水平的关键，尤为重视。第二，这些民生支出容易与户籍绑定，排他（流动人口）成本低。第三，现有制度下，民生类公共服务很大程度上直接与户籍人口绑定，并由具有地域属性的地方政府供给，人是流动的，公共服务供给却是相对固定的，对应的事权和支出责任划分难以在地方政府间协调，导致流入地对流动人口公共服务供给不足。第四，上级政府针对医疗卫生、教育、社保、住房保障等公共服务供给的转移性支出也在很大程度上与下级政府所辖户籍人口规模挂钩，间接形成了地方政府对户籍人口和流动人口民生服务差别化对待倾向的激励。另外，那些考虑流动人口更多的转移性支出，相应的地方政府支出可能会更关注流动人口，对应的异质性程度可能会更低。例如，中央义务教育经费可携带政策可能会带来流动人口和户籍人口对义务教育支出影响异质性程度的降低。第五，根据马斯洛需求层次理论，人们对不同民生类支出的需求也存在差异，如 3.1.1.3 节所述，财力约束下，流入地政府可能会根据流动人口的需求程度，选择性地提供部分最为紧要的公共服务。由此带来流动人口和户籍人口对不同类民生支出的影响异质性程度也存在差异。

3.3.3 流入地不同带来的影响异质性程度差异

流动人口和户籍人口对流入地公共服务支出的影响异质性程度会随流入地经济发展水平、财力、地理区位等的不同而有所差异。从 3.1.1 节可知，人口迁移主要由经济动机驱动，东部、中部、西部（东北）地区的划分能较好地反映中国不同地区经济发展水平的差异，因而是本书比较异质性程度的重点。经济发展水平与异质性程度的关系取决于两类影响方向相反的因素的共同作用。

一方面，经济发展水平越高，工资水平相对越高，吸纳就业的能力越强，为流动人口提供的就业岗位越多，即托达罗（1969）所考虑的在城市找到工作的概率也越高，对流动人口所释放的经济动机越强，鉴于前面 3.1.1 节所论述的，经济动机是人口迁移的主要原因，意味着这些地区忽视或不重视流动人口公共服务供给，也能吸引很多的流动人口，尤其是劳动力迁入，这会削弱他们为流动人口提供公共服务的激励。另外，经济越发达，公共服务供给相对更完善，因而即使经济发达地区流动人口享受的流入地公共服务的绝对水平高于经济较不发达地区的流动人口，但前者与当地户籍人口公共服务的差距一般也会高于后者与当地户籍人口的差距。

另一方面，经济发展水平越高的地区，开放度和包容性更强，公共服务供给体系对外来人口的容纳度更高，较好的财力基础也为此提供了支撑。同时，这些地区往往也更明白人口人才流入对地区经济社会发展的重要性，完善的公共服务保障是吸引人才流入的重要举措。如前面 3.1.1.2 节所述，距离是影响人口流动的关键中间因素，还有习俗、气候适应性等，中西部人口跨省流入东部地区，需要克服的这类障碍较多，而且一旦远距离流出，就难以享受到流出地的教育、医疗卫生等公共服务，对流入地的公共服务诉求会更高。

3.3.4　流动人口类型（流动距离、户籍属性）不同带来的影响异质性程度的差异

流动人口和户籍人口对地方政府公共服务支出影响异质性程度会随流动人口类型或自身禀赋的不同而有所差异。本书主要探讨流动距离和户籍地不同所带来的差异。

如 3.1.1.2 节中引用李（1966）的观点，距离是影响人口流动的最重要的中介因素，也是研究相对最多的。以流动距离或所跨的行政单位（即户籍地和常住地的跨度）进行划分，是我国流动人口统计的重要内容。[①] 一般来说，流动人口和户籍人口对公共服务支出影响异质性程度与流动距离呈正相关关系，即流动人口流动距离越远，其在流入地享受

---

① 我国流动人口统计中，有跨省流动人口、省内流动人口、跨地级市流动人口、市区（县、市）内流动人口、跨市区（县、内）流动人口等。

的公共服务与当地户籍人口的差距越大。原因主要有三点：第一，我国公共服务供给的属地化色彩浓厚，重辖区户籍人口而轻流动人口，全局性的统筹层次和占比较低，公共服务跨区域转移接续难度较大。流动距离越远，所跨的地区行政层级越高，意味着流动人口的归属性越低，其公共服务更易被政府忽略。例如，相比于跨省流动人口，省内流动人口至少还能享受本省所统筹和提供的公共服务，部分公共服务也可随人口流动而转移接续。第二，结合我国远距离的人口流动多是中西部经济欠发达地区流向东部发达地区这一事实，流动距离越远，需要克服的障碍越多，相应的流动人口受教育水平、在流入地的收入水平可能越低[1]，权利意识以及在预算决策机制中的话语权一般较低，所能获得的流入地公共服务可能也就越少了。[2] 第三，从整体上看，流动距离越远，落户成本相对越高，流动人口长期居留并落户的意愿也越低，即流动状态更不稳定，随时都可能返回户籍地，对流入地的公共服务不会有那么强烈的需求，尤其是那些满足 3.1.1 节中所探讨的，马斯洛需求层次中较高层次需求的公共服务。而且，正如 3.1.1.2 节所示，距离是人口迁移的关键因素，流动距离越远，所作出的牺牲往往相对更多，迁移的经济动机会更加强烈，对流入地的公共服务诉求相对较弱，而且流入地政府为流动距离更远的流动人口提供公共服务的信息收集和组织难度更大。因而从供需两方造成异质性程度更高。

户籍制度带来了中国流动人口问题的特殊性，其中城镇户口和农村户口的划分是主要因素之一。本书认为，拥有城镇户口的流动人口对地方公共服务支出的影响程度高于拥有农村户口的流动人口，即农村户口的流动人口所对应的影响异质性程度更高。可从三个方面分析原因：首先，来自农村的流动人口整体上受教育水平较低，政治参与意识不强、参与度不高，对政府预算安排的影响较小，公共服务诉求更容易被忽视。其次，城镇户籍的流动人口在户籍所在地享有的公共服务相对更完善，对公共服务的诉求和权利意识比农村户籍流动人口更强。最后，城

---

① 这样才会愿意做出更大的牺牲、远距离流动以获得更高的收入。

② 4.1 节将探讨我国的预算决策机制，说明流动人口，尤其是非精英人士，对预算决策的影响非常小。

镇户籍流动人口整体上更高的收入水平为其在流入地享受公共服务提供了财力支持，如让子女随迁并在流入地接受义务教育、在流入地接受较好的医疗服务等。

3.4 支撑本书实证分析的五个命题

基于前面的理论分析并结合中国的实际情况，将本书所涉及的五个命题列举如下，后文的实证分析将围绕这些命题展开。

命题1：流动人口和户籍人口对地方政府公共服务支出的影响具有显著的异质性。

本章3.1节从行为视角下的流动人口公共服务需求和地方政府公共服务供给，以及3.2.4节结合财政职能理论、政府间财政事权和支出责任划分、财政分权理论、外部性理论等理论和现实，论证了本命题。

命题2：一般来说，政府行政层级越高，流动人口和户籍人口对其公共服务支出影响的异质性程度越低。

本章3.3.1节结合相关理论和现实，论证了该命题。

命题3：流动人口和户籍人口对地方政府公共服务支出的影响异质性程度随支出类别的不同而有所差异。流动人口和户籍人口对与生活密切相关的公共服务或民生支出的影响异质性程度高于其他类公共财政支出或公共财政总支出；流动人口和户籍人口对医疗卫生、教育、社会保障和就业、住房保障等公共服务支出的影响异质性程度在不同类型支出之间也存在差异。

本章3.3.2节结合相关理论和现实，论证了该命题。

命题4：流动人口和户籍人口对流入地公共服务支出的影响异质性程度会随流入地经济发展水平、财力、地理区位等的不同而有所差异。

如本章3.3.3节所述，本书实证分析将分东部、中部、西部探讨该命题。东部、中部、西部地区的划分能较好地反映中国不同地区经济发展水平的差异，经济发展水平与异质性程度的关系取决于两类影响方向相反的因素的共同作用，具体参见本章3.3.3节。

命题 5：流动人口和户籍人口对地方政府公共服务支出影响异质性程度会随流动人口类型或自身禀赋的不同而有所差异。一般来说，流动人口和户籍人口对公共服务支出影响异质性程度与流动距离呈正相关关系；拥有城镇户口的流动人口与户籍人口对地方公共服务支出的影响程度高于拥有农村户口的流动人口。

本章 3.3.4 节结合相关理论和现实，论证了该命题。

3.5 本章小结

本章从理论上论证了流动人口和户籍人口对地方政府公共服务支出影响异质性的存在性，提出了保障流动人口公共服务以削减异质性的政府间财政事权和支出责任划分的原则，分析了异质性影响程度的差异性，并总结了五个命题以支撑实证分析部分。

首先，基于马斯洛需求层次理论、人口迁移动机理论，说明了流动人口对流入地公共服务的需求与户籍人口之间存在差异；基于激励契约理论、公共官僚模型理论、职业前景理论、效率工资理论，说明了在现有的晋升激励、薪酬激励、地方财力及预算规模激励下，地方政府及官员为流动人口提供公共服务的动力不足。本章从公共服务供需两端的行为视角，论证了影响异质性的存在性。

其次，基于财政职能理论、财政分权理论、外部性理论，说明了地方政府在公共服务供给中的主体性和主导作用；人口流动带来了公共服务供给的外部性，如果没有区域之间的利益补偿机制或上级政府的统筹协调作支撑，地方政府为流动人口提供公共服务的动力难免不足，进而带来了流动人口和户籍人口对地方政府公共服务支出的影响异质性。为了保障流动人口在流入地所享受的公共服务，以削减影响异质性，政府间公共服务财政事权和支出责任划分应遵循科学合理的原则，并符合财政分权理论、外部性理论、激励相容理论等理论的相关内容和要求。

再次，流动人口和户籍人口对地方政府公共服务支出的影响异质性程度，会因流入地、财政支出类别、财政支出所归属的政府行政层级（中央、省、市、县等各级政府）、流动人口自身特征属性等的不同而有所差异。这背后都有深刻的政治学、经济学、社会学的理论基础。

最后，基于本章所梳理的理论并结合中国现实，总结了关于流动人口和户籍人口对地方政府公共服务支出影响异质性的五个命题，后文的实证分析即围绕此展开。

第 4 章

流动人口和户籍人口对地方政府
公共服务支出影响异质性

——政策和制度背景

　　户籍制度约束下的财政支出和公共服务供给大体上以人口不流动为前提，这在改革开放之前表现得尤为明显。在此背景下，流入地政府公共服务支出忽视或歧视流动人口难以避免。刘尚希（2012）[1] 认为，我国现行的财政体制，是以假定人口不流动为前提，政府公共服务支出安排以辖区户籍人口为基础，流动人口在地方支出预算决策中处于相对弱势地位，利益诉求难以得到满足，流动人口的公共服务面临"两不管"的困境。因此，流动人口和户籍人口对公共服务支出影响异质性具有深刻的政策和制度背景。随着市场经济的不断发展，人口流动，尤其是劳动力流动日益频繁，相关的公共服务政策和制度正逐步适应这种变化，对流动人口的包容性不断提升。与流动人口生活密切相关且关注度较高的随迁子女义务教育、社会保障的统筹和转移接续、住房保障、政府间公共服务财政事权和支出责任划分是其中的重要表现，本章将对此做梳理和评述。通过梳理也发现，这些与人口流动相适应的政策和制度多是近年来才开始实施，仍有较大的提升空间，流动人口和户籍人口所享受的公共服务仍有较大差距。由政府和相关部门主导的预算编制"两上两下"以及参与式预算中代表普通流动人口的声音较弱；转移支付资金分配忽视或歧视流动人口，对流入地政府为流动人口提供公共服务的激励

---

① 刘尚希. 我国城镇化对财政体制的"五大挑战"及对策思路 [J]. 地方财政研究,
2012（4）：4–10.

不足；公共服务财政事权和支出责任划分对流动人口的考虑不够，与人口流动之间有很大的不适应性等。因此，本章也是流动人口和户籍人口对地方政府公共服务支出影响异质性，在政策和制度上的具体化。

4.1　预算决策机制与流动人口

4.1.1　中国预算编制的"两上两下"

中国实行的是部门预算，而部门预算编制流程大多是"两上两下"。"一上"就是财政部门向各部门印发部门预算编制相关的文件和通知，明确工作要求，各部门根据相关要求编制本单位年度收支预算，并上报财政部门。"一下"就是财政部门根据财力情况和各部门上报的收支情况，综合审查各部门预算，并向各部门下达预算控制数，要求各部门在控制数内重新编报部门预算。"二上"就是各部门在财政部门规定的预算控制数内重新调整和编制本部门预算，并再次上报财政部门。"二下"就是财政部门再次汇总并编制政府预算草案，报政府常务会议讨论，报同级党委审查，之后再将政府预算草案报同级人民代表大会（以下简称"人大"）常务委员会初审。此后，人大常委会初审通过后形成的政府预算在人大会议召开时提交大会审议通过，财政部门最后将人大通过的预算批复各部门，预算开始执行。

近年来各地区根据实际情况，对预算编制进行了一些调整。例如，聂锋杰（2014）[①] 指出，北京市为了提高预算决策的层次，将"一上"调整为市财政局根据中央、市委市政府重点工作及各部门规划，制定下年度资金分配方案及重点支出事项，报市政府审定。另外，实施参与式预算的地区也越来越多。

从上述预算编制的"两上两下"中可看到，预算资金安排在很大

---

①　聂锋杰 . 中国公共预算决策机制研究［D］. 北京：中国财政科学研究院，2014.

程度上是由各预算单位和财政部门决定的。① 人大审批在最终环节，一般难以对预算产生决定性的影响。我国实行的是增量预算，每一年预算调整的空间也相对较小。当然，当前正大力推广实施的绩效预算加强了人大和民众对预算编排的影响，但效果仍有限。因此，总体来看，我国地方预算资金安排很大程度上由主要关注辖区户籍人口的地方政府及相关部门决定。

4.1.2　转移支付预算分配中标准财政支出计算与流动人口

转移支付预算资金分配主要以户籍人口为依据，忽视流动人口或对其存在明显的歧视和差别化对待。以中央对地方均衡性转移支付为例，各省获得的中央均衡性转移支付规模根据各省标准财政收支差额测算，差额越大，接受中央均衡性转移支付的规模也越大。其中，标准财政支出＝总人口×人均支出标准×支出成本差异系数。2012 年以前，标准财政支出计算公式中的总人口指户籍人口，不包括流动人口；从 2012 年开始，总人口＝户籍人口＋外来人口×外来人口折算比例，外来人口＝常住人口－户籍人口，折算比例根据外来人口人均财政支出与户籍人口财政支出之比计算确定。2022 年颁布实施的《中央对地方均衡性转移支付办法》将外来人口的表述调整为流入（流出）人口×流入（流出）人口折算比例，具体计算方法未发生改变。2021 年中央对地方均衡性转移支付规模为 1.89 万亿元，占中央对地方转移支付总量的 23.0%。而且，诸如民族地区转移支付等一般性转移支付测算中也使用了均衡性转移支付中的标准财政收支计算公式，同时省以下转移支付资金分配方案也多参照中央对地方转移支付资金分配方案进行。因此，上述考虑了流动人口的标准财政支出计算公式对转移支付预算资金的分配产生了重要的影响。

4.1.3　参与式预算

参与式预算是提高预算决策机制的民众参与度，贯彻以人民为中心

---

① 有时候甚至可以说是决定性的影响。

的公共预算理念，促使公共产品和服务的提供更好反映民众诉求的重要手段。参与式预算已在我国许多地区试点并铺开，取得了一定成效，但距离其设置初衷仍有一定差距。普通民众参与度不高、以本地户籍人口和精英阶层为主、地方政府主导性太强而削弱了民众的影响等问题依然存在。

参与式预算是一种创新的决策过程，公民直接参与决策，决定或有助于决定本地区可支配公共资源的最终使用。在决策过程中，通过参与各种会议，公民能够获得分配资源、确定社会政策优先性，以及监督公共支出的机会。随着低收入人群等被排斥的弱势群体或边缘人群获得参与决策的机会，社会和政治排斥将被逐步消除（陈家刚，2007）。[1] 程国琴（2014）[2] 认为，参与式预算是指公众直接或间接地参与公共资源分配和使用决策的活动。参与式预算是一种经济民主的形式，预算资金的分配不是建立在大多数当选政治家的决定之上，而是建立在大多数公民的意愿基础之上（Bose，2008）。[3]

参与式预算起源于 20 世纪 80 年代末的巴西，并从 2000 年开始在世界其他国家和地区开展。陈家刚（2007）指出，参与式预算没有统一的模式，它与各地的历史、公民文化和公民社会组织密切相关。参与式预算通过引入受排斥的团体和公民参与决策，能够削减社会和政治排斥，是走向社会公正和更广泛政治包容的重要步骤。

2003 年开始，中国的上海惠南镇、浙江温岭、河南焦作、黑龙江哈尔滨、江苏无锡等地陆续开始参与式预算试点。而在此之前，在中国众多的居委会、村委会就以问卷调查、个别访谈、听证会、座谈会等多种方式，让公众参与到公共事务和财务预算中，具有参与式预算的实质。刘斌（2017）[4] 总结了中国参与式预算的六点实践经验，包括注重

① 陈家刚. 参与式预算的理论与实践 [J]. 经济社会体制比较，2007（2）：52–57.

② 程国琴. 参与式预算的经济学分析 [J]. 当代财经，2014（12）：36–46.

③ Bose J. Participatory budgeting: concepts and country experiences [M]. India Hyderabad: Icfai University Press, 2008.

④ 刘斌. 参与式预算的中国模式研究：实践、经验和思路 [J]. 经济体制改革，2017（4）：151–155.

通过民众参与体现民意以及从最基层开始实现参与。陈家刚、陈奕敏（2007）[①] 指出，参与式预算是我国地方政府治理改革的重要举措，其兴起和发展实现了直接民主和代议制民主的有效结合，是公民直接参与公共财政决策的途径。

申建林、谭诗赞（2016）[②] 指出，中国参与式预算试点和探索主要有浙江温岭的"预算民主恳谈"、哈尔滨和无锡的"公共项目民众点菜"、上海闵行的参与式绩效预算、河南焦作的网民票选民生工程、云南盐津的"民主议事会"、广东顺德的"预算项目面谈会"、北京麦子店的"参与式立项"等。这些参与式预算主要采取民众代表建议与人大代表决策的对接、民众代表与人大代表联合决策两种形式。前一种模式中，民众代表只是给人大代表提供建议；后一种模式中，民众代表能够直接和人大代表共同决定部分预算资金的分配。该文指出，专家和地方精英在项目的最终确定上发挥了重要的作用，普通民众受到来自体制和自身的限制，参与度和重要性均不高。

马海涛、刘斌（2016）[③] 将预算参与的类型划分为两种实践模式：温岭实践模式，吸纳公众参与人大监管，促进人大监管作用的发挥；焦作模式，公民和社会组织广泛参与预算编制，以优化预算编制，提高预算监督的效率。我国参与式预算实践存在预算参与程序和机制不完善，预算参与范围、广度和深度不够，实践层次较低（市县及以下基层），易流于形式，在预算执行、监督和绩效评估中缺位，参与主体积极主动性不高等问题。公民参与意识、主体意识和权利意识不足，参与者自身能力和禀赋不足，社会团体发展滞后，预算主动接受公民监督的理念缺乏，缺乏保障机制和完备的法律支撑是问题产生的重要原因。

参与式预算所选取的民众代表也大都是户籍人口，流动人口的公共

① 陈家刚，陈奕敏. 地方治理中的参与式预算——关于浙江温岭市新河镇改革的案例研究 [J]. 公共管理学报，2007（3）：76 – 83，125 – 126.

② 申建林，谭诗赞. 参与式预算的中国实践、协商模式及其转型——基于协商民主的视角 [J]. 湖北社会科学，2016（3）：23 – 29.

③ 马海涛，刘斌. 参与式预算：国家治理和公共财政建设的"参与"之路 [J]. 探索，2016（3）：2；79 – 84.

服务诉求难以得到充分反映。例如，浙江温岭参与式预算实践中，参与代表是在户籍人口中随机抽取（刘邦驰，马韵 2009）。① 即便是有流动人口参加，也是以受教育水平、收入水平和政治参与热情相对较高的精英人士为主。张君（2018）② 指出，泽国镇的参与式预算中绝大部分代表都是基层精英人物，选取的 249 名代表中，外来人口仅有 12 名。

4.1.4　预算决策机制中流动人口的相对弱势地位

如前所述，流动人口和户籍人口对地方政府公共服务支出的异质性影响与我国预算决策机制和预算资金分配方案中流动人口的相对弱势地位密切相关。第一，预算编制的"两上两下"由政府及其预算单位主导。如 3.1.2.2 节所述，中国的行政管理体制具有高度的属地化管理特点，地方政府公共服务供给"重"户籍人口而相对"轻"流动人口，因此地方政府预算安排以优先满足辖区户籍人口的公共服务需求为主。虽然人大对预算资金安排能产生一定的影响，但地区人大代表以本地户籍人口为主，对流动人口阶层利益诉求的关注不足。第二，参与式预算等预算民主化程序也是由政府主导下的户籍人口和地方精英阶层为主，流动人口的利益诉求难以得到充分反映，对预算资金分配所产生的影响较小。当然，流动人口群体中也不乏地方精英人士，或受教育水平和收入水平较高，或社会地位较高，对地方政府预算决策能够产生一定的影响，不过笔者认为他们所反映的也主要是处于较高收入或受教育层次的流动人口利益诉求。第三，转移支付资金分配歧视或差别化对待流动人口，资金分配方案与流动人口对流入地公共服务的诉求以及实际享受的公共服务不匹配，对流入地政府为流动人口提供公共服务的激励不足。

---

① 刘邦驰，马韵. 试析参与式预算的理论基础与实践——基于巴西与中国浙江温岭两镇的比较 [J]. 财政研究，2009（9）：63－66.

② 张君. 代表机制与基层民主治理——以温岭泽国镇参与式预算为例 [J]. 福建论坛（人文社会科学版），2018（5）：145－152.

4.2　从流动人口公共服务完善
审视其与户籍人口的差异

我国公共服务供给具有高度的属地化特征，尤其是义务教育、社会保障、住房保障等公共服务最为明显，早期这些公共服务几乎只有在户籍所在地才能享受。进入 21 世纪以来，公共服务与户籍的捆绑逐渐放松，流动人口在流入地也能享受部分教育、社保、保障房等公共服务，但与户籍人口仍存在较大差距。流动人口在流入地享受公共服务有赖于相关政策、制度的不断建立健全。因此，本节通过梳理这些政策和制度，能看到流动人口和户籍人口在流入地所享受的公共服务差异，以及影响异质性背后的政策、制度原因和问题。

4.2.1　随迁子女义务教育公共服务

随迁子女尤其是义务教育阶段随迁子女规模较大，保障随迁子女在流入地接受教育并提升受教育质量的政策和制度不断完善。教育部数据显示，2016 年全国共有义务教育阶段随迁子女 1850.8 万人，其中户籍登记在外省和本省外县的乡村的农民工随迁子女有 1397.8 万人。2022 年义务教育阶段在校生中进城务工人员随迁子女 1364.68 万人。其中，在小学就读 969.86 万人，在初中就读 394.83 万人。面对庞大的随迁子女规模及受教育需求，中国政府出台了一系列政策和制度来解决随迁子女义务教育问题，但其享受的义务教育公共服务与当地户籍儿童仍存在较大差异，农民工随迁子女尤其明显。例如，单成蔚、秦玉友（2017）[①] 推算至少有超过一百万农民工随迁子女被挡在公办学校之外，并通过对 25 个大城市入学政策的分析，发现农民工随迁子女义务教育入学条件存在时限规定弹性不够、必要的入学条件缺失、证明材料烦琐

---

① 单成蔚，秦玉友. 农民工随迁子女义务教育入学条件分析——以 25 座大城市相关政策文本为例［J］. 四川师范大学学报（社会科学版），2017，44（5）：92 – 100.

等问题。雷万鹏和张子涵（2022）[①] 指出，农民工随迁子女教育在起点公平、过程公平和结果公平等方面还有待提高。本小节旨在说明随迁子女义务教育公共服务相关的政策和制度正不断完善，但从随迁子女义务教育公共服务方面来看，流动人口和户籍人口对公共服务支出的影响异质性仍有深刻的政策和制度原因。总的来说，近年来随迁子女教育政策的重要阶段及特征主要有：2012 年以前强调"两为主"；2012 年提出"两纳入"；2015 年提出把居住证作为入学的主要依据，2016 年提出"两统一"。此外还在积极完善随迁子女流入地考试升学政策。

一是"两为主"政策。2001 年国务院颁布《关于基础教育改革与发展的决定》，提出要解决流动人口子女义务教育问题，以流入地区政府管理为主，以全日制公办中小学为主（即"两为主"政策）。2003 年国务院发布《关于进一步加强农村教育工作的决定》，再一次强调，为了保障进城务工就业农民子女在流入地接受义务教育，城市各级政府要坚持"以流入地政府管理为主、以公办中小学为主"。2006 年修订的《义务教育法》，规定流入地政府应为随迁子女提供平等接受义务教育的条件，具体办法由各省（自治区、直辖市）规定。2010 年国务院发布《关于当前发展学前教育的若干意见》，规定城镇幼儿园建设要充分考虑进城务工人员随迁子女接受学前教育的需求。2014 年 9 月 30 日，国务院印发《关于进一步做好为农民工服务工作的意见》，提出流入地公办义务教育学校要普遍对农民工随迁子女开放，随迁学生与城镇户籍学生混合编班，统一管理。

二是"两纳入"政策。2008 年国务院发布《关于做好免除城市义务教育阶段学生学杂费工作的通知》，提出地方政府要将进城务工人员随迁子女义务教育纳入当地公共教育体系，学校布局和发展规划要考虑随迁子女流入的规模、分布和变化趋势等情况。对符合接收条件的进城务工人员随迁子女，要就近安排其在公办学校就读，并免除学杂费，不收借读费。地方各级政府要按照生均公用经费标准和实际学生人数，足额拨付进城务工随迁子女教育经费。而且，对解决进城务工农民工随迁

---

① 雷万鹏，张子涵. 公平视野下农民工随迁子女教育政策研究 [J]. 华中师范大学学报（人文社会科学版），2022，61（6）：144 – 153.

子女义务教育问题较好的省份，中央财政给予适当奖励，比如中央财政设立了专门的随迁子女奖补资金，2008～2015年共安排资金454.7亿元，支持各地做好随迁子女义务教育工作。2012年9月5日，国务院颁布《关于深入推进义务教育均衡发展的意见》，提出要保障进城务工人员随迁子女在流入地平等地接受义务教育。地方政府要将常住人口纳入教育发展规划和财政保障范围，教育经费要按照进城务工随迁子女实际在校生人数拨付；以公办学校为主，优先安排随迁子女在公办学校就读，在公办学校不能满足随迁子女义务教育需求的情况下，采取政府购买服务等方式保障其在依法举办的民办学校就读。[①] 2014年国务院印发《关于进一步做好为农民工服务工作的意见》，要求积极创造条件满足农民工随迁子女普惠性学前教育的需求，采取政府购买服务等方式支持普惠性民办幼儿园、公益性民办学校为其提供义务教育和学前教育。

三是随迁子女义务教育嵌入户籍制度改革，以及"两统一"政策。2015年12月12日，国务院发布《居住证暂行条例》，规定流入地县级以上政府及有关部门应当为居住证持有人提供的六项基本公共服务中的第一项就是义务教育。国务院《关于统筹推进县域内城乡义务教育一体化改革发展的若干意见》指出要进一步强化流入地政府责任，将随迁子女义务教育纳入城镇发展规划和财政保障范围，适应户籍制度改革要求，统一建立以居住证为主要依据的随迁子女入学政策，统一推动"两免一补"资金和生均公用经费基准定额资金可随学生流动（以下简称"两统一"）。简化优化随迁子女入学流程和证明要求，依法保障随迁子女平等接受义务教育，公办和民办学校都不能向随迁子女收取不同于户籍学生的任何费用。《教育部办公厅关于做好2023年普通中小学招生入学工作的通知》规定，全面落实"两为主、两纳入、以居住证为主要依据"的随迁子女入学政策。

四是义务教育经费可携带政策。2015年11月28日，国务院印发《关于进一步完善城乡义务教育经费保障机制的通知》，规定统一城乡

[①] 教育部官网数据：2016年全国随迁子女在公办校就读比例保持在80%以上，有19个省（区、市）90%以上的随迁子女进入公办学校就读，政府购买民办学校学位数量达到83.1万个。

义务教育经费保障机制，实现"两免一补"和生均公用经费基准定额资金随学生流动可携带，即"义务教育经费可携带"。从 2016 年春季学期开始，城乡义务教育学校生均公用经费基准定额统一；从 2017 年春季学期开始，城乡义务教育学生"两免一补"政策统一。随迁子女无论在城市还是农村，无论在民办还是公办学校，都可以享受平等的"两免一补"政策，以保障其平等接受义务教育。特别地，考虑到东部地区外来人口流入压力较大，中央财政对东部地区公用经费分担比例由分省确定统一提高为 5∶5。

五是建立并完善"流入地升学"政策。2012 年 8 月 31 日，国务院办公厅转发了教育部等四部委《关于做好进城务工人员随迁子女接受义务教育后在当地参加升学考试工作意见的通知》，原则上要求各省（自治区、直辖市）在当年底前出台方案，开启了随迁子女在流入地考试、升学的"破冰"之旅。2014 年 9 月 4 日，国务院发布《关于深化考试招生制度改革的实施意见》，要求从 2015 年开始，不断增加使用全国统一命题试卷的省份。2016 年 9 月，教育部印发《关于进一步推进高中阶段学校招生考试制度改革的指导意见》，提出进一步落实和完善随迁子女在流入地参加高中阶段学校考试招生的政策措施。

六是事权和支出责任划分方面，义务教育属于中央和地方共同事权，共同保障，义务教育办学的主要责任在县一级。2006 年修订的《义务教育法》规定，义务教育经费投入实行国务院和地方各级人民政府根据职责共同负担，并由国务院领导，省、自治区、直辖市人民政府统筹规划实施，县级人民政府为主管理的体制。如国务院《关于进一步完善城乡义务教育经费保障机制的通知》中规定，生均公用经费基准定额所需资金在中央和地方政府之间的分担比例为：西部及比照西部大开发的中部县（市、区）为 8∶2，中部其他地区为 6∶4，东部为 5∶5；中西部地区校舍安全保障所需资金央地政府之间的分担比例为 5∶5，东部地区采用"以奖代补"方式适当奖励。

4.2.2　与人口流动相关的社会保障公共服务

我国的社会保障体系是逐步建立起来的。2011 年 7 月 1 日起施行并于 2018 年修订的《中华人民共和国社会保险法》指出，广覆盖、保基本、多层次、可持续是中国社会保障制度应坚持的方针。县级以上人民政府对社会保险事业给予必要的经费支持，并在社会保险基金收不抵支时予以补贴。基本养老保险基金逐步实行全国统筹，基本医疗保险、工伤保险、失业保险、生育保险基金逐步实行省级统筹。个人跨统筹区域流动或就业，基本养老保险、基本医疗保险、失业保险关系随同转移，并累计计算缴费年限。

而流动人口，尤其是农民工的社会保障公共服务一直都是广为关注的问题。早在 1999 年，国务院发布的《社会保险费征缴暂行条例》就规定包括农民工在内的企业职工要参加各项社会保险。[1] 为了实现社会保障体系的全覆盖，2014 年，人社部印发《关于实施"全民参保登记计划"的通知》，开启全民参保登记计划，对各类人员参加社会保险情况进行登记，摸清参保底数，实现精准扩面、精确管理，促进人人享有社会保障。社会保障覆盖面不断扩大，农民工参加社会保险人数明显增加。例如，截至 2020 年 6 月底，全国已有 6375 万农民工参加企业职工养老保险，农民工养老保险权益初步得到保障。本小节旨在介绍与人口流动相关的社会保障公共服务的统筹与转移接续问题，以全面了解社会保障公共服务对人口流动的关注、考虑及其演变过程。[2] 更进一步，通过这些与人口流动相关的政策和制度梳理，发现流动人口所享受的社会保障公共服务与当地户籍人口之间是存在差异的，即从社会保障公共服务方面探究流动人口和户籍人口对政府公共服务支出影响异质性背后的政策和制度原因。

---

① 人力资源和社会保障部官网。

② 失业保险不涉及个人账户和城乡等差别，失业保险关系随参保人员转移，缴费年限累计计算且不涉及个人账户的转移，失业保险金标准由省级政府确定，各省内个人之间一般无差别；工伤保险、生育保险不涉及个人缴费、个人账户和城乡等差别，保险金标准统筹区内个人之间一般无差别，所以失业保险、工伤保险、生育保险特别涉及人口流动的方面较少，且基本养老保险、基本医疗保险的重要性和受关注度显著高于这三类保险，所以不再另外赘述这三种保险。不过需要特别指出的是，人社部于 2017 年 11 月 10 日发布的《失业保险条例（修订草案征求意见稿）》，删去了现行条例中关于农民合同制工人本人不缴费和农民合同制工人领取一次性生活补助的规定，有助于统筹城乡制度，提升农民工的失业保障水平。

4.2.2.1　社会基本养老保险的统筹与转移接续

中国的社会基本养老保险是由城镇职工基本养老保险和城乡居民基本养老保险形成的"二支柱"体系。20 世纪 80 年代中期，各地改革和探索企业职工退休制度。1995 年 3 月 17 日，国务院发布《关于深化企业职工养老保险制度改革的通知》要求各地建立社会统筹与个人账户相结合的养老保险制度，标志着我国统账结合的基本养老保险制度的正式建立。1997 年统一了企业职工基本养老保险制度，2009 年开展新型农村社会基本养老保险（以下简称"新农保"）试点，2011 年开展城镇居民基本养老保险（以下简称"城居保"）试点。2014 年 2 月 26 日，国务院发布《关于建立统一的城乡居民基本养老保险制度的意见》，要求"十二五"末，将新农保和城居保合并，建立统一的城乡居民基本养老保险制度，参保范围为年满 16 周岁（非在校学生），不属于职工基本养老保险覆盖范围及非国家机关和事业单位工作人员的城乡居民，参保地为户籍所在地。根据 2014 年 10 月 1 日起开始实行的《国务院关于机关事业单位工作人员养老保险制度改革的决定》，机关事业单位养老保险制度与城镇职工养老保险制度并轨，统一为城镇职工基本养老保险。[①]

我国社会基本养老保险已实现省级统筹，正在持续推进和完善全国统筹。2005 年国务院发布《关于完善企业职工基本养老保险制度的决定》指出，在完善市级统筹的基础上，尽快提高统筹层次，实现省级统筹，为构建全国统一的劳动力市场和促进人员合理流动创造条件，并要求企业职工基本养老保险覆盖城镇各类企业职工、个体工商户和灵活就业人员。2007 年 1 月 18 日，劳社部、财政部共同发布《关于推进企业职工基本养老保险省级统筹有关问题的通知》，要求积极推进企业职工基本养老保险省级统筹。对此，"十一五"期间我国已全面建立企业职工基本养老保险省级统筹制度。当然，省级统筹制度仍有待完善。根据人社部会同财政部于 2017 年 9 月 14 日发布的《关于进一步完善企业职工基本养老保险省级统筹制度的通知》，各省在基本养老保险制度、缴费政策、基金使用、待遇政策、基金预算和经办管理已实现"六统一"

---

① 在此之前，机关事业单位个人无须缴纳基本养老保险，而由财政统一拨款。

的基础上，要尽快实现基本养老保险基金统收统支和费率统一。2018年6月13日，国务院发布《关于建立企业职工基本养老保险基金中央调剂制度的通知》，把建立企业职工基本养老保险基金中央调剂制度作为养老保险全国统筹的第一步。《"十三五"规划纲要》指出，"十三五"期间要实现职工基础养老金全国统筹。党的十九大报告指出，完善城镇职工基本养老保险和城乡居民基本养老保险制度，尽快实现养老保险全国统筹。对此，养老保险全国统筹已从2022年1月起开始实施。党的二十大报告提出，要完善基本养老保险全国统筹制度。

从2009年开始，国务院和人社部、财政部等部委出台了一系列政策专门解决与人口流动相关的基本养老保险关系的转移接续问题。包括农民工在内的城镇灵活就业人员均可参加城镇职工基本养老保险；城镇职工基本养老保险、城乡居民基本养老保险和机关事业单位养老保险均可跨统筹区域转移接续；城镇职工养老保险和城乡居民养老保险、机关事业单位养老保险和城镇职工养老保险、城乡居民养老保险之间可相互转换，例如缴纳城镇职工养老保险年限满15年，可申请从城乡居民养老保险转入城镇职工养老保险。

为了促进人力资源合理配置和有序流动，保障城镇企业职工基本养老保险的有序转移接续，2009年12月29日，国务院办公厅印发《关于转发人力资源社会保障部财政部城镇企业职工基本养老保险关系转移接续暂行办法的通知》，适用于包括农民工在内的所有参加城镇企业职工养老保险的人员。该通知指出，参保人员（包括参保农民工）跨省流动就业，由原参保地社保经办机构开具缴费凭证，随同转移基本养老保险到新的参保地，并按照一定方法累计计算缴费年限和个人账户储存额。转移资金的计算分个人账户和由单位缴纳的统筹基金：1998年1月1日之前转移的个人账户储存额为累计计算的个人缴费本息，之后的为个人账户全部储存额；以1998年1月1日后的各年实际缴费工资的12%计算转移的统筹基金，不足一年按实际缴费月数计算。参保人员跨省流动就业并达到待遇领取条件时，根据相关规定确定待遇领取地。对于农民工基本养老保险的转移接续问题，该文件第九条作出了具体规定。

2014年国务院发布的《关于建立统一的城乡居民基本养老保险制

度的意见》指出，在缴费期间内，城乡居民养老保险可随户籍转移，个人账户储存额一次性全部转移，缴费年限累计计算，已领取养老保险待遇的，养老保险关系不转移。

2014 年 2 月 24 日，人社部和财政部联合印发《城乡养老保险制度衔接暂行办法》，以解决城镇职工养老保险和城乡居民养老保险之间的衔接和转换问题。根据该暂行办法，参加城乡居民养老保险和城镇职工基本养老保险的人员，达到法定退休年龄后，缴纳城镇职工养老保险年限满 15 年（含延长缴费至 15 年），可申请从城乡居民基本养老保险转入城镇职工基本保险；不足 15 年的，可申请从城镇职工养老保险转入城乡居民养老保险，并在满足后者领取条件时，领取相应待遇。从城乡居民养老保险转入城镇职工养老保险，前者个人账户全部储存额并入后者个人账户中，前者的缴费年限不合并计算或按一定方法折算为后者缴费年限；从城镇职工养老保险转入城乡居民养老保险，前者的个人账户全部储存额可并入后者，缴费年限也可累计计入后者之中。参保人员在同一年度内同时参加城镇职工养老保险和城乡居民养老保险的，其重复缴费时段只计算城镇职工养老保险缴费年限，并将城乡居民养老保险重复缴费时段相应个人缴费和集体补助退还本人。

此后，相关政策和制度不断完善。如《关于城镇企业职工基本养老保险关系转移接续若干问题的通知》《关于机关事业单位基本养老保险关系和职业年金转移接续有关问题的通知》《关于职工基本养老保险关系转移接续有关问题的补充通知》等针对有关问题作出了进一步的明确规定。

4.2.2.2　医疗保险统筹和转移接续

我国社会基本医疗保险是由城镇职工基本医疗保险和城乡居民基本医疗保险组成的"二支柱"体系。1998 年建立城镇职工基本医疗保险制度，2003 年开始建立新型农村合作医疗制度。2016 年 1 月 3 日，国务院印发《关于整合城乡居民基本医疗保险制度的意见》，要求整合城镇居民基本医疗保险和新型农村合作医疗，建立统一的城乡居民基本医疗保险制度，2019 年城乡居民医保已经在全国范围内实现制度整合。我国城镇职工基本医疗保险和城镇居民基本医疗保险已从建立初期的县级统筹提高到了地市级统筹，部分省份已实现了省级统筹。当前正积极稳妥推进和完善医疗保险省级统筹。其中，"十四五"规划指出，做实基本医疗保险市级统筹，推动省级统筹。党的二十大报告提出要推动基本医疗保险省级统筹。

流动人口医疗保险的转移接续问题也是各方持续关注的重点问题。中央层面制定了一系列政策保障包括流动人口在内的医疗保险全覆盖，支持人口流动所带来的医疗保障关系的转移接续。目前农民工和灵活就业人员可依法参加城镇职工基本医疗保险；城镇职工基本医疗保险、城乡居民基本医疗保险（包括在这之前的城镇居民基本医疗保险和新型农村合作医疗）均可跨统筹区域转移接续；城镇职工基本医疗保险和城乡居民基本医疗保险之间可相互转移接续。

2009 年 12 月 31 日，人社部、卫生部和财政部联合印发《流动就业人员基本医疗保障关系转移接续暂行办法》，并于 2010 年 7 月 1 日开始实施。该《暂行办法》指出，流动就业人员不得同时参加或重复享受城镇职工基本医疗保险、城镇居民基本医疗保险或新型农村合作医疗。各地不得以户籍等原因设置参保障碍。农村户籍人口在城镇单位就业并有稳定劳动关系，可由用人单位办理参加流入地城镇职工基本医疗保险，并退出户籍地的新型农村合作医疗。中止城镇基本养老保险的农村户籍人口，按当地规定办理参加户籍所在地的新型农村合作医疗。城镇职工基本医疗保险参保人员跨统筹地区流动就业，可按规定办理相关转移手续，在新就业地参加城镇基本医疗保险。

2012 年 6 月 24 日，国务院批转的《社会保障"十二五"规划纲要》，要求落实医疗保险关系转移接续办法，实现各地互认医疗保险缴费年限并累计合并计算。2015 年 8 月 27 日，人社部等四部委联合印发《关于做好进城落户农民参加基本医疗保险和关系转移接续工作的办法》，要求把进城落户农民纳入城镇基本医疗保险制度体系，保障医疗保险顺利转移接续。进城落户农民在城镇有稳定就业的，可参加职工基本医疗保险；灵活形式就业的，可以灵活就业人员身份参加就业地职工基本医疗保险，也可参加城镇居民基本医疗保险；其他进城落户农民参加落户地的居民基本医疗保险。2016 年 6 月 22 日，人社部印发《流动就业人员基本医疗保险关系转移接续业务经办规程》，进一步规范城镇职工基本医疗保险和城镇（城乡）居民医疗保险参保人员跨统筹地区或跨基本医保制度流动就业时的基本医疗保险关系转移接续工作。

2021 年 11 月 1 日，国家医保局和财政部联合印发《基本医疗保险关系转移接续暂行办法》，进一步规范和明确了基本医疗保险关系转移接续工作。该办法要求规范基本医疗保险关系转移接续工作、统一经办流程、提升服务水平，适用于职工基本医疗保险参保人员和城乡居民基本医疗保险参保人员因跨统筹地区就业、户籍或常住地变动的，按规定办理基本医疗保险关系转移接续，包括个人医保信息记录的传递、职工医保个人账户资金的转移和医保待遇衔接的处理。

4.2.2.3 基本医疗保险异地就医结算

在基本医疗保险逐步实现县级、地市级、省级统筹背景下，异地就医结算对流动人口，尤其是跨省流动人口至关重要。对此，从 2009 年开始，人社部、财政部和国家卫计委等部门出台了一系列针对基本医疗保险异地就医结算的政策，按照先省内后省外、先住院后门诊、先异地安置后转诊转院、先基本医保后补充保险等循序渐进的原则。其中，2017 年所有省份均已实现就医住院费用可跨省异地结算。

2009 年 12 月 31 日，人社部、财政部印发《关于基本医疗保险异地就医结算服务工作的意见》，开启了专门针对基本医疗保险异地就医结算的政策颁布实施序幕。该意见指出，要大力推进区域统筹和建立异地协作机制，方便必须异地就医参保人员的医疗费用结算，减少个人垫付医疗费，并逐步实现参保人员就地就医、持卡结算。2014 年 11 月 18 日，人社部、财政部和国家卫计委联合发布《关于进一步做好基本医疗保险异地就医医疗费用结算工作的指导意见》，设定的短期工作目标是：2014 年，巩固和完善已基本实现市级统筹的基本医疗保险，规范和建立省级异地就医结算平台；2015 年基本实现住院费用在省内异地的直接结算，建立国家级异地就医结算平台；2016 年全面实现异地安置退休人员住院费用的跨省直接结算。

2016 年 12 月 8 日，人社部、财政部联合发布《关于做好基本医疗保险跨省异地就医住院医疗费用直接结算工作的通知》，要求 2016 年底基本医疗保险基本实现全国联网，启动跨省异地安置退休人员住院医疗费用直接异地结算，并在 2017 年底开始逐步解决符合转诊规定人员的异地就医住院医疗费用的直接结算。此外，将异地就医住院医疗费用直接结算的覆盖范围扩大到异地长期居住人员和常驻异地工作人员。该通知还指出，异地就医结算工作应循序渐进，坚持先住院后门诊、先省内后跨省、先异地安置后转诊转院、先基本医保后补充保险的推进原则。此外，该通知还后附了《基本医疗保险跨省异地就医住院医疗费用直接结算经办规程（试行）》。

2017 年 12 月 29 日，人社部、财政部联合印发的《关于规范跨省异地就医住院费用直接结算有关事项的通知》指出，所有省份均已接入国家异地就医结算系统并联网运行，基本医保和新农合参保人员均已全部覆盖；符合规定的省内和跨省异地就医住院费用均可直接结算。未来将加快基层定点医疗机构的增加速度，要求到 2018 年 2 月底，确保每个县区至少有一家可异地结算的跨省异地就医定点医疗机构，鼓励有条件的省份接入支持异地就医的乡镇医疗机构。

2022 年 6 月 30 日，国家医保局和财政部联合印发《关于进一步做好基本医疗保险跨省异地就医直接结算工作的通知》，提出的目标任务是：2025 年底前，跨省异地就医直接结算制度体系和经办管理服务体系更加健全，全国统一的医保信息平台支撑作用持续强化，国家异地就医结算能力显著提升；住院费用跨省直接结算率提高到 70% 以上，普通门诊跨省联网定点医药机构数量实现翻一番，群众需求大、各地普遍开展的门诊慢特病相关治疗费用逐步纳入跨省直接结算范围，异地就医备案规范便捷，基本实现医保报销线上线下都能跨省通办。该文件还后附了《基本医疗保险跨省异地就医直接结算经办规程》，进一步规范经办业务流程，推动业务协同联动，提高服务水平。

跨省异地就医直接结算工作取得重大进展和阶段性成效。据 2023 年 1 月发布的《全国医疗保障跨省异地就医直接结算公共服务信息发布（第五十五期）》，2022 年，统一住院、普通门诊和门诊慢特病费用跨省直接结算政策，进一步扩大跨省异地就医直接结算覆盖范围，实现每个县至少有一家定点医疗机构能够直接结算包括门诊费用在内的医疗费用，高血压等 5 种门诊慢特病相关治疗费用跨省直接结算实现统筹地区全覆盖。2022 年，全国跨省异地就医直接结算惠及 3812.35 万人次，基金支付809.19亿元。

4.2.3　流动人口住房保障公共服务

城市住房保障公共服务主要包括廉租住房、公共租赁住房、经济适用房、棚户区改造、共有产权房、保障性租赁住房等。这些住房保障公共服务的供给对象从最开始主要针对城市户籍人口，已逐步扩展到覆盖更多的流动人口或者说外来务工人员。2007年国务院专门发文解决城市低收入住房困难家庭的住房问题，此时城市廉租住房、经济适用住房所针对的基本都是城市户籍人口。在国家政策层面，这一情况在2010年之后逐渐有所转变，但对享受流入地住房保障公共服务的流动人口或外来务工人员有一定的门槛限制条件，并非所有流动人口均能享受。即从住房保障公共服务方面来看，流动人口和户籍人口对地方公共服务支出的影响异质性也具有相关政策和制度原因。

2007年8月7日，国务院发布《关于解决城市低收入家庭住房困难的若干意见》，提出从城市廉租住房、经济适用住房、棚户区改造、旧住宅区综合整治、农民工居住条件改善等方面解决城市低收入家庭住房困难。该意见并未对城市低收入家庭的认定作出明确规定，只是将家庭收入标准和住房困难标准的制定权赋予了当地城市人民政府。该意见把改善农民工居住条件单独罗列，可看出城市廉租住房、经济适用住房针对的基本是户籍人口。2007年11月19日，原建设部等七部委联合发布《经济适用住房管理办法》，为城市低收入住房困难家庭提供具有保障性质的政策性住房。该办法规定，城市低收入住房困难家庭，是指在城市和县政府所在地的镇范围内，住房状况和家庭收入符合当地政府规定条件的家庭，并未限定为当地户籍人口。但申购条件需满足的第一条就是"具有当地（市或县）城镇户口"。2007年12月1日，原建设部等九部委联合发布《廉租住房保障办法》以解决城市低收入住房困难家庭的住房问题，其申请条件虽未要求具有当地户籍，但从地方实际执行情况来看，绝大部分城市所覆盖的基本都是户籍人口。杨红旭（2007）[①] 指出，绝大

---

① 杨红旭.住房保障不能歧视外来人口 [J]. 中国房地信息，2007（8）：1.

多数城市未将外来务工人员纳入当地的住房保障体系中。

不过，2007年12月5日，建设部等五部委联合发布《关于改善农民工居住条件的指导意见》，指出在城市建设规划中要考虑农民工的居住问题，市、县政府要指导、督促用人单位多渠道妥善安排农民工居住，改善农民工居住条件。但该指导意见并未具体要求市、县政府为农民工直接提供有保障性质的政策性住房。

2010年开始，国家政策以及住房保障体系和制度层面已开始鼓励有条件的地区将流动人口或外来务工人员纳入当地的住房保障体系中，并且逐步发展到要求将符合条件的流动人口或外来务工人员作为流入地住房保障体系必须考虑的群体之一，但有一定的门槛限制条件，主要是长期居住并有稳定就业。2010年4月22日，住建部发布《关于加强经济适用住房管理有关问题的通知》，规定经济适用房供给对象为城市低收入住房困难家庭，不再像2007年发布的《经济适用住房管理办法》，要求申请人必须为当地户籍人口。

2010年6月8日，住建部等七部委联合发布《关于加快发展公共租赁住房的指导意见》，指出公共租赁住房的供给对象主要为城市中等偏下收入住房困难家庭。同时还指出，有条件的地区可将供应对象扩展到符合条件的新就业无房职工和在城市有稳定职业且居住超过一定年限的外来务工人员，并要求市县政府引导各类投资主体在外来务工人员集中的开发区和工业园区建设公共租赁住房，向这些人员出租。2011年9月29日，国务院发布的《关于保障性安居工程建设和管理的指导意见》，以及2012年5月28日住建部发布的《公共租赁住房管理办法》，均进一步明确了公共租赁住房的三类供应对象，其中之一就是在城镇有稳定就业的外来务工人员。

2014年3月28日，国务院法制办发布《城镇住房保障条例（征求意见稿）》，指出城镇住房保障是为了满足符合条件的城镇家庭和在城镇有稳定就业的外来务工人员的基本住房需求。作为县级以上人民政府承担的重要责任，地方城镇住房保障工作实行目标责任制，受到上级政府的考核评估。

2014年12月30日，住建部等六部委共同发布《关于试点城市发展共有产权性质政策性商品住房的指导意见》，指出共有产权性质政策性商品住房的供应对象为城镇中等偏下收入的住房困难家庭，以及符合条件的进城落户农民和其他群体，可知这种政策性住房所满足的基本还是户籍人口及家庭的住房需求。不过从北京、上海等城市的试点情况来看，共有产权房已逐步向符合条件的流动人口开放。例如，根据北京市住建委等四部门于 2017 年 9 月 20 日联合印发的《北京市共有产权住房管理暂行办法》，连续缴纳社保满 5 年，有居住证且其成员在北京无房的非户籍家庭（单身家庭年满 30 岁）可申请共有产权房。该暂行办法规定，各区政府应保证供给非户籍家庭的房源不少于 30%。根据 2018 年上海市办公厅发布的《关于进一步完善本市共有产权保障住房工作的实施意见》，持有居住证且积分达到标准分值、上海无房、已婚、连续缴纳社保或个税满五年、符合共有产权房的收入和财产标准的非户籍家庭，可申请共有产权房。

保障性租赁住房是当前住房保障公共服务的重要内容，2021 年 7 月 2 日发布的《国务院办公厅关于加快发展保障性租赁住房的意见》，明确保障性租赁住房主要解决符合条件的新市民、青年人等群体的住房困难问题，没有户籍及属地限制，具有较高程度的普惠性。

4.2.4　流入地流动人口与户籍人口公共服务差异及问题分析

基于上述对与流动人口和人口流动相关的公共服务政策和制度的梳理，总体来说，我国财政体制构建在人口不流动这一前提下的情况仍没有得到根本解决，政府公共服务支出安排和公共服务资源配置在很大程度上主要以辖区户籍人口为依据，公共服务供给与人口流动适应性的提升空间仍较大。关于流动人口在流入地所享受的公共服务与户籍人口之间的差异及问题，以流动人口最为关注的义务教育、社会保障公共服务和住房保障公共服务为例，总结如下三点。

一是义务教育方面。流入地政府为随迁子女提供平等的义务教育的激励不足，流入地公共教育体系与人口流动的对接程度有待提升。随迁子女，尤其是农民工子女在流入地享受与户籍儿童同等义务教育的阻碍较多。虽然早在 2001 年提出的"两为主"政策就规定随迁子女义务教育问题要以流入地区政府管理为主，但缺乏足够的资金支持。2012 年提出了"两纳人"政策，中央政府提供了一定的奖励资金支持，但随迁子女义务教育问题仍没有得到流入地政府的足够重视。2015 年以来，随着义务教育经费可携带政策等相关政策和制度的实施，随迁子女义务教育经费有了一定保障，但相对校舍建设、师资配置等带来的大量的资金需求，仍存在较大缺口，流入地政府面临的财政压力较大，有些地区则通过设定较高的入学门槛、将随迁子女集中统一安排到教学质量相对较低的农民工子弟学校等手段缓解这种压力。另外，随迁子女在流入地平等升学方面存在的障碍也较多。

二是社会保障公共服务方面。其一，当前我国基本养老保险只是完全实现了省级统筹，全国统筹虽已实施但仍有待完善，跨省流动所带来的社会基本养老保险关系的转移接续问题依然不少，例如各省费率不统一、转移手续烦琐、人口流入地流出地之间缺乏合适且充分的利益协调和统筹机制等问题，导致跨省流动人口尤其是农民工参保流入地基本养老保险的比例较低。城镇职工养老保险和城乡居民养老保险之间的衔接和转换问题较多，对于进城务工人员参保流入地基本养老保险带来了较大障碍。其二，基本医疗保险的统筹层次不高，当前只是实现了地市级统筹，省级统筹还未完全实现，基本医疗保险关系的转移接续问题仍不少，其中城镇职工基本医疗保险和城乡居民基本医疗保险之间转移接续障碍也较多，导致流动人口，尤其是进城务工人员参保流入地医疗保险的比例仍不高。异地就医结算是解决流动人口"看病难、看病贵"的重要途径，虽然所有省份已实现就医住院费用跨省异地结算，但报销门槛、手续、程序等方面的问题依然存在，能报销的费用比例不高，可报销的定点医疗机构相对较少。

三是住房保障公共服务方面。2010 年以前，包括廉租房、公共租赁住房、经济适用房在内的保障房基本只是针对户籍人口，流动人口一般情况下无法申请。2010 年之后慢慢有所转变，但对流动人口或外来务工人员享受流入地的住房保障公共服务设定了较高的门槛，主要是长期居住并有稳定就业，并非所有流动人口均符合条件，例如流动就业的进城务工人员一般就不符合，同时提供的房源相对也不多。而且，对于流动人口，尤其是农民工，主要是采取照顾性的政策，这本身就带有一定的歧视或差别化对待。2014 年开始试点的共有产权房，流动人口虽有权申请，但门槛较高。例如，北京的申请条件是"连续缴纳社保满5年，有居住证且其成员在北京无房的非户籍家庭（单身家庭年满30岁）"，上海的申请条件是"持有居住证且积分达到标准分值、上海无房、已婚、连续缴纳社保或个税满5年、符合共有产权房的收入和财产标准的非户籍家庭"。当前政策支持力度较大的保障性租赁住房，未设定具体的户籍申请门槛，普惠性程度相对较高。

4.3　公共服务财政事权和支出责任政府间划分与流动人口

中国是一个拥有五级政府的大国，政府间事权和支出责任划分既涉及中央和地方政府之间，也包括省以下各级地方政府之间，牵涉主体较多；分税制财政体制改革侧重于政府间收入划分，支出划分进展较慢。因此，政府间财政事权和支出责任划分一直都是财政体制改革的重点和难点。本节旨在厘清我国中央和地方政府之间以及省以下各级政府之间事权和支出责任划分的现状及改革发展方向，以对公共服务供给事权和支出责任在各级政府之间的划分有一个更加清晰的或框架性的了解，尤其是涉及流动人口的公共服务事权和支出责任，进而加强对流动人口和户籍人口对公共服务支出影响异质性的理解。通过本节的分析，我们会发现，公共服务财政事权和支出责任划分适应人口流动的程度较低，划分文件和制度中没有关于流动人口的规定；与居民（尤其是流动人口）生活密切相关的公共服务供给基本上都属于央地政府和省以下各级政府之间的共同事权，其支出责任基本上都是各级政府按比例或根据其他因素共同承担。因此，流动人口对公共财政支出（包括对教育、医疗卫生、社会保障、住房保障等分类公共服务支出）的异质性影响，往往涉及多级政府，即应从多级政府间的关系（如政府间激励相容）角度来全面看待这种异质性影响；提高流动人口所享受的公共服务水平，不仅应协调好流入地和流出地政府之间的关系，还应处理好上下级政府之间的关系，重点是财政事权和支出责任的明晰。更为重要的是，基于本节分析，本书认为，由于地方政府具有信息、管理和组织等优势，公共服务支出绝大部分通过地方政府安排，地方政府具有相当的自主性、主导性，即使是共同的事权和支出责任，中央政府也多是通过转移支付而最终由地方支出，这是带来影响异质性的重要制度背景；研究流动人口和户籍人口对地方政府公共服务支出的影响异质性，名则局部，实则总体，须紧扣央地关系尤其是央地财政事权和支出责任划分关系这一全局之要旨。

4.3.1　中央和地方政府公共服务财政事权和支出责任划分

现行中央政府和地方政府之间事权和支出责任划分以 1994 年分税制财政体制改革为基础并不断完善，政府间财政事权和支出责任划分是政府间事权和支出责任划分的核心内容，伴随着 2016 年国务院印发《关于推进中央与地方财政事权和支出责任划分改革的指导意见》，政府间财政事权和支出责任划分改革进程加速。

1993 年国务院印发《关于实行分税制财政管理体制的决定》，对分税制改革后中央和地方政府事权和支出责任的划分作出了明确规定，如表 4 - 1 所示。据表 4 - 1 可知，受当时的发展基础和改革背景等因素影响，该《关于实行分税制财政管理体制的决定》对央地政府事权和支出责任划分的规定较为简略，对权责利的界定仍较为模糊，而且对存在的诸多共同财政事权及其支出责任并没有作出明确的划分和界定。相比于收入的划分，事权和支出责任划分的清晰和明确程度明显较低，这一情况在 2016 年之后有了较大的转变。

表 4 - 1　　《关于实行分税制财政管理体制的决定》中规定的
中央和地方事权和支出责任划分

事权和支出划分	事权和支出类型	事权和支出具体事项
中央	国家安全、外交和中央机关运转所需经费；地区发展协调、国家经济结构调整、宏观调控等所需支出；中央直接管理的事业发展支出	国防、武装经费，外交、援外支出，中央基础建设投资，中央行政管理费，地质勘探费，中央企业技术改造和新产品试制费，中央财政支农支出，中央债务还本付息支出，中央本级承担的科教文卫和公检法等支出

事权和支出划分	事权和支出类型	事权和支出具体事项
地方	本地政权机关运转所需支出，本地经济、事业发展所需支出	地方行政管理费、公检法支出、民兵事业费，部分武装经费，地方安排的基本建设支出，地方企业的技术改造和新产品试制费，城市维护和建设支出，支农支出，地方科教文卫等事业费，价格补贴支出等

资料来源：《关于实行分税制财政管理体制的决定》。

2016 年 8 月 16 日，国务院印发《关于推进中央与地方财政事权和支出责任划分改革的指导意见》，按照公共服务受益范围原则、激励相容原则、权责利统一原则、效率原则，《关于推进中央与地方财政事权和支出责任划分改革的指导意见》，以下简称《指导意见》对中央和地方财政事权划分如表 4-2 所示。该《指导意见》对当前我国央地政府间财政事权和支出责任划分作出了重要的基础性和方向性的规定。据表 4-2 可知，与人们生活密切相关，尤其是流动人口最为关注的教育、医疗卫生、社会保障、就业、住房等公共服务均属于中央和地方政府的共同事权，相应的支出责任也以按比例分担为主。特别地，该指导意见指出，涉及要素流动及公民基本权利的事权，其支出责任由中央和地方政府按比例或以中央政府承担为主。本书认为，流动人口在流入地享受的基本公共服务，既涉及劳动力要素流动，又关于公民基本权利，应属于这类事权。

表 4-2　《关于推进中央与地方财政事权和支出责任划分改革的指导意见》中规定的央地政府财政事权和支出责任划分

事权分类	事权事项	相应支出责任
中央政府事权	国防、外交、国家安全、出入境管理、国防公路、国界河湖治理、全国性重大传染病防治、全国性大通道、全国性战略性自然资源使用和保护等	中央政府承担；若委托地方实施，则通过专项转移支付安排经费

事权分类	事权事项	相应支出责任
中央和地方政府共同事权	义务教育、高等教育、科技研发、公共文化、基本养老保险、基本医疗和公共卫生、城乡居民基本医疗保险、就业、粮食安全、跨省（区、市）重大基础设施项目建设、环境保护与治理等既体现中央意图、跨省且地区具有信息管理优势的事权	涉及全国市场、要素流动及公民基本权利，央地政府按比例或以中央政府为主；跨地区或具有外溢性事权，央地政府按比例或中央给予补助；各自相应事权执行机构承担相应支出责任；中央监管和规划，地方执行的事权，各自承担相应支出责任

资料来源：《关于推进中央与地方财政事权和支出责任划分改革的指导意见》。

2018 年 2 月 8 日，国务院办公厅印发《基本公共服务领域中央与地方共同财政事权和支出责任划分改革方案》（国办发〔2018〕6 号），首先对基本公共服务领域中义务教育、学生资助、基本就业服务、基本养老保险、基本医疗保障、基本卫生计生、基本生活补助、基本住房保障等八项中央和地方共同财政事权的支出责任划分作出了明确规定，结果如表 4-3 所示。相比于表 4-1 中所作的方向性的规定，表 4-3 对基本公共服务领域的共同事权及其支出责任作出了细化的规定，该改革方案还提出在一般性转移支付下再设立共同财政事权分类分档转移支付，更加体现和明确中央政府对于共同财政事权的支出责任。

表 4-3　《基本公共服务领域中央与地方共同财政事权和支出责任划分改革方案》对央地政府基本公共服务共同事权的支出责任划分

共同财政事权事项		支出责任及分担方式
义务教育	公用经费保障	央地政府按比例分担，有 8:2、6:4、5:5
	免费提供教科书	中央财政提供免费国家规定的教科书和字典；地方财政提供地方教科书
	家庭经济困难学生生活补助	央地政府按比例分担，均为 5:5；中央财政为人口较少民族寄宿生增加安排生活补助
	贫困地区学生营养膳食补助	国家试点由中央财政承担，地方试点由地方财政承担，中央财政提供生均定额奖补

续表

	共同财政事权事项	支出责任及分担方式
学生资助	中等职业教育国家助学金	央地政府按比例分担，有8:2、6:4、5:5、3:7、1:9
	中等职业教育免学费补助	央地按政府比例分担，有8:2、6:4、5:5、3:7、1:9
	普通高中教育国家助学金	央地政府按比例分担，有8:2、6:4、5:5、3:7、1:9
	普通高中教育免学杂费补助	央地政府按比例分担，有8:2、6:4、5:5、3:7、1:9
基本就业服务	基本公共就业服务	主要依据地方财力状况、保障对象数量等因素确定
基本养老保险	城乡居民基本养老保险补助	中央确定的基础养老金央地政府按比例分担，有中央承担全部经费和五五开两种
基本医疗保障	城乡居民基本医疗保险补助	央地政府按比例分担，有8:2、6:4、5:5、3:7、1:9
	医疗救助	主要依据地方财力状况、保障对象数量等因素确定
基本卫生计生	基本公共卫生服务	央地政府按比例分担，有8:2、6:4、5:5、3:7、1:9
	计划生育扶助保障	央地政府按比例分担，有8:2、6:4、5:5、3:7、1:9
基本生活救助	困难群众救助	主要依据地方财政困难程度、保障对象数量等因素确定
	受灾人员救助	中央财政对重大自然灾害按规定标准给予补助，其余资金由地方承担
	残疾人服务	主要依据地方财力状况、保障对象数量等因素确定
基本住房保障	城乡保障性安居工程（包括城镇保障性安居工程和农村危房改造等）	主要依据地方财力状况度、年度任务量等因素确定

资料来源：《基本公共服务领域中央与地方共同财政事权和支出责任划分改革方案》。

此后，针对具体领域的中央与地方财政事权和支出责任划分改革方案持续颁布实施，对各领域公共服务财政事权和支出责任在央地政府之间的划分作出明确规定。先后有：《医疗卫生领域中央与地方财政事权和支出责任划分改革方案》《科技领域中央与地方财政事权和支出责任划分改革方案》《教育领域中央与地方财政事权和支出责任划分改革方案》《交通运输领域中央与地方财政事权和支出责任划分改革方案》《生态环境领域中央与地方财政事权和支出责任划分改革方案》《公共文化领域中央与地方财政事权和支出责任划分改革方案》《自然资源领域中央与地方财政事权和支出责任划分改革方案》《应急救援领域中央与地方财政事权和支出责任划分改革方案》等。

其中，2018 年 7 月 19 日，国务院办公厅印发的《医疗卫生领域中央与地方财政事权和支出责任划分改革方案》，从公共卫生、医疗保障、计划生育、能力建设四个方面对医疗卫生领域央地政府间财政事权和支出责任进行了明确的划分，其结果如表 4 – 4 所示。

表 4 – 4 　　《医疗卫生领域中央与地方财政事权和支出责任划分改革方案》对医疗卫生领域央地政府财政事权和支出责任划分

事权分类	事权事项	相应支出责任
中央政府事权	重大公共卫生服务（全国性或跨区域的重大传染病防控等）	中央财政承担
	中央所属医疗卫生机构改革与发展建设	中央财政承担
	中央职能部门承担的卫生健康管理事务	中央财政承担
	中央职能部门及附属机构承担的中央医疗保障能力建设	中央财政承担
地方政府事权	地方所属医疗卫生机构改革和发展建设	地方财政承担；深化医疗卫生体制改革期间中央给予一定补助
	地方自主实行的人才建设、重点学科建设等卫生健康能力提升相关项目	地方财政承担
	地方职能部门承担的地方卫生健康管理事务	地方财政承担

事权分类	事权事项	相应支出责任
地方政府事权	地方职能部门及所属机构承担的地方医疗保障能力建设	地方财政承担；深化医疗卫生体制改革期间中央给予一定补助
央地共同事权	各类人群（包括慢性病、精神病患者）健康管理、中医药健康管理、突发事件报告和处理以及卫生计生监管等12项，以及健康素养促进等部分原重大公共卫生服务和计划生育项目	央地政府按比例分担，有8∶2、6∶4、5∶5、3∶7、1∶9
	城乡居民基本医疗保险缴费补助	央地政府按比例分担，有8∶2、6∶4、5∶5、3∶7、1∶9
	城乡医疗救助和疾病应急救助	视救助需求、地方财力、实际工作情况而定
	计划生育扶助保障	央地政府按比例分担，有8∶2、6∶4、5∶5、3∶7、1∶9
	国家统一组织实施的人才建设、学科建设等卫生健康项目	视工作量、考核绩效、地方财力而定
	中医药事业传承与发展	视工作量、考核绩效、地方财力而定

资料来源：《医疗卫生领域中央与地方财政事权和支出责任划分改革方案》。

4.3.2　省以下地方政府财政事权和支出责任划分

相比中央和地方政府财政事权和支出责任划分改革，省以下地方政府财政事权和支出责任划分改革更加复杂、发展也相对更为滞后，近年来在中央顶层谋划和地方积极探索下，相关改革加快推进。各省之间省以下地方政府财政事权和支出责任划分存在较大的差别，仍存在划分不清晰、不合理、不规范等问题。早期中央政府对此也缺乏明确的、系统的规定和指导。① 不过，随着2016年国务院发布《关于推进中央与地方财政事权和支出责任划分改革的指导意见》，中央统筹指导和地方探索实践明显加快，各省份陆续出台了地方性法规或政策文件、开展了一系列实践。例如，2017年8月15日，山西省政府印发《关于山西省推进省以下财政事权和支出责任划分改革实施方案的通知》等。更进一步，2022年6月，国务院办公厅印发《关于进一步推进省以下财政体制改革工作的指导意见》，对清晰界定省以下财政事权和支出责任作出明确规定，要求建立财政事权和支出责任划分动态调整机制，该《指导意见》是推进省以下地方政府财政事权和支出责任划分改革的重要的纲领性文件。

针对省以下政府间财政事权和支出责任划分，《关于推进中央与地方财政事权和支出责任划分改革的指导意见》要求各省抓紧制定本地区财政事权和支出责任划分改革方案。省级政府要参照中央做法，遵循财政事权和支出责任划分原则，将适合由更高一级政府承担的基本公共服务事权上移，发挥好省级政府协调经济发展、维护经济稳定、推动基本公共服务均等化的职能。将地方基层政府更具信息和管理优势且关系到居民生活、社会治安、公共设施管理、城乡建设的基本公共服务职能下移，同时也要避免基层政府承担过多的支出责任。

根据《关于进一步推进省以下财政体制改革工作的指导意见》，第一，要求根据基本公共服务受益范围、信息管理复杂程度等事权属性，清晰界定省以下各级财政事权，适度强化教育、科技研发、企业职工基本养老保险、城乡居民基本医疗保险、粮食安全、跨市县重大基础设施规划建设、重点区域（流域）生态环境保护与治理、国土空间规划及用途管制、防范和督促化解地方政府债务风险等方面的省级财政事权。将直接面向基层、由基层政府提供更为便捷有效的社会治安、市政交通、城乡建设、农村公路、公共设施管理等基本公共服务确定为市县级

---

① 例如，分税制改革的纲领性文件《关于实行分税制财政管理体制的决定》并未涉及省以下事权和支出的划分。2002年12月26日，国务院批转《财政部关于完善省以下财政管理体制有关问题意见的通知》关于省以下事权和支出责任，也仅是原则性的规定，要求地方依法界定事权，进一步明确指出责任；省、市应承担的支出责任，不得转嫁给下级政府，委托下级政府承办，需安排资金；共同事务应合理分担经费等。

财政事权。第二，要求按照政府间财政事权划分，合理确定省以下各级财政承担的支出责任，省级财政事权由省级政府承担支出责任，市县级财政支出责任根据其履行的财政事权确定，共同财政事权要逐步明确划分省、市、县各级支出责任。第三，要求建立财政事权和支出责任划分动态调整机制，根据事务管理及执行方式、机构职能调整等客观实际，动态调整省以下各级财政事权和支出责任划分。

李萍等（2010）[①] 对省以下地方政府支出责任划分做了概括性的梳理，结果如表4-5所示。根据表4-5可知，对于省以下政府来说，与人们生活密切相关的教育、医疗卫生、社保等公共服务支出也大多属于各级政府的共同事权和支出责任；各省之间的具体划分存在较大差别，不再一一详细列举。

表4-5　　　　　　　　　省以下政府支出责任划分概况

支出责任划分	具体事项
省本级支出责任	省级机关运转所需经费，全省国民经济结构调整、地区发展协调、宏观调控以及由省级直接管理的事业发展支出，绝大部分的办案费和业务装备费
地市州与县（市）支出责任	本级行政管理费，农林水部门事业费，城市维护建设费，抚恤和社会福利救济，专项支出等
省、市、县共同支出责任	基本建设支出，公检法司，科教文卫社保等各项事业支出，省、市政府承担了较大比例的农村义务教育生均公用经费补助和"两免一补"、农民参保补助和医疗改革支出

资料来源：李萍，许宏才，李承.财政体制简明图解［M］.北京：中国财政经济出版社，2010：130-131.

4.3.3　公共服务财政事权和支出责任划分与人口流动之间的不适应性

基于上述梳理，总体来说，我国政府间公共服务财政事权与支出责

---

① 李萍，许宏才，李承.财政体制简明图解［M］.北京：中国财政经济出版社，2010：130-131.

任划分，与户籍制度下的人口流动的兼容度仍不高，对流出地政府、流入地政府为流动人口提供公共服务的激励均不足，未能充分体现和满足流动人口对流入地公共服务的需求，是导致流动人口和户籍人口对地方政府公共服务支出影响异质性的体制机制层面的原因之一。具体来说，对于我国政府间公共服务财政事权与支出责任划分与人口流动之间的不适应性，本书认为：

第一，我国政府间事权和支出责任划分对我国特殊的户籍制度下规模庞大的流动人口的公共服务问题缺乏足够的重视，相关文件和制度均未对流动人口公共服务事权和支出责任划分作出清晰而明确的规定。

第二，教育、医疗卫生、社会保障、住房保障等与人们生活密切相关的公共服务事权和支出责任多属于各级政府共同承担的事权和支出责任，涉及多级政府的共同决策，其中地方政府在很大程度上发挥主导作用。[1] 在此情况下，地方政府公共服务供给中对流动人口和户籍人口的差别化对待，带来了二者对地方政府公共服务支出影响的显著异质性。

第三，人口流动跨区域性、公共服务财政事权和支出责任划分的跨行政层级性以及与人口流动的不适应性，说明应以多级政府支出为切入点考察流动人口和户籍人口对公共服务支出的影响异质性。目前从跨区域、跨行政层级的角度统筹政府间公共服务财政事权与支出责任划分、兼顾人口流动带来的公共服务需求，这方面仍有较大的提升空间。这也是后文实证分析分省、市、县多级政府支出考察影响异质性的重要原因。

第四，我国政府（尤其是省以下各级政府）间事权和支出责任划分仍不够清晰、合理和规范，由于流动人口公共服务涉及横向的流入地和流出地政府之间，以及纵向的各级政府之间的统筹协调，解决流动人口公共服务问题，关键在于政府间财力、事权和支出责任的合理划分。本书认为，贯彻"钱随人走"，即财力、事权和支出责任划分贯彻以居民为本的理念是未来的发展方向，也是推动户籍制度和公共服务供给制度改革的抓手和动力，如义务教育经费可携带政策就是一例。

---

① 中央安排的转移支付资金最终也多是通过地方政府决策而支出。

4.4　本章小结

本章通过梳理和介绍我国预算决策机制、人口流动相关公共服务政策和制度、政府间财政事权和支出责任划分政策和制度，探讨流动人口和户籍人口对地方政府公共服务支出影响异质性背后的政策和制度背景或原因，并指出了这些政策和制度在保障流动人口公共服务方面存在的不足。

第一，预算决策机制中流动人口处于相对弱势地位。中国实行的是部门预算，其编制流程大多是"两上两下"，预算资金安排大多由主要关注辖区户籍人口的政府及相关部门决定。转移支付预算资金分配主要以户籍人口为依据，在一定程度上忽视了流动人口或对其存在明显的歧视和差别化对待，资金分配方案与流动人口对流入地公共服务的诉求以及实际享受的公共服务不匹配，一般性转移支付计算公式中标准财政支出只考虑户籍人口（2012 年以前）或以一定折算比例考虑流动人口（2012 年及之后）就是其中的表现之一。参与式预算所选取的民众代表也大多是户籍人口、对流动人口群体的代表性不足，流动人口的公共服务诉求难以得到充分反映。

第二，流动人口所享受的流入地义务教育、社会保障、住房保障等公共服务，与户籍人口之间的差距近年来有所缩小，相关政策和制度正不断完善，但差距仍然较大。随迁子女教育政策不断完善：2012 年以前强调"两为主"；2012 年提出"两纳入"；2015 年提出把居住证作为入学的主要依据，2016 年提出"两统一"，出台了义务教育经费可携带政策。此外，还正在积极完善随迁子女流入地考试升学政策。但是，流入地政府为随迁子女提供平等的义务教育的激励不足，流入地公共教育体系与人口流动的对接程度仍不高。流动人口参保流入地社会保障体系的比例仍相对不高，社会保障体系的统筹层次不高，社会保障关系的转移接续阻碍仍较多、不够顺畅。2010 年之后，流动人口享受流入地住房保障公共服务的政策和制度有所转变，但对流动人口或外来务工人员设定了较高的门槛，主要是长期居住并有稳定就业，能享受流入地住房保障公共服务的流动人口仍比较少。

第三，现行中央和地方政府事权和支出责任划分以 1994 年分税制财政体制改革为基础并不断完善，2016 年以来，政府间财政事权和支出责任划分改革进程加速，2022 年国务院出台专门文件加强部署和统筹。但是，我国政府间公共服务财政事权与支出责任划分，与户籍制度下的人口流动的兼容度仍不高，相关文件和制度均未对流动人口公共服务事权和支出责任划分问题作出系统、清晰、明确的规定，对流出地政府、流入地政府为流动人口提供公共服务的激励均不足，未能体现和满足流动人口对流入地公共服务的需求，是流动人口和户籍人口对地方政府公共服务支出影响异质性背后的体制机制原因之一。

第 5 章

流动人口和户籍人口对地方政府
公共服务支出影响异质性

——省级层面数据的实证分析

5.1 引　　言

　　跨省流动人口及其在流入地所享受的公共服务是社会较为关注的问题。其中有两个主要原因：一方面，跨省流动人口由于远离户籍地，对流入地公共服务的诉求较为迫切，尤其是大量跨省外出务工的农民工对流入地公共服务的需求更为迫切；另一方面，我国公共服务供给的属地化管理特征明显，省与省之间的统筹和衔接程度相对不高，流入地对跨省流动人口的公共服务供给相对不足。本章用省内暂住人口代表户籍人口、外省暂住人口代表跨省流动人口，从省级层面论证了流动人口和户籍人口对全省公共财政支出的影响存在异质性，并对按功能分类的教育支出、医疗卫生支出、社会保障和就业支出、住房保障支出、科学技术支出中的影响异质性分别做了定量分析。另外，还对户籍地属于省内的市和省内的县的省内暂住人口对财政支出的影响异质性做了比较分析。本章主要围绕3.4节中的命题1、命题3和命题5展开。

5.2 变量、数据及方法说明

如第 1 章所述，远距离的跨省流动占比高、流动时间长是我国人口流动的重要特征，以省级单位为切入点，研究流动人口和户籍人口对全省公共财政支出的影响异质性，既与我国公共服务供给及其支出决策具有明显的省域特征相契合，又直接涉及跨省流动人口在流入省份所享受的公共服务这一社会广泛关注的热点问题。

5.2.1 回归方法说明

大规模、长时间非户籍地居住的跨省流动人口对流入地公共服务需求日益增长，已成为流入地省份公共财政支出的重要影响因素。本章利用省级面板数据论证流动人口和户籍人口对公共服务支出的影响具有异质性（3.4 节中命题 1），且异质性程度随公共服务支出类别和流动人口类型的不同而有所差异（3.4 节中命题 3 和命题 5）。线性面板回归方程为：

$$fisexp_{it} = \alpha_0 + \alpha hujirk_{it-1} + \beta liudongrk_{it-1} + \gamma X_{it-1} + \varepsilon_{it} \qquad (5-1)$$

$$fisexp_{it} = \alpha_0 + \alpha hujirk_{it-1} + \gamma X_{it-1} + \varepsilon_{it} \qquad (5-2)$$

$$fisexp_{it} = \beta_0 + \beta perresrk_{it-1} + \gamma X_{it-1} + \varepsilon_{it} \qquad (5-3)$$

其中，$fisexp$ 表示一般公共预算支出或按功能分类的财政支出，$hujirk$ 表示省内户籍人口，$liudongrk$ 表示跨省流动人口，$perresrk$ 表示省内常住人口，X 表示控制变量，ε_{it} 表示随机误差项。所有回归均采用滞后一期的解释变量，可以大大降低可能的反向因果所带来的内生性及对回归结果的影响。回归方程（5-1）中 α 与 β、回归方程（5-2）和回归方程（5-3）中 α 与 β 的大小即说明户籍人口和流动人口对地方公共服务支出的影响异质性。回归方程（5-1）中 α 与 β 的大小比较说明了平均增加一个户籍人口和流动人口所带来的公共服务支出的平均增加值的差别，回归方程（5-2）和回归方程（5-3）中 α 与 β 的大小比较说明了平均增加一个户籍人口和常住人口所带来的公共服务支出的平均增加值的差别，也可间接说明户籍人口和流动人口对地方公共服务支出的影响异质性。本章对所有面板数据回归均进行了豪斯曼检验，其结果均支持采用固定效应模型。另外，伍德里奇（2010）[①]指出，由于固定效应模型容许非观测效应与解释变量任意相关，而随机效应模型则不然，估计其他条件不变效应时，普遍认为固定效应模型是更令人信服的工具。本章所有回归的标准误均是异方差稳健标准误。

5.2.2　关于本章内生性和伪回归问题的解决和说明

人口变量相对于财政支出所具有的外生性，以及本章所有回归均采用滞后一期解释变量，有助于内生性问题的解决。一方面，人口变量具有较强的外生性，即人口变量与财政支出的相关性较低。其一，中短期来看，人口，尤其是户籍人口的变化具有较强的惯性和趋势，外界因素产生的影响有限。[②]其二，财政支出及对应的公共服务不仅对户籍人口规模影响有限，更是对人口流动的影响较小。背后的原因主要有：户籍约束下的迁移成本较高；中国人民有安土重迁的传统；如第 3 章所指出的，人口迁移最重要的动机是以就业和收入为代表的经济动机，公共服务产生的驱动效应较小；流动人口享受流入地公共服务面临较多阻碍，因而流入地公共服务对流动人口的吸引力大打折扣。另一方面，所有回归均采用滞后一期的解释变量和当期的被解释变量，大大降低了可能的反向因果所带来的内生性及对回归结果的影响。同时，本章所有回归的 adj. R – sq（调整后的 R^2）基本上都较大，说明核心解释变量和控制变量的选择较为合适，其对被解释变量的解释力度较大，从一定程度上有助于避免或降低遗漏变量所带来的内生性。

另外，通过所有变量均取对数来解决伪回归问题。由于本研究须用流动人口和户籍人口对财政支出回归的系数来比较其对财政支出的影响异质性及程度，即平均增加一单位流动人口或户籍人口所带来的公共财

[①]　杰弗里·M. 伍德里奇. 计量经济学导论（第四版）[M]. 费剑平译校. 北京：中国人民大学出版社，2010：471.

[②]　当然，大规模战争、瘟疫等非常时期除外，本书的研究对象也不包含这些特殊因素。

政支出的平均增加值的差异，因而人口变量不能取对数。例如，假设户籍人口 1000 万，流动人口 100 万，所有变量均取对数，那么人口变量的回归系数所代表的是人口增加 1% 所带来的财政支出增加的百分比，但户籍人口增加 1% 所对应的绝对规模是 10 万，流动人口是 1 万，而财政支出增加一定百分比所对应的财政支出增加的绝对规模，对于两类人口来说都是相同的，因而在本书所要研究的主题下，取对数之后的户籍人口和流动人口规模的系数比较就失去了意义。但是，若变量不取对数，变量趋势性变化之间的关系可能会带来伪回归等问题。为了避免这类问题，本书所有相关回归还做了取对数条件下的辅助回归，结果显示回归系数的正负和显著性程度与不取对数的回归基本相同。由于绝对值下回归的系数比较对本研究主题才有意义，限于篇幅和简洁性需要，对应的变量取对数后的回归没有在书中显示。

5.2.3　变量选取及说明

省级层面的跨省流动人口数据只在人口普查资料和 1% 人口抽样调查资料中有所涉及，频率为五年一次，时间和样本量上难以满足实证回归要求和研究及时性的需要。因此，本部分的流动人口用公安部编写的《全国暂住人口统计资料汇编》中的暂住人口近似替代，其定义为离开常住户口所在地的市、县到其他市（不含市辖县）、乡（镇）居住 3 日以上的人员。暂住人口的统计口径在时间跨度上比流动人口宽泛，而空间跨度上比流动人口严格。考虑到数据可得性和公共服务主要由省以下基层政府承担，本章实证分析主要是说明流动人口和户籍人口对政府财政支出的影响存在异质性，但回归系数大小不反映具体的异质性程度，异质性程度将在第 6 章中测算。[①]《全国暂住人口统计资料汇编》只更新到 2014 年，2002 年以前的数据不完整，所以回归数据的时间跨度大多为 2002～2014 年，样本为全国 31 个省、自治区、直辖市。

---

　　① 限定在跨省范围内，暂住人口比本书所定义和研究的流动人口更为宽泛，跨省暂住人口不一定是跨省流动人口，而跨省流动人口一定是跨省暂住人口。α 和 β 的差距高估了户籍人口和跨省流动人口对公共财政支出影响异质性的程度，原因是部分跨省暂住人口居住时间不足半年（短于流动人口），所消耗的财政支出小于同等条件下的跨省流动人口。

《全国暂住人口统计资料汇编》分省内的市、省内的县、省外的市、省外的县统计了暂住人口所来自的地区（即户籍所在地），前两种暂住人口是本省户籍人口，后两种暂住人口是省外户籍人口。如果以省为单位回归，前者是户籍人口，后者为非户籍流动人口。本章即用省内暂住人口表示户籍人口，跨省暂住人口视为跨省流动人口的代理变量，而没有采用通常意义上的总户籍人口。原因主要有两点：第一，户籍人口和跨省暂住人口不是同一个数量级，如表 5 – 1 所示，户籍人口的平均值为千万级，跨省暂住人口的平均值为百万级。财政支出具有一定的规模效应，所提供的公共产品和公共服务所具有的或强或弱的非排他性和非竞争性强化了这种规模效应，即随着人口的增加，人均公共财政支出成本会显著降低。户籍人口和跨省暂住人口的线性回归系数代表的是他们对公共服务支出的平均影响，即人口增加一单位所带来的平均财政支出增加值，因此户籍人口和跨省暂住人口规模之间的巨大差异使得其回归系数的大小无法真实反映用于户籍人口和流动人口的人均公共服务支出差异。[①] 第二，省内暂住人口和跨省暂住人口为同一数量级，如表 5 – 1 所示，省内暂住人口和跨省暂住人口的数量同为百万级，其系数的大小比较受规模效应的影响较小，基本能反映用于户籍人口和流动人口的人均公共财政支出差异。后文的回归也将考虑上述问题。

表 5 – 1　　　　　　　　　省级层面数据描述性分析

变量	观测数	平均值	标准差	最小值	最大值
一般公共预算支出（万元）	403	19300000	16800000	922600	91500000
教育支出（万元）	403	3269482	3130052	115126	18100000
医疗卫生支出（万元）	403	1232349	1287796	33925	7775460
社会保障和就业支出（万元）	403	2151210	2023658	32711	9270060
住房保障支出（万元）*	155	1171837	633422	63200	3076200
科学技术支出（万元）	403	376451	594047	2379	3449380

---

　　① 笔者用本省户籍人口和跨省暂住人口作回归，结果显示用于户籍人口的人均财政支出显著低于跨省暂住人口，这一结果明显违背了常识，从而佐证了财政支出中人口规模效应的存在，因此用同一数量级的省内暂住人口和跨省暂住人口作回归是合理的。

变量	观测数	平均值	标准差	最小值	最大值
省内暂住人口（人） （代表户籍人口）	381	1431810	1748274	313	10400000
跨省暂住人口（人） （代表流动人口）	403	2449363	4551267	50418	24700000
总户籍人口（人）	403	42500000	27700000	2554400	111000000
常住人口（人）	403	42500000	27000000	2670000	107000000
人均 GDP（元）	403	27824.9	20268.4	3257.0	105231.0
城镇平均工资（元）	403	30355.6	16389.2	9111.0	102268.0
一般公共预算收入（万元）	403	11100000	12500000	73100	80700000
财政自给率	403	0.5034	0.2052	0.0530	0.9509
人口密度（人/平方千米）	403	409.1	585.6	2.2	3826.0
第三产业 GDP 占比	403	0.4146	0.0814	0.2830	0.7795
进出口总额/GDP	403	0.3155	0.3682	0.0165	1.6682

注：*表示各省住房保障支出从 2010 年开始才有公布的统计数据。

被解释变量为一般公共预算支出和按功能分类的、与流动人口公共服务密切相关的教育支出、医疗卫生支出、社会保障和就业支出、住房保障支出以及科学技术支出。财政支出数据来自《中国统计年鉴》。

控制变量的选择遵循三个原则：影响公共财政支出的重要性；数据可得性；与后文地级市、市辖区、县（市）层面的实证分析保持一致性。据此原则，选择的控制变量有：人均 GDP、城镇单位就业人员平均工资、第三产业 GDP 占比、进出口总额/GDP、城镇化率、人口密度、财政自给率（本级财政收入/财政支出）七个变量。数据均来自历年《中国统计年鉴》。

上述七个控制变量是研究公共财政支出影响因素时的常用解释变量。郭庆旺、贾俊雪（2010）[1] 认为影响财政支出规模的因素包括财政分权、人均 GDP、城镇化水平、人口规模、人口密度等，并指出人均

---

[1] 郭庆旺，贾俊雪. 财政分权、政府组织结构与地方政府支出规模 [J]. 经济研究，2010，45（11）：59 - 72，87.

GDP 和城镇化水平反映经济发展水平和城镇化进程对居民偏好，进而对财政支出规模的影响。人口密度既直接影响财政支出的成本，又能捕捉规模经济效应对公共物品生产成本，进而对财政支出规模的影响。王德祥、李建军（2009）[①] 指出城镇化水平提高使产业结构、社会结构改变，进而影响公共财政支出的水平和结构，人均 GDP 和居民收入也会对公共支出规模产生影响。甘行琼等（2015）[②] 实证分析流动人口对公共财政支出的影响时，选取了人均 GDP、财政分权度、人口密度等作为控制变量。杨刚强等（2017）[③] 实证研究人口流动和财政分权对公共服务支出的影响时，考虑了流动人口规模、财政自主权、人均 GDP、城镇化率、衡量区域开放度的进出口总额/GDP、反映区域饱和度的人口密度等变量。对于财政支出影响变量，常世旺、韩仁月（2008）[④] 指出，从公众需求角度来看，主要包括：瓦格纳法则和发展阶段论提出的人均 GDP、消费偏好理论的城市化率、福利学派"多因素影响说"的人口；从官僚拉动角度看，主要包括：财政支出阶梯型渐进增长理论提出的税收收入、不平衡增长理论和官僚行为增长理论提出的政府部门产出成本。该文选择影响财政支出规模的变量包括：人均 GDP、城市化率、人口、税收收入、政府产出成本、财政分权和开放度。曾红颖（2012）[⑤] 的研究显示，公共服务提供成本是影响财政支出的关键因素，作者选取了人口密度、城镇化率、劳动力价格等 17 个变量。毛捷等（2015）[⑥] 研究转移支付对财政支出的影响时，选取了人均转移支付、人均收入、人均 GDP、产业结构、人口规模和素质、自然禀赋等作为解释变量。何

①　王德祥，李建军．辖区人口、面积与地方财政支出——基于鄂鲁吉 3 省 178 个县（市）数据的实证研究 [J]．财贸经济，2009（4）：28 - 32.

②　甘行琼，刘大帅，胡serv飞．流动人口公共服务供给中的地方政府财政激励实证研究 [J]．财贸经济，2015（10）：87 - 101.

③　杨刚强，李梦琴，孟霞．人口流动规模、财政分权与基本公共服务资源配置研究——基于 286 个城市面板数据空间计量检验 [J]．中国软科学，2017（6）：49 - 58.

④　常世旺，韩仁月．公众主导还是国家主导：1952～2006 年中国财政支出增长影响因素研究 [J]．经济评论，2008（6）：9 - 15.

⑤　曾红颖．我国基本公共服务均等化标准体系及转移支付效果评价 [J]．经济研究，2012，47（6）：20 - 32，45.

⑥　毛捷，吕冰洋，马光荣．转移支付与政府扩张：基于"价格效应"的研究 [J]．管理世界，2015（7）：29 - 41，187.

强、董志勇（2015）[①] 研究发现，转移支付对地方财政支出，尤其是关系民生福祉的公共支出规模有显著影响。傅勇、张晏（2007）[②] 指出理论研究（如"效率假说"和"补偿假说"）和各国实践均表明，贸易开放将影响财政支出规模。李永友、沈玉平（2009）[③] 研究了转移支付对财政支出的影响，并选取了地方本级财政收入、人均 GDP、支出滞后项、经济开放程度（进出口总额/GDP）、人口规模及结构、地区间影响等作为解释变量。

参考上述研究的变量选择，本书选取控制变量的考虑如下。

第一，瓦格纳法则可表述为随着人均收入的提高，财政支出占 GDP 的比重相应提高。这一结论建立在经验分析基础上，瓦格纳认为导致政府支出增长的因素分为政治因素和经济因素。政治因素是指随着经济的工业化，市场及市场主体之间的关系日益复杂，政府对治安、法律相关服务等的投入大幅增加。经济因素是指伴随着城镇化、都市化的进程，人口的居住密集化，带来的拥挤等外部性问题需要政府的管理和调节。另外，民众对教育、娱乐、文化、保健与福利服务的需求收入弹性高，收入的增长引起政府公共服务支出的大幅增加。基于此，控制变量应包括人均 GDP、城镇单位就业人员平均工资、城镇化率、人口密度。

第二，公共产品和服务供给成本地区差异大，规模效应明显（尤其是公共基础设施），人口密度和城镇化率在一定程度上能够捕捉这两类影响。

第三，经济开放程度提高对公共财政支出规模的影响可一分为二：一方面，提高居民的民主意识、纳税人意识和对公共服务的诉求，带来公共财政支出的增加；另一方面，提高民众对政府公共支出行为的监督和约束，引入先进的管理经验和技术提升政府部门的运行效率和公共服务的供给效率，节约公共资金。本章用进出口总额/GDP[④] 来刻画经济

---

① 何强，董志勇. 中央转移支付对地方财政支出的影响机制及实证分析 [J]. 统计研究，2015，32（1）：59-67.

② 傅勇，张晏. 中国式分权与财政支出结构偏向：为增长而竞争的代价 [J]. 管理世界，2007（3）：4-12，22.

③ 李永友，沈玉平. 转移支付与地方财政收支决策——基于省级面板数据的实证研究 [J]. 管理世界，2009（11）：41-53.

④ 后文地级市、市辖区、县级数据的实证分析则用当年实际使用外资金额/GDP.

开放度对公共财政支出规模的影响。

第四，产业结构既反映了宏观经济的质量和效率，又体现了经济的韧性和可持续性，尤其是服务业的发展是民众追求更高质量生活的必然结果。公共财政支出既为民众直接提供服务，又为市场主体营造更好的服务供给环境，本章用第三产业 GDP 占比来捕捉这一影响。

第五，财政自给率捕捉了转移支付、财政分权对地方公共财政支出的影响。财政自给率等于本级财政收入/财政支出，财政支出与本级财政收入的差额与来自上级政府的转移支付基本相等或至少变化趋势一致，财政自给率刻画了地方财政的收入自主权，是衡量财政分权程度的重要指标。"粘蝇纸效应"及其解释（财政幻觉假说、垄断性政府假说、压力集团假说、税收成本假说）说明了转移支付和财政自主权对地方公共财政支出行为的重要影响，本章用财政自给率刻画。

表 5 - 1 描述了各变量的统计特征。住房保障支出 2010 年之后才有公布，北京、上海、天津部分年份的市内暂住人口数据缺失，其他变量的统计范围均为 31 个省（自治区、直辖市）2002 ~ 2014 年，共 403 个观测数。各变量均为名义值。

5.3 实证结果及分析

5.3.1 对一般公共预算支出及分类公共服务支出的影响异质性

如前所述，本章回归只是论证流动人口和户籍人口对公共财政支出的影响存在异质性，而不涉及异质性程度的准确度量，常住人口包括常住户籍人口和流动人口（常住），因此比较总户籍人口和常住人口的回归系数也可以达到此目的。表 5 - 2 是比较不同类型人口对一般公共预算支出的影响，表 5 - 3 是比较不同类型人口对教育、医疗卫生、社会保障和就业、住房保障、科学技术等按功能分类的财政支出的影响。再次说明的是，本小节用省内暂住人口代表户籍人口，省外暂住人口代表流动人口。

表 5-2　省级层面户籍人口和流动人口对公共财政支出的影响异质性回归结果①

解释变量	被解释变量					
	一般公共预算支出					
	(1)	(2)	(3)	(4)	(5)	(6)
L.户籍人口	6.225*** (5.225)		2.986*** (3.676)			
L.常住人口		3.284*** (4.450)		1.145* (1.836)		
L.省内暂住人口(户籍人口)					15.92*** (7.138)	6.097*** (3.177)
L.省外暂住人口(流动人口)					5.969*** (4.934)	1.228*** (3.620)
L.人均GDP			540.0*** (3.050)	328.0 (1.447)		455.9** (2.594)
L.第三产业GDP占比			2.875e+07 (1.076)	2.115e+05 (0.006)		1.126e+06 (0.0431)
L.进出口/GDP			-2.051e+06 (-0.290)	1.452e+06 (0.188)		-1.826e+07** (-2.195)

① 回归（3）和回归（4）中观测数为样本量的非整数倍，是由于为了不损失样本而使用了非平衡面板数据。下同。

续表

解释变量	被解释变量 一般公共预算支出					
	(1)	(2)	(3)	(4)	(5)	(6)
L.城镇平均工资			180.1 (0.912)	528.5** (2.217)		250.0 (1.606)
L.财政自给率			-9.46e+06 (-1.219)	-3.56e+07*** (-2.771)		-2.07e+07** (-2.071)
L.人口密度			-11555 (-1.349)	-25544** (-2.274)		-23925*** (-5.378)
L.城镇化率			19205 (0.113)	380793 (1.582)		292657* (1.795)
常数项	-2.43e+08*** (-4.817)	-1.19e+08*** (-3.792)	-1.28e+08*** (-3.970)	-4.19e+07 (-1.319)	-1.00e+06 (-0.333)	-3.23e+06 (-0.194)
观测数	372	372	372	372	353	353
adj. R-sq	0.636	0.709	0.900	0.849	0.643	0.901
省份数	31	31	31	31	30	30

注：括号中为 t 值，*** 代表在 1% 水平上显著，** 代表在 5% 水平上显著，* 代表在 10% 水平上显著。下同。

表5-3　省级层面户籍人口和流动人口对按功能分类财政支出的影响异质性回归结果

解释变量	被解释变量				
	教育支出	医疗卫生支出	社会保障和就业支出	住房保障支出	科学技术支出
	(1)	(2)	(3)	(4)	(5)
L. 省内暂住人口（户籍人口）	1.406 *** (2.871)	0.593 *** (2.816)	0.643 ** (2.706)	0.132 * (1.873)	0.197 ** (2.226)
L. 省外暂住人口（流动人口）	0.328 * (1.813)	0.0942 (1.407)	0.00379 (0.0337)	0.00213 (0.0341)	0.122 *** (2.881)
L. 人均GDP	78.19 * (2.014)	18.71 (1.253)	43.62 * (1.764)	5.228 (0.374)	25.52 ** (2.128)
L. 第三产业GDP 占比	3.080e+06 (0.619)	1.455e+06 (0.634)	-3.327e+06 (-0.956)	-6.147e+06 *** (-3.609)	2.179e+06 * (1.734)
L. 进出口/GDP	-3.596e+06 * (-1.908)	-1.453e+06 * (-1.892)	-1.412e+06 (-1.413)	-227804 (-0.239)	-962280 * (-1.942)
L. 城镇平均工资	78.74 * (1.772)	33.50 ** (2.316)	42.25 * (1.837)	14.83 (0.886)	-11.99 (-1.325)
L. 财政自给率	-4.030e+06 * (-1.889)	-3.019e+06 *** (-3.140)	-1.441e+06 (-0.842)	1.185e+06 (0.915)	793984 * (1.761)
L. 人口密度	123.2 (0.167)	-698.4 ** (-2.239)	39.48 (0.0784)	616.5 (0.266)	1678 *** (5.549)
L. 城镇化率	64479 * (1.962)	26743 (1.599)	57340 ** (2.148)	60166 * (1.768)	2821 (0.454)
常数项	-2.324e+06 (-0.731)	-513289 (-0.352)	-935611 (-0.432)	-1.007e+06 (-0.564)	-1.891e+06 *** (-3.087)
观测数	353	353	353	143	353
adj. R-sq	0.858	0.850	0.858	0.574	0.767
省份数	30	30	30	29	30

表 5 - 2 的回归（1）~ 回归（4）是比较总户籍人口和常住人口对一般公共预算支出的影响差异，回归（5）~ 回归（6）比较省内暂住人口（代表户籍人口）和省外暂住人口（代表流动人口）对一般公共预算支出的影响差异。回归（1）~ 回归（2）在没有考虑控制变量的情况下，得出结论认为户籍人口和常住人口对一般公共预算支出的影响显著为正，且前者的影响程度更深，说明平均增加一个户籍人口所带来的一般公共预算支出的平均增加值要显著大于增加一个常住人口。因为常住人口包括常住户籍人口和流动人口，据此可推出平均增加一个户籍人口所带来的一般公共预算支出的平均增加值要显著大于增加一个流动人口。① 回归（3）~ 回归（4）加入控制变量也得到了一致的结果，且相对差距有所扩大。回归（5）在没有考虑控制变量的情况下，直接比较代表户籍人口的省内暂住人口和代表流动人口的省外暂住人口对一般公共预算支出的影响异质性，回归结果显示省内暂住人口（户籍人口）和省外暂住人口（流动人口）对一般公共预算支出的影响显著为正，且平均增加一个省内暂住人口（户籍人口）所带来的公共预算支出的平均增加值显著大于增加一个省外暂住人口（流动人口）。回归（6）加入控制变量也得到了一致的结果，且相对差距也有所扩大。省内暂住人口拥有本省户籍、跨地级市流动，所享受的公共服务与其供给方——基层政府辖区内的户籍人口还存在一定差异，从这个角度来说，回归（5）~ 回归（6）所得到的结果还低估了户籍地和常住地严格一致的户籍人口和流动人口对公共财政支出影响异质性的程度。② 另外，对于表中的 adj. R - sq，不论是否考虑控制变量，adj. R - sq 都较大，说明人口的变化对公共财政支出的影响较大；考虑控制变量后，adj. R - sq 为0.9，间接说明了控制变量选取的合理性。

　　上述回归告诉我们，户籍人口和流动人口对一般公共预算支出的影响存在显著的异质性，如果考虑与流动人口公共服务密切相关的教育、

---

　　① 　总户籍人口包括常住户籍户口和非常住户籍人口（即流出人口），一般认为，常住户籍人口和流出户籍人口对户籍所在地的公共服务支出的影响存在异质性，前者增加一单位所带来的公共财政支出增加额要大于后者，所以常住户籍人口和流动人口对公共财政支出的影响异质性程度要大于表 5 - 2 回归（1）~ 回归（2）所得到的结果。

　　② 　用暂住人口的回归结果均适用此结论。

医疗卫生、社会保障、住房保障等公共服务支出，结果又会怎样呢？下面即就此展开。

表5-3的回归依次比较了代表户籍人口的省内暂住人口和代表流动人口的省外暂住人口对政府教育支出、医疗卫生支出、社会保障和就业支出、住房保障支出和科学技术支出的异质性影响。[①] 回归结果显示，户籍人口对各类公共服务支出的影响显著为正。[②] 与此形成强烈反差的是，回归（2）~回归（4）的结果显示，流动人口对医疗卫生支出、社会保障和就业支出、住房保障支出不存在显著的影响，说明政府在安排这三类支出时，较为重视户籍人口，而对来自省外的流动人口关注程度较低或存在歧视。[③] 回归（1）显示，流动人口对公共教育支出的影响显著为正，但系数大小和显著性均低于户籍人口。这说明相比于安排医疗卫生支出、社会保障和就业支出、住房保障支出时对流动人口的考虑，政府在安排教育支出时对流动人口的考虑和关注度更高，但仍远不及对户籍人口的重视程度。回归（5）显示，户籍人口和流动人口对科学技术支出的影响均显著为正，且二者系数大小和显著性较接近。所以笔者猜测，政府在安排科学技术支出时，对户籍人口和流动人口差别化对待的程度很低；或者说政府安排科学技术支出时，并没有直接考虑户籍人口或流动人口，而是考虑与人口高度相关的其他因素。[④]

上述表5-2和表5-3的回归结果告诉我们，户籍人口和流动人口对公共财政支出的影响异质性非常显著，即政府在安排公共财政支出时，对户籍人口和流动人口差别化对待。更为重要的是，政府在安排流动人口所需求的医疗卫生、社会保障和就业、住房保障等公共服务支出

[①] 考虑科学技术支出，是因为后文做地级市或市辖区的实证分析时，科学技术支出是仅有的几类可找到数据的财政支出之一，便于比较分析，但不是本书分析的重点支出。

[②] 笔者将省内暂住人口替换为通常意义上的总户籍人口作回归，系数也均显著为正，限于篇幅，在此不列出。

[③] 当然，代表流动人口的省外暂住人口包括暂住时间仅为数日的，政府在安排这三类支出时出于统计技术、成本或实际需求等原因无法考虑他们。但跨省暂住人口的暂住时间大多在半年或一年以上，属于常住人口，这部分暂住人口对这些公共服务是有强烈需求的，统计技术上也是可行的。

[④] 跨省暂住人口包括暂住时间半年以上的常住人口，也包括暂住时间为3天至半年的非常住人口，所以跨省暂住人口回归系数比省内户籍的暂住人口稍小，可能是由这部分暂住时间半年以下的非常住人口引起的，这是笔者提出此观点的重要理由之一。

时，对流动人口的关注和重视程度明显低于辖区户籍人口或存在明显的歧视。令人略感欣慰的是，相比上述几类支出，教育支出对流动人口的考虑相对更多、重视程度相对更高。如4.2.1节所述，这可能与我国较早实行"两为主""两纳入"政策有关。即便如此，重视程度也明显低于户籍人口。可见，义务教育经费可携带政策、流入地升学政策的完善需要持续推进。在地方政府考虑户籍人口和流动人口因素而安排科学技术支出时，对二者关注或考虑的差别化程度较低，或者也可能只是通过考虑与人口高度相关的其他因素，而间接考虑了流动人口。不过，科学技术支出所提供的公共服务并不是流动人口所强烈需求或关注的。

5.3.2 流动人口对公共服务支出影响的户籍地差异

笔者认为，流动人口和户籍人口对公共财政支出的影响异质性存在地区差异和人口结构差异。不仅是人口净流入地和净流出地之间、不同经济发展水平地区（如东部、中部、西部）之间对流动人口和户籍人口的公共服务供给存在差异，而且政府对来自不同地区（例如市或县）、不同年龄结构、不同受教育水平、不同收入、不同居住时间、不同流动范围（跨省、跨市或跨区县）的流动人口也存在差别化对待，同时流动人口对公共服务的需求也存在结构化差异。

考虑到省级面板数据的样本量不大，若再分地区回归，样本量则更少，影响结果的准确性。《全国暂住人口统计资料汇编》中统计了来自省内的市和省内的县的暂住人口，暂住人口是跨市流动，本章在此将二者视为不同类型的流动人口。① 综上所述，暂不考察不同板块地区对户籍人口和流动人口差别化对待的差异，留待后文用样本量更大的市区县

---

① 在包括省外暂住人口的回归中，本书用省内暂住人口代表户籍人口；考虑到在当地政府看来，来自省外的市和省外的县的暂住人口都是外来人口，不会差别化对待（为了说明这一点，本书用财政支出对来自省外的市和省外的县的暂住人口做回归，发现二者的回归系数均与表5-2和表5-3中省外暂住人口的系数基本相同），所以本章用来自省内的市和省内的县的暂住人口来考察来自不同类型地区的流动人口对公共财政支出的影响异质性。当然，这种处理存在两个不足：相对于省来说，这些人口不是外来的流动人口；无法分离出本地的市和县户籍人口享受的公共服务差异的影响。不过，本部分只是从省级层面初步探讨不同类型流动人口对财政支出的影响异质性，后文将利用不同的数据继续深入探究。

级数据分析，先探究来自不同类型地区（省内的市或县）流动人口对公共财政支出的影响异质性。回归结果如表5-4所示。

表5-4 省级层面来自市和县的流动人口对按功能分类的财政支出的影响异质性回归结果

解释变量	被解释变量				
	一般公共预算支出	教育支出	医疗卫生支出	社会保障和就业支出	住房保障支出
	(1)	(2)	(3)	(4)	(5)
L. 来自省内的市的暂住人口	10.04 *** (5.691)	2.691 *** (6.890)	1.284 *** (7.195)	1.446 *** (5.405)	0.595 ** (2.430)
L. 来自省内的县的暂住人口	4.254 *** (4.517)	0.806 *** (3.866)	0.271 *** (2.842)	0.267 * (1.872)	−0.0694 (−0.562)
L. 人均GDP	451.0 *** (5.908)	76.61 *** (4.532)	17.86 ** (2.313)	42.62 *** (3.682)	8.953 (0.644)
L. 第三产业GDP占比	2.781e+06 (0.263)	3.619e+06 (1.545)	1.744e+06 (1.631)	−2.990e+06 * (−1.864)	−5.576e+06 *** (−3.270)
L. 进出口/GDP	−1.875e+07 *** (−5.213)	−3.756e+06 *** (−4.717)	−1.539e+06 *** (−4.230)	−1.512e+06 *** (−2.773)	−117415 (−0.125)
L. 城镇平均工资	247.7 *** (3.394)	28.12 * (1.741)	33.09 *** (4.484)	41.78 *** (3.776)	8.436 (0.502)
L. 财政自给率	−1.882e+07 ** (−2.554)	−3.422e+06 ** (−2.097)	−2.692e+06 *** (−3.611)	−1.061e+06 (−0.949)	1.423e+06 (1.108)
L. 人口密度	−2,148 (−0.520)	41.67 (0.0456)	−742.3 * (−1.779)	−11.51 (−0.0184)	787.7 (0.344)
L. 城镇化率	308235 *** (3.386)	69554 *** (3.451)	29470 *** (3.201)	60512 *** (4.384)	65578 * (1.947)
常数项	−5.107e+06 (−0.703)	−2.936e+06 * (−1.825)	−842435 (−1.146)	−1.319e+06 (−1.197)	−1.602e+06 (−0.896)

续表

解释变量	被解释变量				
	一般公共预算支出	教育支出	医疗卫生支出	社会保障和就业支出	住房保障支出
	(1)	(2)	(3)	(4)	(5)
观测数	353	353	353	353	143
adj. R – sq	0.903	0.863	0.858	0.862	0.589
省份数	30	30	30	30	29

　　表5-4中的回归（1）～回归（5）依次考察了来自省内的市的暂住人口、来自省内的县的暂住人口对一般公共预算支出、教育支出、医疗卫生支出、社会保障和就业支出、住房保障支出的影响异质性。结果显示，两种不同类型的暂住人口对财政支出的影响基本上均显著为正，且前者的影响程度明显高于后者，说明政府在安排公共财政支出时，对来自省内的市的暂住人口的重视程度要明显高于对来自省内的县的暂住人口。当然，不论是否离开户籍所在地而在外流动，户籍所在地在市区和县的人口所享受的公共服务本身就有差异，这种差异是导致上述回归系数不同的原因之一，且无法将其与政府对来自市或县的流动人口差别化对待而引起的回归系数差异相分离。但是，一方面，跨地级市流动的暂住人口（尤其是长时间暂住）部分公共服务在流入地享用，与户籍地关系不大，如城乡社区公共服务等；另一方面，整体来看，来自市区的暂住人口比来自县的暂住人口的受教育水平相对更高、从事的工作更稳定、收入更高、生活条件更好，比如占流动人口比重较大的外出务工的农民工户籍所在地大多在县（市）。所以说，虽然无法分离"市和县户籍人口本身所享受的公共服务差异"与"政府对来自市和县的暂住人口差别化对待"二者对回归系数差异的影响，但我们可合理猜测，相比来自省内的县的暂住人口，来自省内的市的暂住人口一般拥有相对更高的受教育水平和收入水平、更加稳定的工作和生活，推动其在流入地能够享受到更多的公共服务，例如在流入地参加职工医疗保险等社会保障的比例更大、子女在流入地就读的比例更大等。这一点，在第3章

3.3.4 节中已有所阐释，也与 4.1.3 节和 4.1.4 节中所提到的预算决策机制中，非精英阶层的流动人口更处于相对弱势地位的观点相一致。

5.4　本章小结

跨省、长时间流动是我国人口流动的重要特征。本章用省内暂住人口代表户籍人口、外省暂住人口代表跨省流动人口，从省级层面论证了流动人口和户籍人口对公共财政支出的影响存在异质性，且异质性程度随财政支出类别、流动人口特征的不同而有所差异，论证了第 3 章 3.4 节提出的命题 1、命题 3 和命题 5。具体来说：第一，流动人口和户籍人口对一般公共预算支出，以及按功能分类的教育支出、医疗卫生支出、社会保障和就业支出、住房保障支出、科学技术支出的影响存在明显的异质性，户籍人口的影响程度显著高于流动人口。这通过户籍人口和常住人口的回归系数比较得到证实。第二，相比医疗卫生支出、社会保障和就业支出、住房保障支出，教育支出安排对流动人口的考虑相对更多，或者说流动人口对教育支出的影响与户籍人口的差距相比其他几类支出来说更小，但流动人口对教育支出的影响与户籍人口的差距仍然较大。第三，用来自省内的市或县的暂住人口表示不同类型的流动人口，发现来自市区的暂住人口比来自县（市）的暂住人口对一般公共预算支出及其按功能分类的公共服务支出的影响更大，说明不同类型流动人口对公共财政支出的影响也存在结构化差异，受教育水平、收入水平等相对更高的来自市区的流动人口在流入地一般能享受到相对更好的公共服务。

第 6 章

流动人口和户籍人口对地方政府公共服务支出影响异质性程度测算及比较

——市区县层面数据的实证分析[①]

6.1 引　言

根据 3.2.2 节的财政分权理论，省以下地方政府具有信息、管理和组织等方面的优势，因而大部分公共服务是由地级市及以下层级的政府组织并提供。第 5 章省级数据的回归分析是为了从省这一较为宏观的层面说明户籍人口和流动人口对公共服务支出的影响具有异质性，且异质性程度与公共服务支出的类别以及流动人口的特征有关。本章聚焦于在公共服务供给中发挥重要作用、更加贴近辖区居民的地级市、市辖区、县（市）政府层面的公共服务支出，不仅论证户籍人口和流动人口对公共服务支出的影响具有异质性，并测算异质性程度的大小或范围，而且还比较由区域、行政层级、支出类别、流动人口类型、时间等的不同所带来的异质性程度的差异。本章对第 3 章 3.4 节中 5 个命题均有所涉及。

[①] 地级市、市辖区、县（市）层面的实证分析，考察的是其辖区内流动人口和户籍人口对辖区政府财政支出的异质性影响，即对全地级市、全市辖区、全县（市）财政支出的影响。所以说，比较的是对应的地级市、市辖区、县（市）为户籍人口和流动人口所提供的公共服务差异。

6.2　地级市层面数据的实证分析

6.2.1　回归方法及变量说明

地级市层面的回归使用的是 2010 年、2015 年和 2020 年的截面数据。根据第 5 章 5.2.2 节所说明的，被解释变量——公共财政支出选取的是 2011 年、2016 年和 2021 年的数据，即解释变量相对于被解释变量滞后一期，可大大降低可能的反向因果所带来的内生性及对回归结果的影响。回归方程如下：

$$fisexp_i = \beta_0 + \beta_1 hujirk_i + \beta_2 inproldrk_i + \beta_3 transproldrk_i + \gamma X_i + \varepsilon_i$$

$$(6-1)$$

$fisexp$ 表示一般公共预算支出或按功能分类的公共服务支出。其中，《中国城市统计年鉴》统计了各地级市 2011 年、2016 年和 2021 年一般公共预算支出，以及按功能分类的教育支出和科学技术支出，并根据《中国区域经济统计年鉴》和 CEIC 数据库补充了各地级市 2011 年、2016 年和 2021 年的社会保障和就业支出、医疗卫生支出，还补充了部分缺失的教育支出和科学技术支出。① $hujirk$、$inproldrk$、$transproldrk$ 分别代表户籍人口、省内流动人口和跨省流动人口，受统计口径不同影响，$hujirk$ 和 $inproldrk$ 的具体含义和统计范围在各人口普查或抽查年度数据的回归中有所差异，将在本节对应回归中予以说明。特别指出的是，国家统计局发布的 2020 年人口普查分县资料中是按照本县（市、区）、本省其他县（市、区）、省外三种口径对各县（市、区）的人户分离人口进行统计，据此无法得到各地级市省内跨市流动人口的准确数据，也无法如 2010 年数据那样进行估算得到各地级市省内跨市流动人口的概数，因此在地级市层面 2020 年人口数据回归分析中，只考虑了

---

① 《中国区域经济统计年鉴》只更新到 2013 年，没有 2016 年的数据，2016 年数据来源于 CEIC 数据库。

户籍人口和跨省流动人口两类人口数据。

X 表示一系列控制变量，包括人均地区生产总值、第三产业 GDP 占比、当年实际使用外资金额/GDP（外贸依存度）、职工平均工资、财政自主性和人口密度 6 个变量，选取原因已在省级层面数据中有所分析，不再赘述。ε 表示随机误差项。值得特别指出的是，由于人口普查和抽样调查资料所反馈的是常住人口数据，所以上述涉及的三个人口变量，均是本地级市的常住人口。实际上，实证分析所得到的，是流动人口和常住户籍人口对公共财政支出的影响异质性，其程度要高于流动人口和户籍人口（包括非常住户籍人口）对财政支出的影响异质性程度。①

hujirk、*inproldrk*、*transproldrk* 数据来源于人口普查或 1% 人口抽样调查。2010 年和 2020 年数据覆盖了全国 31 个省（自治区、直辖市）的地级市。由于未公布或无法查阅等原因，2015 年数据缺失山西、内蒙古、辽宁、吉林、安徽、山东、湖北、四川、西藏、新疆 10 个省（自治区）数据。控制变量数据来源于《中国城市统计年鉴》，四大直辖市缺失的区县数据根据各直辖市统计年鉴补充。

6.2.2 地级市层面 2010 年人口数据回归分析

2010 年数据的描述性分析如表 6 – 1 所示。遵循 2010 年《中国人口普查分县资料》公布的人口数据，在此处回归中，*hujirk* 表示地级市的各区（县、市）中由本县（市）或本市市区流入的人户分离人口之和，按此界定，*hujirk* 为拥有本地级市户籍的人口；② *inproldrk* 表示各地级市的各区（县、市）中由本省其他县（市）、市区流入的人户分离人

---

① 原因是常住户籍人口对财政支出的影响程度要高于流出户籍人口，即前者享受的公共服务更多。这一点，第 5 章省级层面的分析也已有说明。

② 用此口径人口数据代表户籍人口的原因有两点。其一，与本部分使用的流动人口基本在同一数量级，可避免前文所论述的户籍人口和流动人口数量级不一样所带来的规模效应对异质性程度的影响；其二，国家统计局对流动人口的定义不包括市辖区内流动人口，即市辖区内人户分离人口视为非流动人口。

口之和。①

表6-1　　　　　　市级层面2010年数据的描述性分析

变量	观测数	平均值	标准差	最小值	最大值
一般公共预算支出（万元）	303	2374416	3641980	197000	3.91e+07
教育支出（万元）	303	412599	535087.9	35100	5490000
社会保障和就业支出（万元）	303	267281.8	396174	15200	4180000
医疗卫生支出（万元）	303	176806.3	207535.8	11700	2250000
科学技术支出（万元）	270	58491.04	188276.6	1830	2180000
户籍人口（人）	303	139274.9	291042.5	3893	3100000
省内流动人口（人）	303	418263.3	433594.8	4109	3500000
跨省流动人口（人）	303	285398.2	891542.7	3860	9000000
人均地区生产总值（元）	303	35492.76	25432.24	7193	202582
第三产业GDP占比	303	0.3704449	0.1117475	0.144821	0.948231
当年实际使用外资金额/GDP	303	0.0234354	0.0232397	0.0000852	0.149111
职工平均工资（元）	303	32497.42	8647.787	13818.4	71875.4
财政自主性	303	0.5036017	0.2383898	0.0686033	1.192607
人口密度（人/平方千米）	303	1075.155	3770.207	5.05	27400

注：表中户籍人口、省内流动人口为此小节界定的对应人口。

　　表6-2汇报了使用2010年地级市层面人口数据，实证分析流动人口和户籍人口对公共服务支出影响异质性的结果。

----

　　① 当然，inproldrk包括部分本地级市户籍人口，即本地级市县（市）与县（市）之间、县（市）与市区之间流动的人户分离人口。一般来说，人口的市内流动多是城乡之间，所以前一种情况相对较少，本地级市县（市）与市区之间的流动人口虽然具有本市户籍，但享受的公共服务有较大差异（如城乡差异），可视为流动人口和户籍人口之间的差异。所以基于数据可得性，inproldrk作为省内流动人口代理变量具有合理性。后文利用市辖区、县级层面数据的分析将更加细化，可避免这一问题。

表 6 – 2　　　　　地级市层面 2010 年流动人口和户籍人口对

公共财政支出的影响异质性回归结果

解释变量	被解释变量				
	一般公共预算支出	教育支出	社会保障和就业支出	医疗卫生支出	科学技术支出
	(1)	(2)	(3)	(4)	(5)
户籍人口	11. 34 *** (11. 94)	1. 633 *** (12. 67)	1. 341 *** (11. 82)	0. 657 *** (9. 816)	0. 470 *** (4. 999)
省内流动人口	3. 957 *** (3. 894)	0. 549 *** (4. 387)	0. 403 ** (2. 492)	0. 245 *** (4. 399)	− 0. 0115 (− 0. 264)
跨省流动人口	3. 174 *** (5. 497)	0. 479 *** (5. 945)	0. 306 *** (3. 763)	0. 176 *** (4. 950)	0. 160 *** (4. 360)
人均地区生产总值	11. 72 * (1. 749)	0. 423 (0. 472)	0. 266 (0. 402)	0. 0611 (0. 149)	0. 216 (0. 360)
第三产业GDP 占比	− 1. 277e + 06 (− 0. 819)	− 219413 (− 1. 071)	− 249113 (− 1. 550)	− 69548 (− 0. 770)	− 90897 (− 0. 775)
当年实际使用外资金额/GDP	− 2. 919e + 06 (− 0. 600)	− 1. 719e + 06 ** (− 2. 431)	180481 (0. 281)	− 801375 *** (− 2. 660)	831932 * (1. 816)
职工平均工资	203. 6 ** (1. 990)	29. 35 ** (1. 998)	− 3. 325 ** (− 2. 162)	− 0. 493 (− 0. 515)	4. 411 *** (3. 312)
财政自主性	− 3. 223e + 06 ** (− 2. 341)	116105 (1. 344)	− 125397 ** (− 2. 256)	− 199871 *** (− 2. 625)	− 115402 ** (− 2. 083)
人口密度	− 69. 16 * (− 1. 823)	− 11. 14 ** (− 2. 151)	− 13. 24 ** (− 2. 487)	− 7. 146 *** (− 2. 633)	162. 3 * (1. 956)
常数项	− 5. 627e + 06 * (− 1. 790)	204418 ** (2. 133)	330981 *** (4. 213)	165530 *** (3. 829)	− 112697 ** (− 2. 247)
观测数	303	303	303	303	270
adj. R – sq	0. 836	0. 804	0. 845	0. 780	0. 790

回归结果显示, 不论是户籍人口, 还是流动人口, 对一般公共预算

支出、教育支出、社会保障和就业支出、医疗卫生支出均具有显著的正向影响。按照影响程度从大到小排序依次是：户籍人口、省内流动人口、跨省流动人口。因此，流动人口和户籍人口对公共财政支出的影响存在明显的异质性。流动人口的流动距离越远（跨省流动相对于省内流动），对公共财政支出的影响越小，即流动距离越远，享受的流入地公共服务相对越少。这与第 3 章 3.3.4 节的理论分析和 3.4 节中的命题 5 一致。

按照流动人口和户籍人口对公共财政支出影响的异质性在不同支出类别下的程度进行排序。户籍人口和省内流动人口对公共财政支出影响异质性程度（相对差距）从大到小排序，依次是社会保障和就业支出、教育支出、一般公共预算支出、医疗卫生支出，且彼此间相差相对不大；户籍人口和跨省流动人口对公共财政支出影响异质性程度从大到小排序，依次是社会保障和就业支出、医疗卫生支出、一般公共预算支出、教育支出，且彼此间相差相对也不大。省内流动人口对科学技术支出的影响不显著。可总结两点：一是推动流动人口，尤其是农业转移人口参加流入地社会保障体系，享受流入地社会保障和就业培训及指导等公共服务，仍有较大的提升空间；二是相比于一般公共预算支出，与人们生活密切相关的社会保障、就业、医疗卫生、教育等公共服务，流动人口和户籍人口之间的差异更大。

6.2.3 地级市层面 2015 年人口数据回归分析

2015 年数据的描述性分析如表 6 – 3 所示。遵循 2015 年人口 1% 抽样调查资料公布的人口数据，在此处回归中，*hujirk* 表示用市辖区内人户分离人口所代表的户籍人口。[①] 根据国家统计局的相关界定，这类人口是指在一个直辖市或地级市所辖区内和区与区之间流动、居住地和户口登记地不在同一乡镇街道的人口。按此定义，市辖区内的流动人口拥

---

① 用市辖区内人户分离人口代表户籍人口，原因有两点：其一，市辖区内人户分离人口与本部分使用的流动人口（跨省、省内流动人口）基本在同一数量级，可避免前文所论述的户籍人口和流动人口数量级不一样所带来的规模效应对异质性程度的影响；其二，国家统计局对流动人口的定义不包括市辖区内流动人口，即市辖区内人户分离人口视为非流动人口。

有本市市辖区户籍。*inproldrk* 表示用"省内户籍、常住地和户籍地不在同一乡镇街道且不包括市辖区内人户分离的人口（即省内但不含市辖区内人户分离的流动人口）"所代表的省内流动人口。[①]

表6-3　　　　　　　　　　地级市层面 2015 年数据的描述性分析

变量	观测数	平均值	标准差	最小值	最大值
一般公共预算支出（万元）	193	3781213	3979737	304236	4.21e+07
科学技术支出（万元）	175	106404.1	334245.3	753	4035240
教育支出（万元）	193	657114.6	550427.8	50047	4147269
社会保障和就业支出（万元）	163	402163.3	318874	37742	2064488
医疗卫生支出（万元）	163	339645.4	277112.4	23260	2012739
户籍人口（人）	193	123846.1	150608	3422	1400000
省内流动人口（人）	193	425367.7	476014.2	7431	3500000
跨省流动人口（人）	193	293575.5	732339.8	3364	6900000
人均地区生产总值（元）	193	55282.78	36364.6	13097	312121
第三产业 GDP 占比	193	0.4354759	0.1266428	0.2609	0.9688
当年实际使用外资金额/GDP	193	0.0193036	0.0185271	0.000083	0.1075237
职工平均工资（元）	193	56763.51	11663.06	35229	95351
财政自主性	193	0.5121266	0.2297288	0.0988742	1.072929
人口密度（人/平方千米）	193	1591.716	5274.596	5.77	34900

注：表中户籍人口、省内流动人口为此小节界定的对应人口。

表6-4 汇报了使用 2015 年地级市层面人口数据，实证分析流动人口和户籍人口对公共服务支出影响异质性的结果，与表6-2 所得

[①]　当然，*inproldrk* 包括部分本市籍人口：县（市）内、县（市）与县（市）之间、县（市）与市区之间流动。一般来说，人口的市内流动多是城乡之间，所以前两种情况相对较少，本地级市县（市）与市区之间的流动虽然具有本市户籍，但享受的公共服务有较大差异（如城乡差异），可视为流动人口和户籍人口之间的差异。所以基于数据可得性，*inproldrk* 作为流动人口代理变量具有合理性。

结果基本一致，只是 2010 年数据的回归结果异质性程度整体上比 2015 年数据高，不同类别公共服务支出的影响异质性程度的排序稍微有所不同。

表 6 - 4　　　**地级市层面 2015 年流动人口和户籍人口对公共**

财政支出的影响异质性回归结果

解释变量	被解释变量				
	一般公共预算支出	教育支出	社会保障和就业支出	医疗卫生支出	科学技术支出
	（1）	（2）	（3）	（4）	（5）
户籍人口	14. 52 *** (5. 845)	2. 359 *** (8. 045)	1. 573 *** (10. 86)	1. 301 *** (9. 465)	0. 611 *** (4. 279)
省内流动人口	6. 910 *** (5. 469)	0. 951 *** (11. 09)	0. 491 *** (5. 548)	0. 513 *** (10. 40)	0. 422 ** (2. 112)
跨省流动人口	4. 565 *** (5. 997)	0. 576 *** (11. 96)	0. 213 *** (3. 232)	0. 275 *** (9. 087)	0. 392 *** (3. 337)
人均地区生产总值	34. 41 * (1. 757)	2. 076 (1. 144)	0. 260 (0. 370)	0. 764 (0. 848)	3. 099 ** (2. 322)
第三产业 GDP 占比	1. 909e + 06 (0. 590)	− 235807 (− 0. 585)	− 5583 (− 0. 0240)	− 190713 (− 0. 972)	367485 (1. 031)
当年实际使用外资金额/ GDP	− 1. 886e + 07 (− 1. 439)	− 4. 115e + 06 ** (− 2. 189)	− 80899 (− 0. 0613)	− 1. 267e + 06 (− 1. 394)	− 2. 022e + 06 (− 1. 265)
职工平均工资	− 15. 27 (− 0. 812)	0. 0160 (0. 00496)	− 6. 234 *** (− 2. 927)	− 2. 628 (− 1. 538)	0. 746 (0. 497)
财政自主性	− 699523 (− 0. 370)	138738 (0. 644)	26750 (0. 212)	− 39910 (− 0. 372)	− 147953 (− 0. 682)
人口密度	− 160. 4 ** (− 2. 365)	− 17. 43 ** (− 2. 205)	− 5. 443 (− 1. 194)	− 7. 740 * (− 1. 810)	− 10. 92 (− 1. 651)

续表

解释变量	被解释变量				
	一般公共预算支出	教育支出	社会保障和就业支出	医疗卫生支出	科学技术支出
	(1)	(2)	(3)	(4)	(5)
常数项	2.546e+06 ** (2.360)	388138 ** (2.036)	542842 *** (4.740)	419613 *** (4.046)	-259367 * (-1.724)
观测数	193	193	163	163	175
adj. R-sq	0.772	0.732	0.638	0.763	0.765

表 6-4 回归结果显示，不论是户籍人口，还是流动人口，对一般公共预算支出、教育支出、社会保障和就业支出、医疗卫生支出和科学技术支出均具有显著的正向影响。按照影响程度从大到小排序依次是：户籍人口、省内流动人口、跨省流动人口。因此，流动人口和户籍人口对公共财政支出的影响存在明显的异质性。流动人口的流动距离越远（跨省流动相对于省内流动），对公共财政支出的影响越小，即流动距离越远，享受的流入地公共服务相对越少。这与第 3 章 3.3.4 节的理论分析和 3.4 节中的命题 5 一致。[①]

按照流动人口和户籍人口对公共财政支出影响的异质性在不同支出类别下的程度（相对差距）进行排序，与 2010 年回归情况不同的是，省内流动人口和跨省流动人口的排序还有些不一样。表 6-4 回归结果显示，社会保障和就业支出所对应的影响异质性程度最高，然后依次是医疗卫生支出、公共教育支出、一般公共预算支出和科学技术支出。这与省级层面用暂住人口所得到的结论一致。这说明了三点：一是流动人口，尤其是农业转移人口参加流入地社会保障体系，享受流入地社会保障和就业培训及指导等公共服务，依然有很多难题需要破解；二是相比于一般公共预算支出，与人们生活密切相关的社会保障、就业、医疗卫生、教育等公共服务，流动人口和户籍人口之间的差异更大；三是相比

---

① 后续比较户籍人口和不同距离流动人口对财政支出影响异质性的程度时，所得结果均与 3.3.4 节的理论分析相一致，不再特别指出。

于社会保障、就业、医疗卫生等公共服务，流动人口和户籍人口所享受到的公共教育服务之间的差异相对更小。① 这说明我国的公共教育服务均等化政策取得了一定成效，"两为主""两纳入"、随迁子女流入地考试升学、义务教育经费可携带等政策的推行发挥了重要作用。

科学技术支出对应的影响异质性程度最低，这与第5章省级层面回归结果一致。结合科学技术支出所包含的项目以及政府安排这些支出的实际操作过程，笔者认为政府在做科学技术支出决策时可能并没有明确考虑人口因素或区分户籍人口、省内流动人口和跨省流动人口，可能只是通过考虑与人口高度相关的其他因素，而间接考虑了流动人口，系数的差异是被动产生的，对实际情况缺乏解释力。

6.2.4 地级市层面2020年人口数据回归分析

2020年数据的描述性分析如表6-5所示。遵循2020年《中国人口普查分县资料》公布的人口数据，在此处回归中，$hujirk$表示各地级市的各区（县、市）中由本县（市、区）流入的人户分离人口之和，按此界定，$hujirk$表示拥有本地级市户籍的人口。② 另外，6.2.1节已说明本小节回归中不考虑省内流动人口。

表6-5 　　　　　地级市层面2020年数据的描述性分析

变量	观测数	平均值	标准差	最小值	最大值
一般公共预算支出（万元）	294	5759907	8189674	268050	8.43e+07
科学技术支出（万元）	294	189977	516524.1	1078	4494463
教育支出（万元）	294	996369.3	1301691	51605	1.15e+07
社会保障和就业支出（万元）	234	852904.6	1261344	21690	1.05e+07
医疗卫生支出（万元）	203	594561.2	753077.6	28984	6331300

---

① 但绝对差距依然较大。

② 用此口径人口数据代表户籍人口的原因主要是，与本部分使用的流动人口基本在同一数量级，可避免前文所论述的户籍人口和流动人口数量级不一样带来的规模效应对异质性程度的影响。

续表

变量	观测数	平均值	标准差	最小值	最大值
户籍人口（人）	296	603008.9	515528.9	12859	6309328
跨省流动人口（人）	296	409386.1	1133378	7787	1.05e+07
人均地区生产总值（元）	295	72186.92	36101.07	19915	218118
第三产业 GDP 占比	295	0.483333	0.083783	0.2564	0.8167
外贸依存度	294	0.179305	0.263258	0.000224	2.150767
职工平均工资（元）	293	90920.74	20415.42	7225	201504
财政自主性	294	0.43187	0.212152	0.059177	0.9977233
人口密度（人/平方千米）	290	439.0152	373.1661	1.792191	3158.996

表 6-6 汇报了使用 2020 年地级市层面人口数据，实证分析流动人口和户籍人口对公共服务支出影响异质性的结果。回归结果显示，户籍人口和跨省流动人口，对一般公共预算支出、教育支出、社会保障和就业支出、医疗卫生支出和科学技术支出均具有显著的正向影响，且前者的影响程度明显高于后者。

表 6-6　　地级市层面 2020 年流动人口和户籍人口对公共财政支出的影响异质性回归结果

解释变量	被解释变量				
	一般公共预算支出	教育支出	社会保障和就业支出	医疗卫生支出	科学技术支出
	（1）	（2）	（3）	（4）	（5）
户籍人口	6.641 *** （24.19）	1.063 *** （23.32）	1.274 *** （23.06）	0.702 *** （8.679）	0.596 *** （19.89）
跨省流动人口	4.149 *** （25.26）	0.779 *** （28.57）	0.586 *** （15.76）	0.161 ** （2.452）	0.417 *** （20.93）
人均地区生产总值	2.419e+06 *** （4.609）	277233 *** （3.182）	78597 （0.688）	67958 （1.039）	1.659 *** （8.235）

续表

解释变量	被解释变量				
	一般公共 预算支出	教育支出	社会保障和 就业支出	医疗卫生 支出	科学技术 支出
	（1）	（2）	（3）	（4）	（5）
第三产业 GDP 占比	3.186e + 06 *** （3.747）	338175 ** （2.396）	26473 （0.138）	17227 （0.167）	1.328 *** （4.024）
外贸依存度	− 132509 （− 1.174）	− 36154 * （− 1.930）	26557 （1.020）	− 28462 * （− 1.957）	0.0425 （0.978）
职工平均 工资	1.730e + 06 *** （2.645）	362076 *** （3.335）	127928 （0.961）	112630 （1.479）	0.377 （1.465）
财政自主性	− 1.987e + 06 *** （− 4.328）	− 321196 *** （− 4.215）	− 185519 * （− 1.749）	− 199875 *** （− 3.334）	− 0.408 ** （− 2.321）
人口密度	220868 （1.329）	111446 *** （4.038）	− 79577 ** （− 2.218）	66335 *** （3.294）	0.408 *** （6.238）
常数项	− 4.772e + 07 *** （− 5.754）	− 7.950e + 06 *** （− 5.775）	− 2.162e + 06 （− 1.206）	− 2.622e + 06 ** （− 2.518）	− 24.56 *** （− 7.245）
观测数	287	287	230	229	287
adj. R − sq	0.907	0.915	0.873	0.888	0.747

按照户籍人口和跨省流动人口对公共财政支出影响的异质性在不同支出类别下的程度（相对差距）进行排序，医疗卫生支出所对应的影响异质性程度最高，然后依次是社会保障和就业支出、一般公共预算支出、教育支出和科学技术支出。

6.2.5 不同年份和不同支出的异质性程度比较

前面已分年份、分支出类别考察了流动人口和户籍人口对公共财政支出的影响异质性，在此基础上，本小节作综合的比较分析。为了更加直观地显示不同类型人口对公共财政支出影响差异的程度，对体现这种差异的回归系数作单位化处理：代表户籍人口的"市辖区内人户分离人口"或"县（市、区）内人户分离人口"对公共财政支出的影响程度最高，因此将其回归系数设为单位1，[①] 代表省内流动人口的"省内但不含市辖区内人户分离的流动人口"以及跨省流动人口的回归系数除以户籍人口的回归系数即得其相对差异系数。[②] 结果如表6－7所示。

表6－7　　　地级市流动人口和户籍人口对财政支出影响异质性
程度的分年份、分支出类别比较

支出分类	年份	户籍人口	省内流动人口	跨省流动人口
一般公共预算支出	2010	1	0.349	0.280
	2015	1	0.476	0.314
	2020	1	—	0.625
教育支出	2010	1	0.336	0.293
	2015	1	0.403	0.244
	2020	1	—	0.733
社会保障和就业支出	2010	1	0.301	0.228
	2015	1	0.312	0.135
	2020	1	—	0.460

① 需再次指出的是，流动人口和户籍人口所享受的公共服务差异，很大程度上是指二者在流入地城市公共服务上的差异，因此把市辖区或县（市、区）户籍人口对公共财政支出的影响设为1，而不是整个地级市的户籍人口，是合理的，当然基于已有数据，也只能这样设置。

② 严格意义上来说，"市辖区或县（市、区）内人户分离人口"不等同于市辖区或县（市、区）户籍人口，后者包含前者，且后者的本地色彩更加浓厚。如果将市辖区或县（市、区）内户籍地和常住地在同一乡镇街道的人口定义为市辖区或县（市、区）本地户籍人口，它又比市辖区或县（市、区）户籍人口的本地色彩更为浓厚。另外，"省内但不含市辖区内人户分离的流动人口"也包括部分本地级市户籍人口，他们比本地级市省内跨市的流动人口的本地色彩更为浓厚。按照本书所得到的本地人口所享受的当地公共服务水平高于流动人口这一结论，表6－7中所得到的户籍人口与省内流动人口对财政支出影响的异质性程度，要低于市辖区户籍人口与本地级市省内跨市的流动人口之间的异质性程度。省内流动人口与跨省流动人口之间对财政支出影响的异质性程度要高于省内跨市流动人口和跨省流动人口之间的异质性程度。当然，本书的实证分析已充分利用已有数据，并使测算尽可能准确。这些所提到的由于数据统计口径难以统一而对测算结果的影响，相对也不大。另外，一般来说同一地区针对流动人口和户籍人口提供相同公共服务的成本大体相当，因此本书以公共服务支出金额来衡量流动人口和户籍人口享受的公共服务水平，虽未考虑向不同人群提供公共服务的成本差异，但这种差异带来的影响较小，本书的这种设置在当前条件下具有合理性、可行性。

支出分类	年份	户籍人口	省内流动人口	跨省流动人口
医疗卫生支出	2010	1	0.373	0.268
	2015	1	0.394	0.211
	2020	1	—	0.229
科学技术支出	2010	1	-0.024	0.340
	2015	1	0.691	0.642
	2020	1	—	0.700

从表 6-7 中可以看出，如果将户籍人口在户籍所在地级市享受的，由该市提供的公共服务水平设为单位 1，2010 年和 2015 年人口数据回归结果显示，省内流动人口在流入的地级市享受的，由该市提供的公共服务水平为 0.3~0.5，跨省流动人口在流入的地级市享受的，由该市提供的公共服务水平为 0.3 左右；2020 年人口数据的回归结果显示，跨省流动人口享受的公共服务相对水平有较大幅度的提升，整体上升至 0.6 左右。

分公共服务支出类别来看，对于公共教育支出来说，如果将户籍人口在户籍所在的地级市享受的教育公共服务水平设为单位 1，那么省内流动人口在流入的地级市享受的，由该市提供的教育公共服务水平为 0.3~0.4（2010 年和 2015 年），跨省流动人口则为 0.2~0.3（2010 年和 2015 年）、0.7 左右（2020 年）。对于社会保障和就业支出来说，如果将户籍人口在户籍所在的地级市享受的，由该市提供的社会保障和就业公共服务水平设为单位 1，那么省内流动人口在流入的地级市享受的，由该市提供的社会保障和就业公共服务水平大概为 0.3（2010 年和 2015 年），跨省流动人口则为 0.2 左右（省内流动人口和跨省流动人口的平均值为 0.18，2010 年和 2015 年）、0.5 左右（2020 年）。对于医疗卫生支出来说，如果将户籍人口在户籍所在的地级市享受的，由该市提供的医疗卫生公共服务水平设为单位 1，那么省内流动人口在流入的地级市享受的，由该市提供的医疗卫生公共服务水平为 0.35~0.4（2010 年和 2015 年），跨省流动人口则为 0.2~0.3。对于科学技术支出来说，基于 2010 年、2015 和 2020 年人口数据得到的结果有较大差异，地方政府在安排科学技术支出时，可能并没有特别考虑人口或者区分流动人口和户籍人口。由于科学技术支出不涉及人们关切的公共服务，所以不再详细探讨。

分年份来看，一方面，基于 2010 年和 2015 年人口数据的回归结果对比，流动人口和户籍人口对地方公共服务支出的影响异质性程度，一般公共预算支出中的异质性程度，2015 年比 2010 年有所降低；但对于教育、社会保障和就业、医疗卫生等分类公共服务支出来说，在省内流动人口和省外流动人口上有所分化，即省内流动人口和户籍人口的影响异质性程度，2015 年相比 2010 年降低了，但跨省流动人口和户籍人口的影响异质性程度，2015 年相比 2010 年反而扩大了。另一方面，考虑基于 2020 年人口数据的回归结果，2020 年跨省流动人口对公共财政支出的影响程度与户籍人口之间的差距相比于 2010 年和 2015 年均缩小了，即跨省流动人口在流入的地级市所享受的公共服务水平，与本地户籍人口之间的差距缩小了。

具体来说，假设户籍人口在户籍所在的地级市享受的，由该市提供的公共服务水平为 1，省内流动人口享受的由该市提供的公共服务由 2010 年的 0.349 提升到 2015 年的 0.476，涨幅达 36.4%；省外流动人口享受的，由该市提供的公共服务由 2010 年的 0.280 提升到 2015 年的 0.314，进而再提升至 2020 年的 0.625。对于分项公共服务支出来说，假设户籍人口在户籍所在的地级市享受的，由该市提供的教育公共服务水平为 1，省内流动人口享受的由该市提供的教育公共服务由 2010 年的 0.336 提升到 2015 年的 0.403，涨幅达 19.9%；省外流动人口享受的由该市提供的公共服务由 2010 年的 0.293 下降到 2015 年的 0.244，进而再提升至 2020 年的 0.733。假设户籍人口在户籍所在的地级市享受的，由该市提供的社会保障和就业公共服务水平为 1，省内流动人口享受的由该市提供的社会保障和就业公共服务由 2010 年的 0.301 提升到 2015 年的 0.312，涨幅达 3.9%；省外流动人口享受的由该市提供的社会保障和就业公共服务由 2010 年的 0.228 下降到 2015 年的 0.135，降幅达 40.7%，不过 2020 年提升至 0.460。假设户籍人口在户籍所在的地级市享受的，由该市提供的医疗卫生公共服务水平为 1，省内流动人口享受的由该市提供的医疗卫生公共服务由 2010 年的 0.373 提升到 2015 年的 0.394，涨幅为 5.7%；省外流动人口享受的由该市提供的医疗卫生公共服务由 2010 年的 0.268 下降到 2015 年的 0.211，再提升至 2020 年的 0.229，仍然不高。

通过上述比较，可得到四个初步的结论：第一，总体来看，近年来我国流动人口与户籍人口在流入地所享受的公共服务的相对差距有所缩小，基于可得数据的分析发现，2010～2015 年省内流动人口在流入地享受的公共服务水平相比于户籍人口的差距改善明显，2015～2020 年跨省流动人口在流入地享受的公共服务水平相比于户籍人口的差距改善明显。第二，流动人口和户籍人口对全市一般公共预算支出影响异质性的程度基本均低于对全市教育支出、医疗卫生支出以及社会保障和就业支出的影响异质性程度，说明流入地政府对流动人口教育公共服务、医疗卫生公共服务、社会保障和就业公共服务供给更加不足，这三类公共服务支出对流动人口的歧视程度高于总体公共服务支出的程度。第三，2010 年以来，我国公共服务的省级统筹程度有所提升，即一般公共预算支出、教育支出、社会保障和就业支出、医疗卫生支出对省内流动人口的重视程度明显提高，这在影响异质性程度的降低上体现了出来。第四，省内流动人口与跨省流动人口对全市公共财政支出的影响差异相对较小，而省内流动人口与户籍人口对全市财政支出的影响差异相对较大，说明我国公共服务供给在很大程度上仍以地级市及以下的基层政府为主，行政发包制色彩浓厚，省级政府的统筹程度仍然不高，这与 3.1.2.2 节和 3.2.2 节的理论分析相一致。

6.2.6 不同地区的异质性程度比较①

流动人口和户籍人口对地方政府公共服务支出的影响异质性程度不仅因财政支出类别而异，并随着时间而发生变化，也存在地区差异。西

---

① 为了增加样本量以提高回归结果的准确性，将 2010 年和 2015 年数据作了合并处理，同时由于根据国家统计局公布的 2020 年人口普查数据，无法得到或估算省内流动人口数据，故此小节未合并 2020 年数据。

部多为人口流出地区、流入人口相对较少，中部地区人口流入以省内流入为主、跨省流入人口相对较少。[1] 本小节实证分析并比较全国层面和东部地区户籍人口、省内流动人口、跨省流动人口对全市公共财政支出的影响异质性（结果如表6－8、表6－9所示），以及中部地区、西部地区户籍人口、省内流动人口对全市公共财政支出的影响异质性（结果如表6－10、表6－11所示）。表6－12汇总了对系数作单位化处理后的结果，便于比较分析。[2]

表6－8　　　　　　全国地级市流动人口和户籍人口对财政
支出影响异质性回归结果

解释变量	被解释变量			
	一般公共预算支出	教育支出	社会保障和就业支出	医疗卫生支出
	(1)	(2)	(3)	(4)
户籍人口	11.25 *** (15.52)	1.640 *** (17.26)	1.276 *** (14.14)	0.664 *** (9.981)
省内流动人口	5.271 *** (5.996)	0.725 *** (8.409)	0.436 *** (4.345)	0.350 *** (7.947)
跨省流动人口	3.498 *** (7.167)	0.490 *** (8.713)	0.272 *** (4.014)	0.189 *** (7.028)
人均地区生产总值	24.48 ** (2.002)	1.330 (1.120)	− 0.0232 (− 0.0400)	0.437 (0.714)

[1]　参考国家统计局的划分，并考虑样本容量（即若划分为东部、中部、西部、东北地区四大板块，中部和东北地区样本容量太小，影响回归结果准确性和可信度，故根据区位特征，将辽宁划为东部地区，黑龙江和吉林划为中部地区），东部地区包括：北京、天津、河北、上海、江苏、浙江、福建、山东、广东、海南和辽宁。中部地区包括：山西、安徽、江西、河南、湖北、湖南、吉林和黑龙江。西部地区包括：内蒙古、广西、重庆、四川、贵州、云南、西藏、陕西、甘肃、青海、宁夏和新疆。这种划分适用于本章内容，相应部分不再赘述。

[2]　未涉及西部地区和中部地区的跨省流动人口，是因为他们相对于户籍人口的规模偏小（不在同一数量级），规模效应导致回归系数不能反映实际情况。笔者利用西部和中部地区数据回归得到的结果显示，跨省流动人口对公共财政支出的影响程度显著高于常住户籍人口，与实际情况显然不符。

续表

解释变量	被解释变量			
	一般公共预算支出	教育支出	社会保障和就业支出	医疗卫生支出
	(1)	(2)	(3)	(4)
第三产业 GDP 占比	723737 (0.417)	−76922 (−0.359)	−109276 (−0.806)	−10777 (−0.0980)
当年实际使用外资金额/GDP	−1.027e+07* (−1.813)	−2.858e+06*** (−3.650)	−180853 (−0.303)	−1.296e+06*** (−3.438)
职工平均工资	34.57*** (4.299)	8.033*** (5.924)	4.248*** (4.944)	4.921*** (6.836)
财政自主性	−1.303e+06* (−1.719)	8464 (0.0897)	−209573*** (−3.532)	−131193*** (−2.712)
人口密度	−152.2*** (−4.175)	−22.52*** (−5.006)	−9.105*** (−3.094)	−10.82*** (−4.624)
常数项	−292951 (−0.521)	12110 (0.161)	135366*** (2.750)	37961 (1.023)
观测数	496	496	466	466
adj. R−sq	0.672	0.678	0.738	0.604

表6−9　　　　东部地级市流动人口和户籍人口对财政支出
影响异质性回归结果

解释变量	被解释变量			
	一般公共预算支出	教育支出	社会保障和就业支出	医疗卫生支出
	(1)	(2)	(3)	(4)
户籍人口	10.94*** (20.30)	1.647*** (22.26)	1.223*** (28.87)	0.638*** (10.31)
省内流动人口	6.472*** (4.954)	0.859*** (9.459)	0.357*** (3.788)	0.392*** (8.035)

解释变量	被解释变量			
	一般公共预算支出	教育支出	社会保障和就业支出	医疗卫生支出
	(1)	(2)	(3)	(4)
跨省流动人口	3.437 *** (6.638)	0.465 *** (7.510)	0.263 *** (3.538)	0.178 *** (6.559)
人均地区生产总值	36.60 ** (2.103)	3.280 ** (2.053)	0.447 (0.647)	1.582 * (1.890)
第三产业 GDP 占比	3.534e + 06 (0.946)	220828 (0.522)	– 19494 (– 0.127)	192006 (0.905)
当年实际使用外资金额/GDP	– 3.460e + 07 *** (– 3.251)	– 7.479e + 06 *** (– 5.418)	– 2.047e + 06 ** (– 2.261)	– 3.726e + 06 *** (– 5.895)
职工平均工资	28.32 * (1.894)	6.153 *** (2.873)	3.890 *** (3.362)	3.746 *** (3.531)
财政自主性	– 2.893e + 06 ** (– 2.224)	227361 (1.324)	– 5183 (– 0.0543)	– 165999 ** (– 2.272)
人口密度	– 215.7 *** (– 3.296)	– 31.63 *** (– 4.207)	– 12.67 *** (– 3.941)	– 15.39 *** (– 4.114)
常数项	– 5.805e + 06 ** (– 2.170)	– 68607 (– 0.445)	28716 (0.369)	– 10311 (– 0.143)
观测数	198	198	186	186
adj. R – sq	0.776	0.779	0.878	0.733

表 6 – 10　　　中部地级市流动人口和户籍人口对财政支出
影响异质性回归结果

解释变量	被解释变量			
	一般公共预算支出	教育支出	社会保障和就业支出	医疗卫生支出
	(1)	(2)	(3)	(4)
户籍人口	5.604 *** (4.137)	0.753 *** (2.854)	0.805 *** (5.444)	0.344 *** (3.636)

解释变量	被解释变量			
	一般公共预算支出	教育支出	社会保障和就业支出	医疗卫生支出
	(1)	(2)	(3)	(4)
省内流动人口	3.792 *** (10.15)	0.590 *** (10.53)	0.388 *** (6.853)	0.269 *** (7.520)
人均地区生产总值	-0.0337 (-0.00236)	-3.279 (-1.329)	-1.963 (-1.336)	-2.218 ** (-2.036)
第三产业 GDP 占比	4.187e+06 (1.576)	290028 (0.795)	325439 (0.994)	221468 (0.991)
当年实际使用外资金额/GDP	1.031e+07 ** (1.980)	1.706e+06 (1.137)	559583 (0.494)	832671 (0.994)
职工平均工资	62.84 *** (3.854)	12.96 *** (5.250)	11.05 *** (3.950)	8.760 *** (5.038)
财政自主性	-1.591e+06 ** (-2.414)	-232166 ** (-2.271)	-227125 * (-1.659)	-142675 (-1.643)
人口密度	851.5 * (1.735)	185.2 *** (2.675)	-2.647 (-0.0580)	152.8 *** (3.398)
常数项	-1.988e+06 * (-1.946)	-186260 (-1.368)	-97355 (-0.975)	-139453 * (-1.838)
观测数	151	151	151	151
adj. R-sq	0.804	0.745	0.628	0.663

表 6-11   西部地级市流动人口和户籍人口对财政支出影响异质性回归结果

解释变量	被解释变量			
	一般公共预算支出	教育支出	社会保障和就业支出	医疗卫生支出
	(1)	(2)	(3)	(4)
户籍人口	17.28 *** (5.963)	2.258 *** (7.938)	2.182 *** (4.191)	1.042 *** (7.907)

续表

解释变量	被解释变量			
	一般公共预算支出	教育支出	社会保障和就业支出	医疗卫生支出
	(1)	(2)	(3)	(4)
省内流动人口	4.795 *** (3.516)	0.668 *** (4.274)	0.534 ** (2.080)	0.301 *** (3.646)
人均地区生产总值	0.992 (0.0574)	-2.190 (-0.810)	0.517 (0.288)	-0.874 (-0.614)
第三产业 GDP 占比	-4.541e+06 ** (-2.158)	-636545 ** (-2.318)	-706821 ** (-2.305)	-305237 ** (-2.601)
当年实际使用外资金额/GDP	936185 (0.147)	-929157 (-0.940)	370498 (0.423)	-438313 (-0.984)
职工平均工资	30.83 ** (2.090)	8.390 *** (3.227)	3.372 ** (2.036)	3.972 *** (2.699)
财政自主性	-4.214e+06 *** (-3.717)	-544677 *** (-3.206)	-605488 *** (-3.884)	-316744 *** (-4.049)
人口密度	47.14 (0.652)	7.588 (0.744)	13.93 (1.637)	3.650 (0.756)
常数项	2.428e+06 *** (3.744)	341011 *** (4.119)	438848 *** (4.621)	188099 *** (5.275)
观测数	147	147	129	129
adj. R-sq	0.789	0.742	0.757	0.721

表 6-12　基于 2010 年和 2015 年人口数据的分地区地级市户籍人口

和流动人口对公共财政支出影响异质性程度比较

地区	户籍人口	省内流动人口	跨省流动人口
一般公共预算支出			
全国	1	0.4685	0.3109
东部	1	0.5916	0.3142

地区	户籍人口	省内流动人口	跨省流动人口
中部	1	0.6767	—
西部	1	0.2775	—
教育支出			
全国	1	0.4421	0.2988
东部	1	0.5216	0.2823
中部	1	0.7835	—
西部	1	0.2958	—
社会保障和就业支出			
全国	1	0.3417	0.2132
东部	1	0.2919	0.2150
中部	1	0.4820	—
西部	1	0.2447	—
医疗卫生支出			
全国	1	0.5271	0.2846
东部	1	0.6144	0.2790
中部	1	0.7820	—
西部	1	0.2889	—

通过以上分析得出以下四点结论：

第一，无论是全国层面，还是东部、中部、西部地区，各类人口对全市一般公共预算支出、教育支出、社会保障和就业支出、医疗卫生支出的影响均显著为正，且户籍人口的影响程度明显高于流动人口。

第二，无论是全国层面，还是东部地区，流动人口的流动距离越远（跨省流动相对于省内流动），对全市一般公共预算支出和教育支出、社会保障和就业支出、医疗卫生支出的影响越小，即流动距离越远，享受的由流入的地级市所提供的公共服务相对越少。

第三，对不同类别公共服务支出来说，流动人口和户籍人口对社会保障和就业支出的影响异质性程度最高，这也与前面 6.2.2 节和6.2.3节分年度回归所得结论一致，因而保障流动人口在流入地享受良好的社会保障和就业培训指导等公共服务，仍需要持续较大投入。

第四，分地区来看：其一，不同地区（东部、中部、西部地区）省内流动人口和户籍人口对公共财政支出的影响异质性程度，在不同支出（一般公共预算支出、教育支出、社会保障和就业支出、医疗卫生支出）下的排序具有一致性，从大到小依次是西部、东部和中部地区，即中部地区流动人口和当地户籍人口在流入地所享受的公共服务之间的相对差距最小。当然，这只是相对差异。比如，东部地区整体公共服务水平高于中西部地区，虽然东部地区流动人口公共服务与户籍人口之间的相对差异高于中部地区，但可能是东部地区本地户籍人口享受的公共服务水平较高而拉开了其与省内流动人口之间的差距。在这种情况下，东部地区省内流动人口享受的由流入地地级市提供的公共服务的绝对水平高于中部地区省内流动人口是很有可能的。①

其二，东部地区省内流动人口和省外流动人口对流入地公共财政支出的影响异质性程度，高于全国，而跨省流动人口和户籍人口对流入地公共财政支出的影响异质性程度，与全国水平接近。这说明东部地区保障省内流动人口在流入地享受公共服务所取得的成效相对较好，但针对跨省流动人口公共服务问题，还要加大力度；解决跨省流动人口公共服务供给问题，东部地区仍是重点。

第3章3.3.3节分析了不同经济发展水平地区，流动人口和户籍人口对公共财政支出影响异质性程度的差异，取决于两类影响方向相反的因素的共同作用。此处的实证回归结果表明，对于东部和中部地区的比较来说，第一类因素占主导作用，即导致经济较发达地区的这种影响异质性程度高于较不发达地区；对于东部和西部地区的比较来说，第二类因素占主导作用，即导致经济较发达地区的这种影响异质性程度低于较不发达地区。

---

　　①　本书回归不适合探究公共服务的绝对供给水平和绝对差距，所以这一点本书未用实证分析证明。

6.3　市辖区层面数据的实证分析

我国是五级政府行政管理体制，区县政府是公共服务供给的重要主体。根据可获得的最近年度的数据，2013 年区县政府财政支出占各级政府财政总支出的比例高达 68%，其中市辖区为 35.3%，县（市）区为 32.3%。[①] 结合 3.2.2 节阐述的财政分权理论，区县政府是拥有信息优势，并与辖区居民生活密切相关的基层政府，因此户籍人口和流动人口对区县公共财政支出的影响异质性，最能直接体现和反映政府在公共服务供给中对户籍人口和流动人口差别化对待及其程度。甘行琼等（2015）[②] 也指出，公共服务供给中基层政府（县区级政府）才是公共服务的直接供给者，且户籍的区隔作用更多地体现在县区级政府间。本节从市辖区层面考察户籍人口和流动人口对政府公共服务支出的影响异质性，6.4 节则从县（市）层面考察。[③]

6.3.1　大样本数据论证影响的异质性

首先利用包含 2006～2021 年大样本量的面板数据论证市辖区流动人口和户籍人口对公共财政支出的影响存在显著的异质性。市辖区户籍人口数据来自历年的《中国城市统计年鉴》。市辖区流动人口数据来自历年的《中国城市建设统计年鉴》，该年鉴统计了各地级市市区暂住人口，其对暂住人口的定义是：离开常住户口地的市区或乡、镇，到本市

---

①　市辖区财政支出数据来自《中国城市统计年鉴》，县（市）财政支出数据来自《中国区域经济统计年鉴》。

②　甘行琼，刘大帅，胡朋飞. 流动人口公共服务供给中的地方政府财政激励实证研究[J]. 财贸经济，2015（10）：87–101.

③　区一级的财政支出数据较少统计。根据笔者梳理，只有财政部国库司出版的《全国地市县财政统计资料》有较系统全面的区一级的财政支出数据，但只更新到 2009 年。市辖区财政支出和流动人口数据较全，所以本书对一个地级市或直辖市内各区统一考察，即市辖区。同一个市辖区内公共服务供给和政府财政支出决策较为接近。另外，国家统计局定义流动人口时，认为市辖区内流动不算流动人口。将市辖区作为基本单位考察具有可行性和合理性。

区居住半年以上的人员。按此定义，市区暂住人口是跨地级市的（常住）流动人口，符合本书对流动人口的定义，所以将其作为流动人口。市辖区公共财政收支和控制变量数据均来自历年《中国城市统计年鉴》。[①] 表6-13描述了各变量的统计特征。

表6-13　　　　市辖区层面2006~2021年数据的描述性分析

变量	观测数	平均值	标准差	最小值	最大值
一般公共预算支出（万元）	4023	1408136	2737678	21831	$6.82e+07$
教育支出（万元）	4023	224397.9	433298.7	1255	9645817
市辖区户籍人口（人）	4023	1382726	1686026	120000	$2.49e+07$
市辖区流动人口（人）	4023	255527.5	668253.5	300	8890000
市辖区户籍人口 + 市辖区流动人口（人）	4023	1638254	2147539	158300	$2.96e+07$
人均地区生产总值（元）	3959	57245.81	107740.5	3225	467749
第三产业 GDP 占比（%）	4008	45.13468	11.52605	8.58	82.5
当年实际使用外资金额/GDP	3244	0.0234841	0.0244625	$1.60e-06$	0.2265314
职工平均工资（元）	3703	46762.43	22389.11	4792	576545
财政自主性	4023	0.5549087	0.2751524	0.0228081	8.390195
人口密度（人/平方千米）	3761	891.8218	848.626	5.024127	11449.3

从表6-13中可以看出，市辖区户籍人口均值为138万，流动人口均值为26万，不在同一数量级。由于规模效应等原因，直接回归得到的二者的系数大小无法真实反映他们对财政支出的影响异质性，选择的替代性方法是比较"市辖区户籍人口"和"市辖区户籍人口与市辖区流动人口之和"系数的大小，即比较下述方程（6-2）和方程（6-3）中 α_1 和 β_1 的大小。若前者大于后者，说明户籍人口对财政支出的影响

---

①　为了验证《中国城市建设统计年鉴》中"市区"和《中国城市统计年鉴》中"市辖区"概念及范围的一致性，笔者比较了两本年鉴统计的户籍人口数据，结果是基本相同，从而二者是一致的，融合两本年鉴数据的回归是合适的。

程度比流动人口高，反之亦然。① 回归方程如下所示：

$$fisexp_{it} = \alpha_0 + \alpha_1 urbanhjrk_{it-1} + \gamma X_{it-1} + \varepsilon_{it} \qquad (6-2)$$

$$fisexp_{it} = \beta_0 + \beta_1 urbanhjrkaddldrk_{it-1} + \delta X_{it-1} + \varepsilon_{it} \qquad (6-3)$$

其中，$fisexp$ 表示市辖区一般公共预算支出或教育支出，$urbanhjrk$ 表示市辖区户籍人口，$urbanhjrkaddldrk$ 表示市辖区户籍人口和市辖区流动人口之和，X 表示六个控制变量，ε 表示随机误差项。和前面的处理一样，解释变量相对于被解释变量滞后一期，可大大降低可能的反向因果所带来的内生性及对回归结果的影响。回归结果见表6-14。

表6-14   市辖区户籍人口和流动人口对公共财政
支出影响异质性回归结果

解释变量	被解释变量			
	一般公共预算支出		教育支出	
	（1）	（2）	（3）	（4）
市辖区户籍人口	3.435 *** (28.00)		0.535 *** (34.43)	
市辖区户籍人口 + 流动人口		1.616 *** (47.08)		0.278 *** (54.55)
人均地区生产总值	85081 (0.616)	154773 *** (2.689)	15536 (0.887)	17622 ** (2.058)
第三产业 GDP 占比	181063 (0.529)	107437 (0.739)	25306 (0.583)	15316 (0.708)
实际使用外资 金额/GDP	92259 ** (2.019)	42774 ** (2.202)	9452 (1.632)	2772 (0.959)
职工平均工资	1.027e+06 *** (5.810)	709938 *** (9.527)	152112 *** (6.793)	115491 *** (10.42)

① "市辖区户籍人口"和"市辖区户籍人口 + 市辖区流动人口"数量接近，所以可直接比较二者的系数。

续表

解释变量	被解释变量			
	一般公共预算支出		教育支出	
	(1)	(2)	(3)	(4)
财政自主性	− 369913 * (− 1.770)	− 496351 *** (− 5.629)	6650 (0.251)	− 14835 (− 1.130)
人口密度	996279 *** (5.209)	71422 (0.897)	131933 *** (5.444)	7981 (0.673)
常数项	− 2.23e + 07 *** (− 11.67)	− 1.14e + 07 *** (− 14.11)	− 3.23e + 06 *** (− 13.37)	− 1.76e + 06 *** (− 14.57)
观测数	3135	2929	3134	2928
adj. R − sq	0.315	0.597	0.405	0.651
样本量	285	282	285	282

　　回归结果显示，无论是一般公共预算支出，还是公共教育支出，"户籍人口"和"户籍人口与流动人口之和"对其都存在显著的正向影响，且"户籍人口"的回归系数显著大于"户籍人口与流动人口之和"。这说明了户籍人口对市辖区公共财政支出的影响程度显著高于流动人口，即市辖区政府安排用于辖区户籍人口的人均公共财政支出显著高于辖区流动人口，或市辖区户籍人口享受的由该市辖区提供的公共服务水平显著高于市辖区流动人口。至此，利用大样本的市辖区面板数据论证了流动人口和户籍人口对市辖区公共财政支出影响异质性的存在性，即3.4节中的命题1。

6.3.2　影响异质性程度的测算和比较

　　流动人口和户籍人口对地方政府公共服务支出的影响异质性程度是本书更为关注的问题。近年的数据中只有2010年的人口普查和2015年的1%人口抽样调查公布了与6.3.1节所用的、《中国城市建设统计年鉴》中的市辖区流动人口较为接近的市辖区户籍人口（即市辖区人户分离人口或市辖区内流动人口）数据：表 6 – 15 显示作为户籍人口的市辖区内流动人口均值为 14 万，市辖区流动人口均值为 26 万，较为接近，可以使用。①

表 6 – 15 　　　　　市辖区层面 2010 年和 2015 年数据的描述性分析

变量	观测数	平均值	标准差	最小值	最大值
一般公共预算支出（万元）	386	1. 582e + 06	2. 968e + 06	82215	3. 700e + 07
教育支出（万元）	386	249472	444622	14240	5. 020e + 06
市辖区内流动人口（代表户籍人口，人）	386	136634	214506	4197	1. 900e + 06
流动人口	386	258498	722377	600	7. 900e + 06
人均地区生产总值（元）	386	51519	29561	9637	249040
第三产业 GDP 占比	386	0. 433	0. 106	0. 140	0. 787
当年实际使用外资金额/GDP	386	0. 0225	0. 0217	1. 21e – 05	0. 141
职工平均工资（元）	386	41886	14452	13818	109600
财政自主性	386	0. 582	0. 243	0. 0875	2. 200
人口密度（人/平方千米）	386	1016	1003	13. 30	11449

所用解释变量数据为 2010 年和 2015 年的截面数据，作为被解释变量的财政支出数据为 2011 年和 2016 年的截面数据。如第 5 章 5.2.2 节所阐述的，解释变量相对于被解释变量滞后一期，可大大降低可能的反向因果所带来的内生性及对回归结果的影响。该部分也作了分时点和分地区的回归。回归方程如下所示：

$$fisexp_i = \alpha_0 + \alpha_1 urbanhjrk_i + \beta_1 urbanldrk_i + \gamma X_i + \varepsilon_i \qquad (6 - 4)$$

其中，$fisexp$ 表示一般公共预算支出或教育支出，$urbanhjrk$ 表示市辖区户籍人口，$urbanldrk$ 表示市辖区流动人口，X 表示六个控制变量，ε 表示随机误差项。代表市辖区户籍人口的市辖区人户分离人口数据来自分省的《2010 年人口普查资料》和《2015 年 1% 人口抽样调查资

---

① 根据国家统计局公布的 2020 年人口普查数据，暂无法得到或估算各市市辖区人户分离人口，故本小节回归只使用了 2010 年人口普查和 2015 年 1% 人口抽样调查数据。

料》，市辖区流动人口数据来源与前 6.3.1 节一致，市辖区一般公共预算支出、教育支出及控制变量数据均来自《中国城市统计年鉴》。上述回归方程（6-4）中 α_1 和 β_1 的大小即衡量了户籍人口和流动人口对公共财政支出的影响异质性程度。各变量的统计特征如表 6-15 所示。表 6-16 和表 6-17 汇报了回归结果。

表 6-16　　2010 年和 2015 年市辖区户籍人口和流动人口对财政
支出影响异质性回归结果

解释变量	被解释变量			
	一般公共预算支出		公共教育支出	
	2010 年	2015 年	2010 年	2015 年
户籍人口	7.476 *** (7.002)	13.95 *** (5.589)	1.061 *** (4.857)	2.127 *** (6.890)
流动人口	1.280 *** (4.533)	3.102 *** (3.908)	0.205 *** (5.388)	0.484 *** (4.420)
人均地区生产总值	1.938 (1.037)	12.70 (1.588)	-0.100 (-0.316)	2.115 * (1.834)
第三产业 GDP 占比	-868954 * (-1.666)	-1.722e+06 (-0.915)	-157902 * (-1.743)	-281890 (-1.080)
当年实际使用外资金额/GDP	6.694e+06 *** (2.677)	3.167e+07 * (1.779)	604545 (1.413)	3.245e+06 (1.536)
职工平均工资	22.99 *** (2.639)	36.96 (1.535)	4.132 ** (2.518)	5.824 * (1.660)
财政自主性	119936 (0.358)	-674880 (-1.169)	96265 (1.471)	-82309 (-1.018)
人口密度	-85.50 ** (-2.420)	-12.24 (-0.0831)	-13.70 ** (-2.002)	6.587 (0.313)
常数项	-1.868e+06 ** (-2.212)	-2.066e+06 * (-1.803)	-258596 * (-1.916)	-301988 * (-1.682)
观测数	249	137	249	137
adj. R-sq	0.825	0.815	0.742	0.841

表6-17 基于2010年和2015年人口数据的分地区市辖区户籍人口和流动人口对财政支出影响异质性比较

解释变量	被解释变量					
	一般公共预算支出			公共教育支出		
	东部	中部	西部	东部	中部	西部
户籍人口	12.47*** (4.356)	5.899*** (6.031)	10.84*** (9.268)	1.882*** (5.160)	0.680*** (4.428)	1.703*** (8.875)
流动人口	1.851*** (4.004)	2.582*** (6.032)	4.139*** (4.603)	0.301*** (4.461)	0.277*** (7.492)	0.654*** (4.599)
人均地区生产总值	11.21 (1.098)	4.828*** (2.656)	1.432 (0.582)	1.611 (1.101)	0.460** (2.092)	0.0486 (0.151)
第三产业GDP占比	-3.621e+06 (-1.311)	428689 (1.128)	-1.528e+06** (-2.312)	-588448 (-1.644)	57421 (1.083)	-222850** (-2.384)
当年实际使用外资金额/GDP	1.353e+07 (1.494)	3.802e+06* (1.765)	4.645e+07*** (3.213)	1.210e+06 (1.055)	324734 (1.168)	5.346e+06*** (2.891)
职工平均工资	61.39** (2.404)	20.40*** (3.137)	21.06*** (2.760)	9.698*** (2.953)	2.457*** (3.074)	1.576* (1.711)
财政自主性	-290256 (-0.647)	-69441 (-0.311)	-1.373e+06*** (-2.969)	19030 (0.277)	13045 (0.398)	-196444*** (-2.773)

续表

解释变量	被解释变量					
	一般公共预算支出			公共教育支出		
	东部	中部	西部	东部	中部	西部
人口密度	-136.6** (-2.258)	92.41 (1.072)	508.3*** (2.886)	36.41** (2.417)	17.37* (1.838)	70.06*** (3.030)
常数项	-1.778e+06** (-2.358)	-917034*** (-2.697)	757791** (2.008)	-258345** (-1.984)	-101557** (-2.569)	125146** (2.216)
观测数	154	138	94	154	138	94
adj. R-sq	0.757	0.719	0.949	0.770	0.719	0.948

表6-16汇报了分时间（2010年和2015年）的市辖区户籍人口和流动人口对市辖区一般公共预算支出和公共教育支出的影响异质性。结果显示，不论是基于2010年还是基于2015年的人口数据，户籍人口和流动人口对市辖区一般公共预算支出和教育支出均有显著的正向影响，且户籍人口的影响程度明显高于流动人口，即存在明显的异质性。

为了更加直观地比较流动人口和户籍人口对市辖区公共财政支出的影响异质性程度，表6-18对表6-16中核心变量的系数作了单位化处理。假设市辖区户籍人口在流入地享受的，由该市辖区提供的公共服务水平为1，即市辖区政府用于辖区户籍人口的人均财政支出为单位1，那么流动人口在流入地享受的，由该市辖区提供的公共服务水平如表6-18第4列所示。2010年市辖区流动人口在流入地享受的，由该市辖区提供的公共服务整体水平和公共教育服务水平分别为0.17和0.19。2015年有所改善，前者上升到0.22，后者则上升到0.23，即2015年流动人口与户籍人口所享受的，由该市辖区提供的公共服务水平的差距有所缩小，[①] 但相对差距依然较大。

表6-18　　　　2010年和2015年市辖区流动人口和户籍人口对
财政支出影响异质性程度比较

公共财政支出	年份	户籍人口	流动人口
一般公共预算支出	2010	1	0.1712
	2015	1	0.2224
公共教育支出	2010	1	0.1932
	2015	1	0.2276

分地区的差异又会如何呢？表6-17汇报了分东部、中部、西部的回归结果。不论是东部、中部，还是西部，市辖区户籍人口和流动人口对市辖区一般公共预算支出和公共教育支出均存在显著的正向影响，且存在明显的异质性。

---

① 本章6.1节地级市数据的实证分析也显示2015年户籍人口和流动人口的公共服务水平差距小于2010年。

为了更加直观地比较分地区户籍人口和流动人口对市辖区公共财政支出的影响异质性程度，表6-19对表6-17中核心变量的系数作了单位化处理。假设市辖区户籍人口在流入地享受的，由该市辖区提供的公共服务水平为1，即市辖区政府用于辖区户籍人口的人均公共财政支出为单位1，那么流动人口在流入地享受的，由该市辖区提供的公共服务水平如表6-19第4列所示。分地区来看，市辖区政府用于辖区户籍人口和流动人口的人均一般公共预算支出差距从大到小依次是东部、西部、中部，即东部、西部、中部地区的流动人口所享受的、由流入地市辖区提供的整体公共服务的相对水平依次为0.148、0.382和0.438。公共教育支出的情况与此相似，东部、西部、中部的相对水平依次为0.160、0.384和0.407。第3章3.3.3节分析了不同经济发展水平地区，流动人口和户籍人口对公共财政支出影响异质性程度的差异，取决于两类影响方向相反的因素的共同作用。此处的实证回归结果表明，东部地区与中西部地区相比，第一类因素占主导作用，即导致东部地区的影响异质性程度高于中西部地区；中部地区与西部地区相比，第二类因素占主导作用，即导致经济较发达的中部地区的影响异质性程度低于较不发达的西部地区。

表6-19　　　　　分地区市辖区户籍人口和流动人口对公共
财政支出影响异质性程度比较

财政支出	地区	户籍人口	流动人口
一般公共预算支出	东部	1	0.1484
	中部	1	0.4377
	西部	1	0.3818
公共教育支出	东部	1	0.1599
	中部	1	0.4074
	西部	1	0.3840

上述市辖区数据的回归结果可总结为四点：第一，不论何时（2006~2021年）、不论何地（全国及东部、中部、西部），市辖区户

籍人口和流动人口对市辖区公共财政支出均有显著的正向影响，且影响存在明显的异质性，户籍人口的影响程度明显大于流动人口；第二，从全国层面来看，市辖区流动人口在流入地享受的、由该市辖区提供的总体公共服务和公共教育服务的相对水平较低（如果户籍人口所享受的水平为 1，流动人口则为 0.2 左右，如表 6 - 18 所示）；第三，近年来流动人口所享受的由流入地市辖区提供的公共服务水平相对于户籍人口的差距有所降低；第四，分东部、中部、西部地区来看，市辖区政府用于户籍人口和流动人口的人均财政支出和人均教育支出差距最大的是东部地区（1：0.148 和 1：0.160），其次是西部地区（1：0.382 和 1：0.384），差距最小的是中部地区（1：0.438 和 1：0.407）。东部地区是流动人口（尤其是跨省）流入的主要地区，该地区户籍人口和流动人口对财政支出影响异质性的程度又高，因此提升流动人口公共服务水平，东部市辖区属于重点地区。

6.4　县（市）层面数据的实证分析

本节从县（市）层面，分地区、分流动距离考察户籍人口和流动人口对公共财政支出的影响异质性。[①] 回归方程如下：

$$fisexp_i = \alpha_0 + \alpha_1 hjrk_i + \lambda_1 inproyldrk_i + \theta_1 transproldrk_i + \delta X_i + \varepsilon_i$$

$$(6-5)$$

$$fisexp_i = \alpha_0 + \alpha_1 hjrk_i + \beta_1 allldrk_i + \delta X_i + \varepsilon_i \qquad (6-6)$$

其中，$fisexp$ 表示县（市）一般公共预算支出，$hjrk$ 表示代表户籍人口的本县（市）户籍的流动人口，$inproldrk$ 表示省内流动人口，$transproldrk$ 表示跨省流动人口，$allldrk$ 表示省内流动人口与跨省流动人

---

① 《中国区域经济统计年鉴》近年来不再更新，本节涉及的控制变量在 2021 年或 2022 年《中国县域统计年鉴》大多未有数据，也无法通过其他渠道获取大量的县（市）层面数据，故因缺少控制变量数据支撑，本小节无法利用 2020 年人口普查数据进行县（市）层面的回归分析，只使用了 2010 年的普查人口数据进行定量分析。

口之和。X 表示人均 GDP 等六个控制变量。[①]　人口变量和控制变量均滞后一期，如第 5 章 5.2.2 节所阐述的，解释变量相对于被解释变量滞后一期，可大大降低可能的反向因果所带来的内生性及对回归结果的影响。ε 表示随机误差项。人口数据来自《2010 年人口普查分县资料》，一般公共预算收支及控制变量数据均来自《中国区域经济统计年鉴》。α_1 与 λ_1、θ_1、β_1 的大小比较反映了户籍人口和流动人口对财政支出的影响异质性及程度。表 6-20 描述了各变量的统计特征。

表 6-20　　　　　　　2010 年县（市）层面数据的描述性分析

变量	观测数	平均值	标准差	最小值	最大值
一般公共预算支出（万元）	1744	172422	115261	10053	1.746e+06
本县（市）流动人口（代表户籍人口，人）	1744	25561	21322	365	168634
省内流动人口	1744	9151	18692	122	335156
跨省流动人口	1744	11616	45947	49	840798
流动人口[①]	1744	20767	57938	171	1.014e+06
人均地区生产总值（元）	1744	21867	18557	2785	240395
第三产业 GDP 占比	1744	0.328	0.0952	0.0254	0.838
城镇单位就业人员平均工资（元）	1744	28133	15062	12760	392752
财政自主性	1744	0.292	0.208	0.00928	1.176
人口密度（人/平方千米）	1744	289.8	301.6	0.179	3979
城镇化率	1744	0.345	0.136	0.0138	0.996

注：①表示省内流动人口与跨省流动人口之和。

　　表 6-21 汇报了全国及分地区县（市）层面的户籍人口和流动人口对全县（市）一般公共预算支出影响异质性的回归结果。回归结果显示，无论是全国，还是东部、中部和西部地区，户籍人口和流动人口对

---

　　① 《中国区域经济统计年鉴》中未统计各县（市）当年实际使用外资金额，故控制变量不含当年实际使用外资金额/GDP，但增加了城镇化率作为控制变量。

全县（市）一般公共预算支出均有显著的正向影响，且前者的影响程度明显高于后者，即存在明显的异质性；全国层面的回归结果显示，流动人口流动距离越远，其对一般公共预算支出的影响程度越小，即省内流动人口对全县（市）公共财政支出的影响程度高于跨省流动人口，也可以说省内流动人口在流入地享受的公共服务水平高于跨省流动人口。

表 6 - 21   2010 年县（市）层面流动人口和户籍人口对一般公共
预算支出影响异质性回归结果

解释变量	被解释变量				
	县（市）一般公共预算支出				
	全国	全国	东部	中部	西部
户籍人口	2. 133 *** (12. 25)	2. 153 *** (12. 49)	1. 523 *** (5. 408)	2. 143 *** (13. 92)	3. 024 *** (7. 894)
省内流动人口	1. 062 *** (3. 700)				
跨省流动人口	0. 724 *** (3. 404)				
流动人口		0. 798 *** (4. 203)	0. 663 *** (3. 313)	0. 989 *** (5. 147)	0. 418 *** (3. 633)
人均地区生产总值	0. 918 *** (3. 300)	0. 926 *** (3. 278)	1. 991 ** (2. 469)	0. 202 (0. 692)	0. 133 (0. 677)
第三产业 GDP 占比	43911 ** (2. 141)	44562 ** (2. 150)	135411 ** (2. 086)	- 38889 (- 1. 568)	5970 (0. 272)
城镇平均工资	- 0. 236 (- 1. 316)	- 0. 268 (- 1. 431)	- 0. 276 (- 1. 362)	0. 456 (0. 908)	- 0. 102 (- 0. 341)
财政自主性	57182 *** (3. 113)	57831 *** (3. 125)	179905 *** (3. 423)	- 20967 (- 1. 090)	11987 (0. 585)
人口密度	35. 17 *** (2. 890)	35. 10 *** (2. 908)	24. 53 (0. 986)	60. 64 *** (5. 157)	27. 95 (1. 269)

续表

解释变量	被解释变量				
	县（市）一般公共预算支出				
	全国	全国	东部	中部	西部
城镇化率	−139827 *** （−6.397）	−135878 *** （−6.442）	−179550 *** （−3.154）	−75057 *** （−3.103）	−55558 ** （−2.144）
常数项	93299 *** （7.892）	93329 *** （7.745）	18753 （0.562）	109560 *** （6.940）	97432 *** （6.817）
观测数	1744	1744	472	597	675
adj. R − sq	0.616	0.615	0.674	0.504	0.583

　　为了更加直观地比较户籍人口和流动人口对全县（市）一般公共预算支出的影响异质性程度，表6-22对表6-21中核心变量的系数作了单位化处理。假设县（市）户籍人口在户籍所在的县（市）享受的、由该县（市）提供的公共服务水平为1，即县（市）政府用于辖区户籍人口的人均公共财政支出为单位1，那么该县（市）的流动人口享受的、由该县（市）提供的公共服务水平如表6-22第3~5列所示。

表6-22　　2010年县（市）户籍人口和流动人口对一般公共
预算支出影响异质性程度比较

地区	户籍人口	流动人口	省内流动人口	跨省流动人口
全国	1	0.3706	0.4979	0.3394
东部	1	0.4353	—	—
中部	1	0.4615	—	—
西部	1	0.1382	—	—

　　首先，作为人口流入地的县（市）政府，用于辖区户籍人口的人均财政支出最高，然后是省内流动人口，再是跨省流动人口。从全国层面来看，整体来说流动人口享受的由流入地县（市）政府提供的公共服务相对水平为0.371（相对于户籍人口的1），省内流动人口为

0.498，跨省流动人口为0.339。其次，分地区来看，东部地区整体来说，流动人口享受的由流入地县（市）提供的公共服务相对水平为0.435（相对于户籍人口的1），中部地区整体来说为0.462，西部地区整体来说为0.138。中部地区县（市）政府用于户籍人口和辖区流动人口的人均公共财政支出差距最小，其次是东部地区，西部地区差距最大。第3章3.3.3节分析了不同经济发展水平地区，流动人口和户籍人口对公共财政支出影响异质性程度的差异，取决于两类影响方向相反的因素的共同作用。此处的实证回归结果表明，东部地区与中部地区相比，第一类因素占主导作用，即导致东部地区的影响异质性程度高于中部地区；东部地区与西部地区相比，第二类因素占主导作用，即导致经济较发达的东部地区的影响异质性程度低于较不发达的西部地区。

6.5　不同层面数据实证分析结果的综合对比分析

6.5.1　市区和县的对比分析

市区和县（市）是我国公共服务供给中级别大体相同（大多为县处级）的两大关键行政区，两者又有显著的差别。一般来说，前者经济发展和公共服务供给水平高于后者，前者更多的是人口流入地，后者更多的是人口流出地（同一省或市内的对比尤其明显）。这两类地区政府的公共服务供给对待流动人口和户籍人口的差别化程度应该也有所不同。下面通过表6–22和表6–18、表6–19的结果对比来说明。

第一，总体来看，市辖区户籍人口和流动人口对市辖区财政支出的影响异质性程度高于县（市），前者为1∶0.171（2010年），后者为1∶0.371（2010年），即市辖区流动人口在流入地享受的，由流入地市辖区提供的公共服务与户籍人口之间的差距比县（市）大。回到第3章3.3.3节部分所指出的，不同经济发展水平地区，流动人口和户籍人口对公共财政支出影响异质性程度的差异，取决于两类影响方向相反的因素的共同作用。市区和县的对比结果表明，第一类因素占主导作用，即带来经济较发达的市区的影响异质性程度高于县（市）。

第二，地区差异明显。东部地区市辖区户籍人口和流动人口对市辖区公共财政支出的影响异质性程度，明显高于县（市），中部地区是市辖区略高于县（市），西部地区则是县（市）明显高于市辖区。东部和中部地区的市辖区是我国流动人口的主要流入地，是带来户籍人口和流动人口对财政支出的影响存在显著异质性的重要地区。保障流动人口公共服务，东部市辖区是重中之重。东部地区和中部地区结果的解读与上一段一致。西部地区的结果，一方面与3.3.3节提及的第二类因素占主导作用有关，另一方面也可能与西部的县（市）流入人口较少，流动人口这一群体的利益诉求更易被忽视有关。

6.5.2 分行政层级的对比分析

首先，全国层面来看，市辖区流动人口和市辖区户籍人口对市辖区一般公共预算支出和公共教育支出的影响异质性程度，高于地级市流动人口和该市市辖区户籍人口对该地级市一般公共预算支出和公共教育支出的影响异质性程度。[①] 其次，分地区来看，东部、中部地区的回归结果均符合上述全国层面的结论。[②] 这与第3章3.4节中命题2一致。第3章3.3.1节已结合财政分权理论、外部性理论、财政职能理论等对此作出解释，不再赘述。

这一结论，说明地级市政府公共财政支出对于缩小所辖市辖区户籍人口和流动人口之间所享受的公共服务差距（由市辖区财政支出等原因导致）具有一定的作用，即相比于市区政府安排财政支出，地级市政府财政支出的统筹层次更高、均等化效果更好，对辖区流动人口公共服务的考虑更多，更有助于提升流动人口所享受的公共服务水平，促进辖区居民（包括常住流动人口）基本公共服务的均等化。

---

① 表6-7、表6-12和表6-17均将用于市辖区户籍人口的人均财政支出设为单位1，表中流动人口对应系数的对比即得出本结论。

② 表6-12和表6-19均将用于市辖区户籍人口的人均财政支出设为单位1，表中分地区流动人口对应系数的对比即得出本结论。

6.6　本章小结

本章利用地级市、市辖区、县（市）层面的数据，通过大量的实证分析和比较，研究了户籍人口和流动人口对地方政府公共服务支出的影响异质性及其程度。所得结论主要有：

第一，无论是地级市还是市辖区、县（市），无论是东部、中部还是西部地区，也无论是哪一时间段，辖区内户籍人口和流动人口对辖区地方公共财政支出（包括按功能分类的教育、医疗卫生、社会保障和就业等公共服务支出）的影响均存在显著的异质性，辖区政府用于户籍人口的人均公共财政支出明显高于流动人口。一般来说，流动距离越远（跨省流动相对于省内流动）的流动人口，对公共财政支出的影响越小。

第二，地级市层面。一是如果将代表户籍人口的地级市"市辖区内人户分离人口"在户籍所在地级市享受的由该市提供的公共服务水平设为单位1，那么省内流动人口在流入的地级市享受的，由该市提供的公共服务水平为 0.3 ~ 0.5（基于 2010 年和 2015 年人口数据的分析结果），跨省流动人口在流入的地级市享受的，由该市提供的公共服务水平为 0.3 左右（基于 2010 年和 2015 年人口数据的分析结果）和 0.6 左右（基于 2020 年人口数据的分析结果）。户籍人口和流动人口所享受的由该市提供的公共教育服务、医疗卫生服务、社会保障和就业服务差异相对更大，说明流入地政府对流动人口这三类公共服务供给相对于户籍人口来说更显不足。其中，社会保障和就业支出的影响异质性程度最高，因而提升流动人口在流入地享受的社会保障和就业培训指导等公共服务，仍有较大空间。二是省内流动人口与跨省流动人口对公共财政支出的影响差异相对较小，而省内流动人口与户籍人口对公共财政支出的影响差异相对较大，说明我国公共服务供给仍以地级市及以下的基层政府为主，行政发包制色彩浓厚，省级政府的统筹程度仍有待提升。三是分年份来看，流动人口和户籍人口对一般公共预算支出的影响异质性程度，2015 年比 2010 年有所降低，2020 年相比于 2015 年又有较大幅度下降（户籍人口与跨省流动人口之间）。对于教育、社会保障和就业、医疗卫生等分类公共服务支出来说：在省内流动人口和省外流动人口上有所分化，省内流动人口和户籍人口的影响异质性程度，2015年相比2010年降低了，但跨省流动人口和户籍人口的影响异质性程度，2015年相比2010年反而扩大了，当然，这可能也说明我国公共服务的省级统筹程度有所提升；不过考虑基于2020年人口数据的回归结果，2020年跨省流动人口对教育、社保等公共财政支出的影响程度与户籍人口之间的差距相比于2010年和2015年年均大幅缩小了，即跨省流动人口在流入的地级市所享受的教育、社保等公共服务水平，与本地户籍人口之间的差距缩小了。四是不同地区省内流动人口和户籍人口对公共财政支出的影响异质性程度，在不同支出类别（一般公共预算支出、教育支出、社会保障和就业支出、医疗卫生支出）下的排序具有一致性，从大到小依次是西部、东部和中部地区。五是东部地区省内流动人口和跨省流动人口对公共财政支出的影响异质性程度，高于全国，而跨省流动人口和户籍人口对公共财政支出的影响异质性程度，与全国水平接近。这说明东部地区保障省内流动人口在流入地享受公共服务所取得的成效相对较好，但针对跨省流动人口公共服务问题，还要加大力度；解决跨省流动人口公共服务问题，东部地区是重点地区之一。

第三，市辖区层面。一是基于大样本分析，论证了流动人口和户籍人口对地方公共服务支出的影响存在性异质性。二是从全国层面来看，市辖区流动人口在流入地享受的，由该市辖区提供的整体公共服务和公共教育服务的相对水平较低（如果户籍人口所享受的水平为1，流动人口则为0.2左右，基于2010年和2015年人口数据的分析）。三是近年来流动人口所享受的，由流入地市辖区提供的公共服务水平相比于户籍人口的差距有所减小（对于一般公共服务支出和公共教育支出，2015年相对2010年分别下降了约6%和4%）。四是分东部、中部、西部地区来看，市辖区政府用于户籍人口和流动人口的人均财政支出和人均教育支出差距最大的是东部地区（1∶0.148和1∶0.160），其次是西部地区（1∶0.382和1∶0.384），差距最小的是中部地区（1∶0.438和1∶0.407），这均为基于2010年和2015年人口数据的分析结果。东部地区是流动人口（尤其是跨省）流入的主要地区，该地区影响异质性的程度又高，因而保障和提升流动人口公共服务水平，东部地区市辖区是重点。

第四，县（市）层面。一是如果县（市）户籍人口在流入地享受的由流入县（市）提供的公共服务水平为1，那么流动人口总体享受的由流入县（市）提供的公共服务水平为0.371，其中省内流动人口为0.498，跨省流动人口为0.339（基于2010年人口数据的分析结果）。二是分地区来看，东部地区流动人口总体享受的由流入地县（市）提供的公共服务相对水平为0.435，中部地区为0.462，西部地区为0.138（基于2010年人口数据的分析结果），即中部地区县（市）政府用于户籍人口和流动人口的人均公共财政支出差距相对最小，其次是东部地区，西部地区差距最大。

第五，各级行政区综合比较来看：

（1）全国层面以及东部、中部地区，市辖区户籍人口和流动人口对公共财政支出的影响异质性程度高于县（市），东部、中部地区的市辖区是我国流动人口的主要流入地，是带来户籍人口和流动人口对公共财政支出的影响存在显著异质性的重要地区。不同的是，西部地区的县（市）户籍人口和流动人口对辖区公共财政支出的影响异质性程度高于市辖区。这一方面与3.3.3节提及的第二类因素占主导作用有关，另一方面也可能与西部的县（市）流入人口较少，流动人口这一群体的利益诉求更易被忽视有关。

（2）无论全国，还是东部、中部和西部地区，市辖区户籍人口和市辖区流动人口对市辖区一般公共预算支出和公共教育支出的影响异质性程度，都高于市辖区户籍人口和地级市流动人口对地级市一般公共预算支出和公共教育支出的影响异质性程度。结合财政分权理论、外部性理论、政府职能理论等可对此作出解释。这种异质性程度的差异，说明地级市政府公共财政支出对于缩小由市辖区政府所带来的户籍人口和流动人口之间所享受的公共服务差距具有一定的作用，即相比市区政府安排财政支出，地级市政府财政支出的统筹层次更高、均等化效果更好，更有助于促进辖区居民（包括常住流动人口）基本公共服务的均等化。

第 7 章

流动人口和户籍人口对地方政府公共服务支出影响异质性因果及机理分析

——以教育医疗社保公共服务为例

7.1 引 言

前面两章的实证分析只是从较为抽象的、宏观的层面论证了流动人口和户籍人口对地方政府公共服务支出的影响存在异质性并测算了异质性程度，本章将这种影响异质性具体化、感性化，是对前两章内容的深化和拓展。义务教育、医疗卫生、社会保障是关系民生福祉且流动人口关切的公共服务，本章通过实证分析，旨在说明流动人口为流入地提供了丰富的劳动力，但流动人口和户籍人口对公共服务支出的影响异质性在这三类公共服务上有明显的体现，即流动人口和户籍人口之间在流入地所享受的这三类公共服务有明显的差异，或者说地方政府这三类公共服务供给对流动人口有明显的歧视，这既是影响异质性产生的原因，也是影响异质性的后果和表征。本章也有助于对影响异质性相关作用机理及背后的政府公共服务供给行为认识的深化。

7.2 回归方法模型及变量说明

本章通过建立在大样本县（市）和市辖区数据上的线性回归，研究流动人口和户籍人口对公共服务相关指标的影响差异，既是分析流动人口和户籍人口对地方政府公共服务支出影响异质性的原因和后果，从某种程度上也是探究这种异质性背后的作用机理。流动人口和户籍人口对地方公共服务支出的影响异质性，或者说地方公共服务支出安排对辖区户籍人口和流动人口的差别化对待，一方面降低了能享受流入地公共服务的流动人口规模，例如大量流动人口子女并未随迁而是留守户籍所在地，大量流动人口被排除在流入地社保体系之外；另一方面降低了流入地以常住人口（含流动人口）衡量的人均公共服务水平。这些都不利于生产要素，尤其是劳动力的自由流动，不利于生产要素的市场化配置和效率提升。我国正处于人口"数量红利"向"质量红利"转变的关键时期，劳动力的自由流动至关重要。本章立足于基层区县数据，定量分析流动人口和户籍人口对公共财政支出影响异质性，所带来的对人口流动和公共服务质量的影响。这一影响通过分析流动人口和户籍人口对中小学在校生数、小学生师比、从业人数、医院卫生院床位数、医生数、社保参保人数的影响差异来捕捉。回归方程如下：

$$Y_i = \alpha_0 + \alpha_1 hjrk_i + \beta_1 ldrk_i + \delta X_i + \varepsilon_i \qquad (7-1)$$

$$Y_i = \lambda_0 + \lambda_1 ratioldhjrk_i + \delta X_i + \varepsilon_i \qquad (7-2)$$

$$Y_i = \phi_0 + \phi_1 jhhjrkrldrk_i + \delta X_i + \varepsilon_i \qquad (7-3)$$

其中，Y 指被解释变量，包括从业人数、中小学在校学生数、生师比、医院床位数、医生数、社保参保人数、人均床位数、人均医生数等变量。$hjrk$ 指户籍人口，$ldrk$ 指流动人口，α_1 和 β_1 的大小比较可用来衡量户籍人口和流动人口对被解释变量 Y 的影响差异。$ratioldhjrk$ 表示流动人口/户籍人口，其回归系数 λ_1 可用来衡量人口结构对被解释变量 Y 的影响。$jhhjrkrldrk$ 指户籍人口与流动人口占常住人口比例的交互项，其回归系数 ϕ_1 可反映流动人口占比对户籍人口影响被解释变量 Y 的程度所产生的作用。X 表示人均 GDP、第三产业 GDP 占比、就业人员平均工资、财政自主性、人口密度、城镇化率、0~14 岁人口占比、15~64 岁人口占比等控制变量。ε 表示随机误差项。特别指出的是，如前两章的处理，为了避免或降低反向因果（即公共服务对人口规模和人口流动的影响）所带来的内生性对回归结果的影响，当被解释变量是医院床位数、医生数、生师比等公共服务相关指标时，解释变量中的人口变量滞后一期。

7.3 县（市）层面数据的实证分析

7.3.1 变量描述及说明

县（市）层面的流动人口数据仍来自《2010 年人口普查分县资料》。① 《中国区域经济统计年鉴》统计了全国各县（市）普通中学在校学生数、小学在校学生数、医院卫生院床位数、从业人数。人口年龄结构和城镇化率数据来自《2010 年人口普查分县资料》，其余控制变量数据均来自《中国区域经济统计年鉴》。表 7 - 1 描述了各变量的统计特征。值得特别指出的是，表 7 - 1 显示，户籍人口规模比流动人口规模要高出一个数量级，前者均值为 50 万，后者均值为 2.09 万，但通过后文的实证分析发现，人口数量差异所带来的规模效应（如果存在的话），反而更加强化了本章的实证结论。例如，后文的实证分析显示，户籍人口平均增加一单位所带来的床位数的平均增加值，显著高于流动人口平均增加一单位所带来的床位数的平均增加值，如果规模效应存在的话，会导致户籍人口增加所带来的床位数增加偏低，即如果排除规模效应的影响，两类人口分别增加一单位所带来的床位数增加值的差距应该更大。

表 7 - 1　　　　　　2010 年县（市）层面数据统计描述

变量	观测数	平均值	标准差	最小值	最大值
普通小学在校学生数（人）	1686	37290	32188	708	259636
普通中学在校学生数（人）	1686	27072	22677	517	221357
从业人数	1744	30810	40286	1124	613018

---

① 如 6.4 节脚注中所提到的，受制于数据可得性，本节无法利用 2020 年人口普查数据进行县（市）层面的实证分析，只使用了 2010 年的普查人口数据进行定量分析。

续表

变量	观测数	平均值	标准差	最小值	最大值
医院、卫生院床位数（张）	1744	1237	941.2	33	6040
县（市）内流动人口（人，代表户籍人口）	1752	25565	21333	36	168634
省内跨县（市）流动人口（人）	1752	9239	18787	122	335156
跨省流动人口（人）	1752	11624	45849	49	840798
户籍人口（人）	1752	496689	362894	8657	3.700e + 06
常住人口（人）	1752	448316	318491	10545	3.500e + 06
流动人口（人）[①]	1752	20863	57880	171	1.014e + 06
人均地区生产总值（元）	1752	22016	18945	2785	240395
第三产业 GDP 占比	1752	0.328	0.0955	0.0254	0.838
城镇单位就业人员平均工资（元）	1752	28154	15036	12760	392752
财政自主性	1752	0.293	0.209	0.00928	1.176
人口密度（人/平方千米）	1752	290.1	301.4	0.179	3979
城镇化率	1752	0.346	0.137	0.0138	1.000
0～14 岁人口占比	1752	0.189	0.0483	0.0549	0.367
15～64 岁人口占比	1752	0.723	0.0457	0.564	0.943

注：①表示省内跨县（市）流动人口和跨省流动人口之和。

当然，为了排除规模效应对实证结果的影响，本章还使用了与流动人口规模较为接近的、代理户籍人口的"县（市）内流动人口"。如表7-1 所示，县（市）内流动人口均值为 2.56 万，流动人口均值为 2.09 万，二者规模接近。

7.3.2　回归结果及分析

表7-2 汇报了户籍人口和流动人口对普通小学在校学生数、普通中学在校学生数、从业人数和医院卫生院床位数的影响。回归（1）～回

表7-2　　2010年县（市）流动人口和户籍人口对中小学在校学生数、从业人数、床位数的影响异质性

解释变量	被解释变量						
	普通小学在校学生数		普通中学在校学生数		从业人数	医院、卫生院床位数	
	(1)	(2)	(3)	(4)	(5)	(6)	(7)
户籍人口	0.754*** (15.52)	0.0736*** (14.15)		0.0551*** (14.56)	0.0359*** (7.425)		0.00174*** (15.32)
户籍人口*			0.618*** (15.41)			0.0225*** (25.54)	
流动人口	0.00466 (0.345)	0.0274*** (2.815)	0.0172 (1.638)	0.00285 (0.477)	0.245*** (3.437)	0.000663* (1.901)	0.00133*** (2.820)
人均地区生产总值	-0.0541 (-1.219)	0.00162 (0.0663)	-0.0534 (-1.525)	-0.0156 (-0.870)	0.0519 (0.717)	0.00296** (2.335)	0.00335** (1.972)
第三产业GDP占比	-34744*** (-5.136)	-12181** (-2.531)	-17241*** (-3.975)	1191 (0.343)	4887 (0.621)	416.4** (2.438)	913.0*** (4.918)
城镇平均工资	-0.134** (-1.999)	-0.0520** (-2.429)	-0.112*** (-2.714)	-0.0431*** (-4.722)	-0.0997 (-1.018)	-0.00284*** (-2.687)	-0.000758 (-0.916)
财政自主性	-22257*** (-4.873)	-9871*** (-4.054)	-11048*** (-3.313)	1807 (1.124)	31352*** (4.460)	270.2** (2.262)	773.0*** (6.056)

续表

解释变量	被解释变量						
	普通小学在校学生数		普通中学在校学生数		从业人数	医院、卫生院床位数	
	(1)	(2)	(3)	(4)	(5)	(6)	(7)
人口密度	39.36 *** (7.778)	7.340 *** (4.220)	23.53 *** (7.582)	1.120 (0.898)	4.406 (1.005)	0.836 *** (13.71)	0.106 (1.015)
城镇化率	-8562 (-1.377)	15808 *** (4.834)	-8907 ** (-2.111)	10695 *** (4.657)	5745 (0.949)	-506.4 *** (-3.219)	150.2 (0.908)
0~14岁人口占比	170622 *** (5.652)	304678 *** (10.12)	-23982 (-1.153)	73893 *** (3.432)	-50047 (-1.638)	-5247 *** (-7.038)	-2857 *** (-3.203)
15~64岁人口占比	-138922 *** (-4.928)	102971 *** (2.959)	-167019 *** (-8.059)	12169 (0.470)	23638 (0.638)	-6064 *** (-7.452)	-1213 (-1.267)
常数项	100435 *** (3.748)	-130959 *** (-3.930)	146056 *** (7.666)	-26273 (-1.064)	-12035 (-0.348)	5754 *** (7.954)	1101 (1.213)
观测数	1686	1686	1686	1686	1744	1744	1744
adj. R - sq	0.576	0.839	0.561	0.820	0.446	0.551	0.659

注：* 表示此户籍人口为与流动人口规模接近的、具有本县（市）户籍的"县（市）"内流动人口，这样可消除不同类型人口规模相差较大所带来的规模效应对实证结果的影响。

归（4）的结果显示，不论是户籍人口，还是拥有本县（市）户籍、代表户籍人口的县（市）内流动人口，对普通小学在校学生数、普通中学在校学生数均有显著的正向影响，而流动人口系数基本不显著。同时，户籍人口平均增加一单位所带来的普通小学在校学生、普通中学在校学生的平均增加值均明显大于流动人口平均增加一单位所带来的学生增加数。回归（5）的结果说明，户籍人口和流动人口增加均会带来从业人数或劳动力的增加，但后者的影响程度明显大于前者，说明流动人口中劳动力占比可能高于户籍人口，流动人口为流入地的发展提供了大量的人力资源。回归（6）~回归（7）的结果显示，户籍人口和流动人口对辖区医院卫生院床位数均有显著的正向影响，但前者的影响程度明显高于后者，即平均增加一单位户籍人口所伴随的医院卫生院床位数的平均增加幅度明显高于流动人口。这说明医院卫生院建设及床位供给中，对辖区户籍人口的考虑程度明显高于流动人口。作为长期在流入地居住的常住流动人口，对流入地医疗卫生服务有强烈的刚性需求。如果以常住人口人均床位数来衡量地区医疗卫生服务水平，流动人口增加并没有带来医疗卫生硬件条件的相应幅度的改善，将摊薄人均医疗卫生服务指标值，导致医疗卫生服务水平明显降低。

综合上述回归结果，可总结四点：

第一，流动人口为流入地提供了大量劳动力，为流入地经济发展作出了重要的贡献。第3章3.1.1.2节所阐述的人口迁移动机表明，无论是"人口迁移法则"、推—拉理论，还是二元经济理论，经济动机是人口流动的主要原因，劳动年龄人口因流动所获得的经济利益相对最大，迁移动机最强烈，占流动人口的比重相对最高，是流入地劳动力的重要补充。第3章3.1.2节所阐述的地方政府及官员激励理论表明，地方政府及官员从升迁、财政分成、预算规模等激励来看，劳动力的大量流入均符合自身或本辖区的利益。

第二，相当一部分流动人口选择将子女留在户籍地，成为留守儿童。这一推论的理由是，流动人口增加带来了流入地从业人数的显著增加，说明流动人口中很多是中青年劳动力，这一年龄段人口有未成年子女的比例较大，但流动人口增加对流入地中小学在校生数的影响不显著；即使显著，其系数与户籍人口的系数相差也很大，说明流动人口增加所带来的流入地中小学在校生数增加的平均规模很小，显著低于户籍人口。第 4 章 4.2.1 节的分析表明，随迁子女所享受的义务教育公共服务与本地户籍儿童仍存在一定差距，而且样本的时间点为 2010 年，"两纳入"、义务教育经费可携带政策均未实施，随迁子女在流入地接受义务教育的困难更多。基于第 3 章 3.1.1.2 节所阐述的人口迁移动机，让子女在流入地接受更好的教育并不是其流动的主要动机，而且还会带来额外的附加成本，对部分收入较低的流动人口来说较高。

第三，结合前两章分析所得出的，流动人口所享受的流入地教育等公共服务的水平明显低于户籍人口这一结论，可认为这是流动人口将子女留在户籍地、成为留守儿童的重要原因。第 3 章 3.1.1.1 节指出，在人的各层次需求中，马斯洛（1943）特别强调了儿童安全需求的脆弱性，认为这是人（儿童）的需求的重要方面。脆弱的安全需求难以得到满足是农村留守儿童问题产生的重要原因。保障留守儿童的安全需求，留守地公共服务完善是一方面，但更为重要的还是提高流入地政府公共服务对流动人口的接纳度，让更多子女能够随迁，并在流入地享受较好的公共教育服务，不再成为留守儿童。

第四，流动人口和户籍人口对医院卫生院床位数影响的异质性，说明医院卫生院建设及床位供给还是以考虑辖区户籍人口为主，对流动人口缺乏重视。但作为长期在流入地居住的常住流动人口，对流入地医疗卫生服务有强烈的刚性需求。以常住人口人均床位数来衡量地区医疗卫生服务水平，流动人口增加并没有带来医疗卫生硬件条件的改善，还将拉低医疗卫生服务水平。

这一点也与第 4 章 4.2.2 节所阐述的养老、医疗等社会保障跨地区统筹、转移接续及异地结算等建设相对滞后，给流动人口流入地就医带来诸多障碍这一现实具有一致性。地区医疗资源配备对流动人口的不重视，是社会排斥的具体体现，也是阻碍流动人口社会融合的重要障碍，凸显了地方公共服务支出决策中流动人口的相对弱势地位。在我国，大部分医疗资源具有公共品属性，政府补贴较多，流动人口也能使用流入地的医疗资源，只是由于不能享受流入地医保服务等原因而成本相对较高。公共医疗资源的配备以户籍人口规模为基础，而使用人群却大都是常住人口，户籍人口和常住人口规模的不一致降低了公共医疗资源配置效率，如人口净流入地医疗资源紧张而净流出地则相对过剩。结合第3章3.1节提到的人口迁移动机和地方政府及官员激励理论，流入地优质的医疗资源并不是人口流入的主要动机，保障流动人口的医疗卫生公共服务，不仅对地方政府及官员的升迁激励、薪酬激励和财政分成激励作用不大，而且由于基层承担的医疗卫生支出责任较大，还会带来可自由裁量的预算规模减小。

7.4 市辖区层面数据的实证分析

7.4.1 变量描述及说明

市辖区户籍人口和流动人口数据仍来自《中国城市建设统计年鉴》，其中流动人口为跨市流动人口（包括跨省流动人口）。普通小学在校生数、专任教师数，医院卫生院床位数、医生数，养老、医疗、失业参保人数，从业人数，以及控制变量均来自历年《中国城市统计年鉴》。

考虑到本节将用到市辖区常住人口数据，而国家统计局要求，从2008年开始，人均GDP用常住人口计算。[①] 用《中国城市统计年鉴》中地区生产总值除以人均地区生产总值，可得常住人口数据。因此上述数据时间区间为2008～2021年，其中《中国城市统计年鉴》2011年才开始统计市辖区社保参保人数。表7-3描述了各变量的统计特征。

表7-3 2008～2021年市辖区层面数据统计描述

变量	观测数	平均值	标准差	最小值	最大值
普通小学在校学生数（人）	4021	117208.5	149365	700	1540000
普通小学生师比	4018	18.02512	5.419568	0.95917	214.966
从业人数（人）	3433	341019.1	705232.2	3763	8193019

---

① http://www.gov.cn/test/2005-06/24/content_9340.htm.

变量	观测数	平均值	标准差	最小值	最大值
医院、卫生院床位数（张）	4011	10932.22	15293.03	30	150815
医生数（执业医师 + 执业助理医师）（人）	4021	5760.542	9238.358	29	118541
城镇职工基本养老保险参保人数（人）	3124	711820	1681767	162	1.83e + 07
城镇基本医疗保险参保人数（人）	3096	747889.6	1725744	292	1.92e + 07
失业保险参保人数（人）	3122	427458.5	1175852	161	1.36e + 07
户籍人口（人）	3762	1512698	1994697	1000	2.49e + 07
流动人口（人）	3843	281987.8	729813.3	300	8890000
户籍人口 + 流动人口（人）	3843	1577628	2167183	600	2.96e + 07
人均地区生产总值（元）	3964	61554.37	38378.21	4134	467749
第三产业 GDP 占比（%）	4039	46.68584	11.81131	8.58	85.95
当年实际使用外资金额/GDP	2970	0.0227926	0.0233648	1.60e − 06	0.226531
职工平均工资（元）	3397	51118.24	22111.68	4792	576545
财政自主性	4043	0.5472559	0.2736741	0.02281	8.390195
人口密度（人/平方千米）	3461	891.2972	841.2474	4.88377	11449.3

7.4.2　回归结果及分析

　　表 7 - 4 汇报了流动人口和户籍人口对普通小学在校生数、生师比、从业人数、医院卫生院床位数和医生数的影响。回归（1）结果显示，户籍人口和流动人口对普通小学在校学生数的影响均显著为正，但后者的影响程度略高于前者，这一点与表 7 - 2 中县（市）层面的回归结果恰好相反。① 这也说明，市辖区人口流入伴随随迁子女大量增加，由此

---

　　① 流动人口系数大于户籍人口，原因之一可能是流动人口中作为小学适龄儿童家长的比例高于户籍人口，虽然部分儿童选择留守，但仍有相当一部分儿童随迁。同时，相比于县（市）流动人口，市辖区流动人口中这部分人口的比例可能更大，且市辖区义务教育资源相对更好，因而也导致县（市）和市辖区回归结果不一致。

带来的公共教育需求，尤其是义务教育需求需引起上级政府和流入地、流出地政府的高度重视。回归（2）结果显示，户籍人口和流动人口对普通小学生师比分别有显著的负向影响和显著的正向影响。生师比等于在校学生数/专任教师数，是衡量办学条件的基本指标，为反向指标，即生师比越高，办学条件相对越差。① 如果以生师比来表示办学条件，流动人口增加会显著降低办学条件，而户籍人口增加则有助于改善办学条件。

表7－4　市辖区流动人口和户籍人口对小学在校生数、生师比、
　　　　从业人数、床位数、医生数的影响

解释变量	被解释变量				
	小学生数	小学生师比	从业人数	医院卫生院床位数	医生数
	（1）	（2）	（3）	（4）	（5）
户籍人口	0.0507 *** (32.33)	－3.56e－07 *** （－7.000）	0.175 *** (7.968)	0.00537 *** (23.86)	0.00261 *** (12.86)
流动人口	0.0645 *** (16.17)	8.01e－07 *** (6.790)	0.195 *** (6.639)	0.00291 *** (8.012)	0.00202 *** (7.086)
人均GDP	－14891 *** （－6.802）	－0.743 *** （－2.866）	150451 *** (13.74)	2589 *** (13.56)	1528 *** (14.60)
第三产业GDP占比	7224 ** (2.564)	0.630 (1.225)	144810 *** (7.995)	5145 *** (15.68)	3378 *** (14.11)
实际使用外资/GDP	－2128 *** （－3.834）	0.00183 (0.0141)	6062 *** (2.773)	－189.1 *** （－3.469）	－129.3 *** （－4.336）
职工平均工资	14626 *** (5.277)	0.280 (0.694)	－81035 *** （－6.667）	91.18 (0.362)	－101.1 （－0.703）
财政自主性	12732 *** (5.829)	1.106 *** (3.157)	33688 *** (2.710)	279.9 (1.180)	413.4 *** (3.036)

---

① 当然，这只是相对衡量指标，生师比太低也不利于开展教学活动、改善教学条件。

解释变量	被解释变量				
	小学生数	小学生师比	从业人数	医院卫生院床位数	医生数
	(1)	(2)	(3)	(4)	(5)
人口密度	5986 *** (5.500)	0.967 *** (4.461)	4399 (0.624)	631.5 *** (4.960)	276.5 *** (3.466)
常数项	−44574 (−1.464)	15.65 ** (2.550)	−1.282e+06 *** (−7.012)	−51794 *** (−16.60)	−29613 *** (−13.56)
观测数	2723	2722	2721	2723	2727
adj. R − sq	0.894	0.035	0.789	0.871	0.847

回归（1）～回归（2）结合起来看，流动人口增加所带来的随迁的小学适龄儿童、进而小学在校学生数的增加，并没有引起流入地小学专任教师队伍的相应同等幅度的扩大，从而提高了小学生师比，加剧了流入地小学教育师资力量的紧张程度。户籍人口则相反。一方面，户籍人口增加所带来的小学适龄儿童增加的幅度比流动人口低，另一方面，基于前面两章的分析，政府用于户籍人口的人均公共教育支出显著高于流动人口，户籍人口增加伴随着用于户籍人口的公共教育支出较大幅度地增加。最终结果是，户籍人口增加，伴随着以生师比衡量的办学条件的改善。

义务教育资源具有公共产品属性，随迁子女也能在流入地接受义务教育。[1] 义务教育资源主要以户籍儿童规模作为重要依据进行配置，接受义务教育的却大都是常住儿童，户籍儿童和常住儿童规模的不一致会带来义务教育资源配置的低效率，如适龄儿童净流入地义务教育资源供给不足，而净流出地则供给相对过剩。义务教育资源配置对流动人口的歧视或差别化对待，也凸显了地方政府公共支出决策中流动人口的相对弱势地位。第 4 章 4.2.1 节指出，义务教育办学的主要责任在基层的县

---

① 只是部分适应儿童就读的可能是条件相对较差的农民工子弟学校或其他条件相对较差的学校。

（区市）一级政府，而且义务教育具有较强的正外部性。结合第3章3.1节提到的人口迁移动机和地方政府及官员激励理论，流入地优质的义务教育并不是人口流入的主要动机，保障随迁子女的义务教育公共服务，不仅对地方政府及官员的升迁激励、薪酬激励和财政分成激励作用不大，而且由于基层承担的义务教育支出责任较大，还会带来可自由裁量的预算规模减小。

表7-4回归（3）结果与表7-2一致，平均增加一单位流动人口所带来的从业人数平均增加值明显高于户籍人口，说明流动人口是流入地劳动力的重要补充，为流入地经济社会发展作出了重要的贡献。这一点，与7.3节县（市）层面的结果和分析具有一致性，不再赘述。

表7-4回归（4）～回归（5）是比较户籍人口和流动人口对医院卫生院床位数、医生数的影响异质性。回归结果显示，户籍人口和流动人口对医院卫生院床位数、医生数均有显著的正向影响，即随着相应人口规模增加，医院卫生院床位数、医生数均会显著增加。户籍人口的系数明显大于流动人口，说明平均增加一单位户籍人口所带来的医院卫生院床位数、医生数的平均增加值要高于平均增加一单位流动人口所带来的床位数、医生数的平均增加值。这也与7.3节县（市）层面的结果和分析具有一致性。

常住人口人均床位数、常住人口人均医生数是衡量地区医疗卫生服务水平的重要指标。表7-5汇报了流动人口和户籍人口的比值，以及流动人口占常住人口比重与户籍人口的交互项对人均床位数、人均医生数的影响。回归（1）和回归（3）分别考察流动人口与户籍人口之比和常住人口人均床位数、常住人口人均医生数之间的关系，其系数显著为负，说明流动人口相对规模的提高伴随人均床位数、人均医生数（即医疗卫生服务水平）的下降。回归（2）和回归（4）分别考察流动人口占常住人口比重与户籍人口的交互项，与常住人口人均床位数、常住人口人均医生数之间的关系，其系数也显著为负，说明随着流动人口相对规模的增加，户籍人口增加对人均床位数、人均医生数的摊薄程度会随之增加。① 这与表7-4所得到的，平均增加一单位户籍人口所带来的

① 表7-4中回归（4）和回归（5）显示，平均增加一单位户籍人口所带来的床位数和医生数的平均增加值很小，因此户籍人口增加会摊薄人均床位数和人均医生数。

医院卫生院床位数、医生数的平均增加值要高于增加一单位流动人口所带来的床位数、医生数的平均增加值,是一致的。

表7-5　　　　市辖区层面流动人口和户籍人口相关项对人均
床位数、人均医生数的影响

解释变量	被解释变量			
	常住人口人均医院床位数		常住人口人均医生数	
	(1)	(2)	(3)	(4)
流动人口/户籍人口	-0.00154*** (-5.846)		-0.000367*** (-3.204)	
户籍人口×流动 人口占比		-2.42e-10 (-0.577)		-1.25e-10** (-2.000)
人均GDP	0.00301*** (4.375)	0.00291*** (4.234)	0.00155*** (6.286)	0.00154*** (19.72)
第三产业GDP占比	0.00186*** (6.058)	0.00169*** (4.089)	0.00145*** (10.41)	0.00143*** (11.56)
实际使用外资/GDP	-0.000200*** (-3.763)	-0.000211*** (-4.294)	-0.000113*** (-5.101)	-0.000114*** (-5.022)
职工平均工资	-0.00105* (-1.838)	-0.00106* (-1.884)	-0.000847*** (-4.002)	-0.000843*** (-8.146)
财政自主性	-0.00163*** (-3.498)	-0.00175*** (-3.636)	-0.000550*** (-3.259)	-0.000572*** (-6.549)
人口密度	0.000491*** (7.401)	0.000542*** (7.958)	0.000223*** (6.461)	0.000237*** (6.276)
常数项	-0.0266*** (-11.28)	-0.0254*** (-10.06)	-0.0123*** (-12.44)	-0.0123*** (-13.23)
观测数	2723	2723	2727	2727
adj. R-sq	0.121	0.114	0.194	0.193

我国医疗卫生资源的公共产品属性较强,使用人群以常住人口为

主，但各地医疗卫生资源的配置将户籍人口规模作为重要依据，对流动人口存在明显的歧视，使用人口规模和资源配置所依据的人口规模的不一致，会降低医疗卫生资源配置效率，集中表现为流动人口占比较大的人口净流入地以常住人口规模衡量的医疗卫生资源紧张，流动人口享受流入地医疗卫生公共服务存在诸多障碍。

　　表7-6汇报了流动人口和户籍人口对社保参保人数的影响，通过比较二者回归系数的大小来比较户籍人口和流动人口对社保参保人数的影响异质性。回归结果显示，户籍人口和流动人口对社保参保人数均有显著的正向影响，即随着相应人口规模增加，社保参保人数显著增加。户籍人口和流动人口回归系数的比较表明，平均增加一个户籍人口所带来的城镇职工基本养老保险参保人数、城镇基本医疗保险参保人数、失业保险参保人数的平均增加值明显高于平均增加一个流动人口。即可说明平均增加一个户籍人口所带来的社保参保人数的平均增加值明显高于增加一个流动人口。联系到表7-4所得到的，平均增加一个流动人口所带来的从业人数的平均增加值高于增加一个户籍人口，流动人口为流入地提供了丰富的劳动力资源，但这些从业人员中很多人却没能享受当地的社会保障公共服务。

表7-6　市辖区层面流动人口和户籍人口对社保参保人数的影响

解释变量	被解释变量		
	城镇职工基本养老保险参保人数	城镇基本医疗保险参保人数	失业保险参保人数
	(1)	(2)	(3)
户籍人口	0.855 *** (41.49)	0.879 *** (34.38)	0.864 *** (37.55)
流动人口	0.0588 *** (4.635)	0.0449 *** (3.052)	0.0574 *** (4.108)
人均 GDP	0.606 *** (15.22)	0.607 *** (11.66)	0.693 *** (14.68)

续表

解释变量	被解释变量		
	城镇职工基本养老保险参保人数	城镇基本医疗保险参保人数	失业保险参保人数
	（1）	（2）	（3）
第三产业 GDP 占比	0.335 *** （5.730）	0.235 *** （3.350）	0.581 *** （9.395）
实际使用外资/GDP	0.0592 *** （5.624）	0.0627 *** （4.494）	0.0616 *** （5.167）
职工平均工资	−0.0114 （−0.188）	−0.628 *** （−8.120）	−0.274 *** （−4.028）
财政自主性	0.205 *** （4.271）	0.343 *** （5.070）	0.352 *** （6.662）
人口密度	0.189 *** （11.03）	0.107 *** （4.749）	0.137 *** （6.614）
常数项	−8.603 *** （−15.48）	−0.922 （−1.380）	−7.929 *** （−13.11）
观测数	2001	1989	1999
adj. R − sq	0.773	0.673	0.745

对此，除了与我国社会保障体系城乡统筹有待提升、社保与户籍绑定较多、社保关系跨地区统筹和转移接续困难仍较多等因素有关之外，地方政府公共服务支出决策中流动人口的相对弱势地位不可忽视，另外还有流动人口需求和地方政府及官员激励两方面的原因。其一，享受流入地完善的社会保障公共服务并不是中国人口流动的主要经济动机，考虑到流动人口流动状态不稳定以及青壮年占比较高，对流入地医疗保险、养老保险、失业保险等的需求也相对不高。其二，社会保障公共服务并非吸引劳动力流入的主要经济因素，这降低了流入地政府解决流动人口参保问题的激励。第 4 章 4.2.2 节的梳理表明，回归样本所在的时间段，社会保障体系多是市级统筹，基层财政承担的支出责任较多，在

较弱的正向的晋升激励、薪酬激励、财政分成激励，较强的负向的自由裁量预算规模激励面前，地方政府解决流动人口社保参保问题的激励是明显不足的。

本章实证分析以公共财政支出所支持的义务教育、医疗卫生、社会保障公共服务为切入点，从更为直观的视角，考察了流动人口和户籍人口对这些公共服务所涉及的相关指标的影响异质性，并结合第4章的政策和制度背景介绍，第3章的流动人口需求理论、人口迁移动机理论、地方政府及官员激励理论、外部性理论，让我们对户籍人口和流动人口对地方政府公共服务支出影响异质性的产生原因和所带来的后果及其相关作用机理有了更加深刻的体会。基于本章的研究，有如下三方面的思考和总结：

第一，流动人口是流入地经济发展的重要贡献者，也是公共服务供给中的相对弱势群体，即本书在理论分析部分所说的流入地对流动人口"劳动力接收、户籍拒绝"或"劳动力接收、公共服务拒绝"。这阻碍了常住人口人均财政支出差距合理化和基本公共服务均等化进程，也不利于劳动力要素的自由流动和市场化配置。第二，现实中常用常住人口人均值来衡量一个地区各项公共服务水平，如人均医院床位数、中小学生师比，这些衡量指标纳入了流动人口，但地方在安排公共财政支出或提供公共服务时，往往歧视或不够重视常住流动人口。所导致的后果是，要么随着人口流入增加，常住人口人均公共服务指标变差；要么是即算有所改善，却分化严重，户籍人口公共服务大幅改善而流动人口公共服务水平缓慢提升，甚至是下滑。第三，应高度重视流动人口隐性的或潜在的公共服务需求，充分释放和满足这部分合理需求，是推动流动人口市民化，推进以人为核心的新型城镇化的重要手段。例如，由于流入地义务教育公共服务不完善或流动人口自身的经济条件约束，大量流动人口子女并未随迁而成为留守儿童，这带来的一系列问题是可以通过提高流入地义务教育公共服务对随迁子女的容纳度而解决的；由于工作性质、自身意识、政治参与等原因，大量长期异地居住的劳动力流动人口（如常年在外打工的农民工）未参加流入地的社会保障体系，随着我国社会保障体系统筹和转移接续制度的不断完善，有必要通过政府、企业和个人的共同努力逐步将这部分人群纳入流入地社保体系中，这也有助于流动人口提升归属感而稳定就业，以及推动户籍制度改革。

7.5　本章小结

本章基于区县层面数据，以政府公共财政支出支持的教育、医疗和社保公共服务为例，实证分析了流动人口和户籍人口对地方政府公共服务支出影响异质性背后的原因和所带来的后果及其相关作用机理，触及了影响异质性背后的政府公共服务供给行为，并做了理论上的探讨。

实证分析结果显示，流动人口和户籍人口对中小学在校生数、小学生师比、从业人数、医院卫生院床位数、医生数、社保参保人数的影响均具有显著的异质性。第一，流动人口对从业人数的正向影响程度高于户籍人口，说明流动人口中劳动力占比一般高于户籍人口，流动人口为流入地的发展提供了大量的人力资源。第二，流动人口对医院卫生院床位数和医生数的正向影响程度显著低于户籍人口，说明医院卫生院建设及床位供给、医师配备主要考虑辖区户籍人口，对流动人口重视程度不足。第三，流动人口对养老、医疗、失业社保参保人数的正向影响程度显著低于户籍人口，说明作为流入地劳动力重要补充的流动人口，参保流入地社保体系的比例仍较低。第四，对于县（市）层面数据，户籍人口对流入地中小学在校生数有显著的正向影响，但流动人口的影响基本不显著，说明可能很多流动人口适龄子女没有随迁，而是成为留守儿童。第五，对于市辖区来说，流动人口对小学在校学生数的正向影响程度显著高于户籍人口，流动人口对作为办学条件反向指标的生师比的影响显著为正，而户籍人口对其的影响显著为负，说明市辖区人口流入伴随随迁子女大量增加，带来了大量的义务教育需求，加剧了流入地教育师资力量的紧张程度，在一定程度上降低了办学条件。

基于上述结论，本书认为，义务教育阶段的师资配备、医院卫生院的床位供给和医师配备主要以户籍人口规模为依据，对流动人口重视不足，人口的流入导致流入地根据常住人口计算的人均公共教育服务水平和人均医疗卫生服务水平显著降低，造成了一个地区随着流动人口占比提高，人均教育和医疗卫生公共服务水平显著降低的局面。政府公共产品和公共服务供给对流动人口的相对轻视或歧视，是导致流动人口和户籍人口对公共财政支出影响异质性的主要原因，是社会排斥的具体体现，也是阻碍流动人口社会融合的重要障碍。当然，这有深刻的政策和制度原因：我国公共服务与户籍绑定过多、公共服务跨地区统筹与转移接续制度建设滞后、财政资金分配与人口流动不相适应、地方财政支出决策中流动人口处于相对弱势地位。

在我国，大部分义务教育和医疗资源具有公共产品属性，政府补贴较多，流动人口也能使用流入地的这些资源。义务教育和医疗资源的配备主要以户籍人口规模作为重要依据，而使用人群却大都是常住人口，户籍人口和常住人口规模的不一致降低了公共医疗和义务教育资源配置效率，如人口净流入地资源紧张而净流出地则相对过剩。结合人口迁移动机和地方政府及官员激励理论，流入地优质的义务教育和医疗资源并不是人口流入的主要动机，保障流动人口的医疗卫生和义务教育公共服务，不仅对地方政府及官员的升迁激励、薪酬激励和财政分成激励作用不大，而且由于基层承担的医疗卫生和义务教育支出责任较大，还会带来可自由裁量的预算规模减小。

流动人口中处于劳动年龄阶段人口占比较高，流动人口主要以劳动力的角色流入，是流入地从业人员的重要补充。但是，流动人口参保流入地城镇职工基本养老保险、城镇基本医疗保险、失业保险的比例却显著低于户籍人口，公平问题较为突出。人口迁移机理理论表明，无论是"人口迁移法则"、推—拉理论，还是二元经济理论，经济动机是人口流动的主要原因，劳动年龄人口因流动所获得的经济利益相对最大，迁移动机最强烈。地方政府及官员激励理论表明，地方政府及官员从升迁、财政分成、预算规模等激励来看，劳动力的大量流入均符合自身或本辖区的利益。流动人口在流入地参保比例低，除了与我国社会保障体系城乡统筹有待提升、社保与户籍绑定较多、社保关系跨地区统筹和转移接续困难较多有关之外，地方政府公共服务支出决策中流动人口的相对弱势地位不可忽视，另外还有流动人口需求和地方政府及官员激励两方面的原因。

值得特别指出的是，县（市）层面数据的实证分析结果显示，平均增加一个户籍人口引起的中小学在校生数的平均增加值显著高于增加一个流动人口，而处于劳动年龄阶段的流动人口育有义务教育阶段适龄儿童的比例应该较高，说明这部分儿童中很多成为留守儿童，这与政府公共教育支出对流动人口的歧视性对待有一定关系，是因也是果。本书认为，流动人口和户籍人口对公共财政支出的影响异质性，或者说政府公共服务支出安排对流动人口的差别化对待不利于人口自由流动，尤其是劳动力要素的市场化配置，留守儿童问题就是重要表现之一。在人的各层次需求中，马斯洛（1943）特别强调了儿童安全需求的脆弱性，认为这是人（儿童）的需求的重要方面。脆弱的安全需求难以得到满足是农村留守儿童问题产生的重要原因。保障留守儿童的安全需求，留守地公共服务完善是一方面，但更为重要的还是提高流入地政府公共服务对流动人口的接纳度，让更多的子女能够随迁，不再成为留守儿童。

因此，流入地对流动人口应该"劳动力接收、户籍也接收"或者"劳动力接收、公共服务也接收"，地方政府在安排公共财政支出或提供公共服务时，不仅应充分考虑流动人口对公共服务的显性需求，而且也应高度重视他们的隐性或潜在的公共服务需求。

第 8 章

研究结论及对策建议

8.1 研究结论

本书研究结论可总结为如下八点：

第一，流动人口和户籍人口对地方政府公共服务支出的影响异质性，可从行为视角和政府间关系视角来理解。从行为视角来看，异质性源于流动人口对流入地公共服务需求与户籍人口之间的差异，以及地方政府及官员为流动人口提供公共服务的激励不足。从政府间关系视角来看，公共服务供给作为财政的核心职能之一，地方政府，尤其是基层政府在其中占主导地位；流动人口跨区域性带来了公共服务供给的外部性。如果没有区域之间的利益补偿机制或上级政府的统筹协调作支撑，地方政府主体性，加上外部性导致其为流动人口提供公共服务动力不足，带来了流动人口和户籍人口对地方政府公共服务支出的影响异质性。

流动人口对流入地公共服务的需求，与户籍人口之间存在差异。基于人口迁移动机理论，并结合中国现实情况，以就业机会和收入为主的经济动机是大部分流动人口离开户籍所在地的主要原因，公共服务次之。马斯洛将人的需求分为生理需求、安全需求、情感需求、尊重需求和自我实现需求五个层面，对不同公共服务的需求均可划入这几类需求中。由于流入地公共服务不是首要考虑因素，同时也受到自身收入水平、能力和工作环境等的限制，流动人口群体对流入地公共服务的需求与户籍人口群体之间存在差异，对不同类型、不同层次的公共服务需求有轻重缓急之分，财力约束下优先满足流动人口最为亟须的公共服务，是必要的，也是合理的。这是从需求端带来流动人口和户籍人口对公共服务支出影响异质性的原因所在。

地方政府及官员为流动人口提供公共服务的激励相对不足。中国的行政管理体制具有高度的属地化管理特点，地方政府承担着大量的事权和支出责任。同时，上级政府，尤其是中央政府通过人事任命权掌握着绝对的权威。在此背景下，地方官员面临的激励主要有晋升激励、薪酬激励、地方财力及预算规模激励等。地方政府及官员为流动人口提供公共服务，有基于通过促进辖区经济增长和社会稳定而谋求晋升的考虑，但激励相对不足。这些激励的作用机制都是间接的，流动人口公共服务供给并不是考核地方政府及官员的直接指标，且难以量化，多任务的委托—代理或共同代理下，地方政府及官员动力难免不足；中央政府对地方政府流动人口公共服务供给的规定约束力较弱，多以鼓励为主。薪酬激励、财政分成激励和预算规模激励三者密切相关，这三者与流动人口公共服务供给之间并不存在显著的或直接的正向关系，甚至有一定程度的负相关，是流入地流动人口公共服务供给不足的原因之一。可从如下角度理解：我国政府部门多是固定工资制，即使存在效率工资，也未与流动人口公共服务供给挂钩；流动人口公共服务对这三种激励的作用途径主要是通过做大经济蛋糕而间接实现；流动人口公共服务供给会削减地方官员可自由决定的预算规模。上级政府（中央政府）对下级政府（地方政府）的转移支付主要以户籍人口为依据，导致地方政府对流动人口公共服务供给不足。

承担着大量公共服务事权和支出责任的地方政府，面对流动人口跨区域性所带来的公共服务供给外部性和户籍制度的约束等问题，会差别化对待流动人口和户籍人口的公共服务。无论是国家分配论，还是公共财政理论，均强调财政满足社会公共需要的职能。其中，缩小流动人口和户籍人口所享受的公共服务差异，促进基本公共服务均等化是履行财政职能的核心要义。作为核心职能，公共服务供给事权和支出责任在不同层级政府之间的划分有所差异。根据财政分权理论，由于地方政府，尤其是基层政府所具有的信息优势、管理优势、组织优势以及区域竞争所带来的效率提升，其在地区性公共服务供给方面具有明显的优势，因而在公共服务供给中占据重要地位。考虑到中国特有的户籍制度及其配套机制，并结合第二代财政分权理论和地方政府及官员激励理论，地方政府，尤其是基层政府，在主导公共产品和公共服务供给时，不可避免地差别化对待户籍人口和流动人口。同时，对于地方政府来说，流动人口跨区域性带来了公共服务供给的外部性，如果没有区域之间的利益补偿机制或上级政府的统筹协调作支撑，地方政府为流动人口提供公共服务的动力难免不足，进而带来了流动人口和户籍人口对地方政府公共服务支出的影响异质性。

第二，基于财政分权理论、外部性理论并结合中国现实情况，本书总结了保障流动人口公共服务供给，以削减异质性的政府间财政事权和支出责任划分五大原则。（1）发挥好中央政府的主导、统筹和协调作用；（2）充分发挥地方政府，尤其是基层政府贴近辖区居民所具有的信息优势、管理优势、组织优势，体现受益范围的一致性；（3）建立政府间激励相容机制，既保障流动人口基本的公共服务，又鼓励地方政府为流动人口落户，或提供更加均等的公共服务。（4）加强人口流入地、流出地之间的合作，弱化公共服务供给的户籍属性，借助信息化手段贯彻财政收入—支出的成本收益原则，并通过转移支付调剂地区财力。（5）贯彻"钱随人走"的财政资金分配理念，公共服务供给体制更好适应人的流动性。

第三，理论和实证分析均表明，流动人口和户籍人口对公共财政支出的影响异质性程度，会因流入地、公共服务支出类别、公共财政支出所归属的政府行政层级、流动人口自身特点等的不同而有所差异。一般来说，政府行政层级越高，流动人口和户籍人口对其公共服务支出影响的异质性程度越低。对与居民生活密切相关的民生类公共服务支出的影响异质性程度高于其他公共财政支出或公共财政整体支出；对各类民生支出的影响异质性程度彼此之间也存在差异。对不同经济发展水平的流入地政府公共财政支出的影响异质性程度彼此间存在差异，且差异取决于两类因素的共同作用，我国整体上是东部地区的这种影响异质性程度高于中部、西部地区、西部地区高于中部地区。一般来说，影响异质性程度与流动距离呈正相关关系。在我国，拥有城镇户口的流动人口对地方公共财政支出的影响程度高于拥有农村户口的流动人口。

第四，流动人口和户籍人口对地方公共服务支出的影响异质性，与流动人口对流入地或流出地经济和财政收入贡献、现实中的政府支出行为、基本公共服务均等化的内在要求等密切相关。通过文献梳理发现，从收入端来看，人口流动和流动人口本身推动了流入地经济发展和财政收入增长，但与户籍人口的贡献有所差别，且流动人口通过缓解流出地人多地少矛盾、增加收入、革新观念等促进了流出地经济的发展。当然，流出地也遭受了人力资本损失等不利影响。从支出端来看，流入地政府在安排公共财政支出时忽视或歧视流动人口，户籍人口和流动人口所享受的公共服务有较大差距。当然，我们也应认识到，流入地政府为流动人口提供公共服务虽然是必要的，但也要考虑流动人口的需求（如流动的不稳定性、并非所有人愿意在流入地长期居住并落户等特征所带来的公共服务需求特殊性）和地方财政的可承受能力，量力而行，户籍地政府在流动人口公共服务供给中也不能缺位。基本公共服务均等化不能忽视流动人口的公共服务，但主要是保障基本的公共服务，并不要求其享受与本地户籍人口完全一致的公共服务。

第五，流动人口和户籍人口对公共财政支出的影响异质性，背后是流动人口在地方预算决策中处于相对弱势地位，利益诉求难以得到充分反映和体现；公共服务相关政策和制度安排以户籍人口为主而对流动人口重视不足。我国实行的是部门预算、增量预算，部门预算编制流程大多是"两上两下"，预算编制主要由政府及预算单位主导，在高度属地化的地方行政管理体制下，地方支出预算安排重户籍人口而相对轻流动人口，上级转移支付资金分配容易忽视或歧视流动人口，对流入地政府为流动人口提供公共服务的激励不足。即使有人大审批和参与式预算改革，普通流动人口群体在预算支出安排中的声音仍然较弱。政府间公共服务财政事权和支出责任划分对流动人口的考虑不够，与人口流动之间有较大程度的不适应性。一些相关文件和制度均未对流动人口公共服务事权和支出责任划分问题作出规定，对流出地政府、流入地政府为流动人口提供公共服务的激励均不足，未能体现和满足流动人口对流入地公共服务的需求。

当然，与人口流动和流动人口相关的公共服务政策和制度正不断完善，不过仍有较大的提升空间。总的来说，近年来随迁子女教育政策的重要阶段及特征主要有：2012年以前强调"两为主"；2012年提出"两纳入"；2015年提出把居住证作为入学的主要依据，2016年提出"两统一"。此外还在积极完善随迁子女流入地考试升学政策。随迁子女教育公共服务不断完善，但仍与户籍子女之间存在较大差距。社会基本养老保险已实现省级统筹，正在持续推进和完善全国统筹，养老保险关系的转移接续也从2009年开始逐步建立并完善；医疗保险已从建立初期的县级统筹提高到了地市级统筹，部分省份已实现了省级统筹，当前正积极稳妥推进和完善医疗保险省级统筹；基本医疗保险异地就医结算稳步推进，截至2017年，所有省份均已实现就医住院费用可跨省异地结算。城市住房保障公共服务的供给对象从最开始主要针对城市户籍人口，已逐步扩展到覆盖更多的流动人口或者说外来务工人员，但对流动人口仍设置较高的门槛。2016年开始，政府间财政事权和支出责任划分改革进程加速，但对人口流动的考虑不够。与人们（尤其是流动人口）生活密切相关的公共服务供给基本上都属于政府间的共同事权，其支出责任基本上都是各级政府按比例或根据其他因素共同承担。因此，流动人口和户籍人口对公共财政支出的影响异质性，往往涉及多级政府，即应从多级政府间的关系（如政府间激励相容）角度来全面看待这一问题；要提高流动人口所享受的公共服务水平，不仅应协调好流入地和流出地政府之间的关系，更应处理好上下级政府之间的关系，重点是财政事权和支出责任的明晰和合理划分。

第六，流动人口和户籍人口对地方政府公共服务支出的影响存在显著的异质性，且异质性程度具有结构化差异。省、地级市、市区、县（市）层面数据的实证研究均显示，流动人口和户籍人口对公共财政支出（包括一般公共预算支出以及按功能分类的教育支出、医疗卫生支出、社会保障和就业支出、住房保障支出等）的影响存在显著的异质性，即用于户籍人口的人均公共财政支出明显高于流动人口。另外，省级层面数据的实证分析显示，相比于医疗卫生支出、社会保障和就业支出、住房保障支出，教育支出安排对流动人口的考虑更多，或者说流动人口对教育支出的影响与户籍人口的差距相比其他几类支出来说更小，但绝对差距仍然较大。来自市区的暂住人口比来自县（市）的暂住人口对一般公共预算支出以及按功能分类的公共服务支出的影响更大，说明流动人口对公共财政支出的影响也存在结构性差异，受教育水平、收入水平等相对更高的来自市区的流动人口能享受到相对更好的公共服务。

第七，流动人口和户籍人口对公共财政支出的影响异质性程度，随流入地、支出所归属的政府行政层级、流动距离、支出类别、时间等的不同而有所差异，具体如下：

地级市层面。一是如果将代表户籍人口的地级市"市辖区内人户分离人口"在户籍所在地级市享受的，由该市提供的公共服务水平设为单位1，那么省内流动人口在流入的地级市享受的，由该市提供的公共服务水平为0.3~0.5（基于2010年和2015年人口数据的分析结果），跨省流动人口为0.3左右（基于2010年和2015年人口数据的分析结果）和0.6左右（基于2020年人口数据的分析结果）。户籍人口和流动人口所享受的由该市提供的公共教育服务、医疗卫生服务、社会保障和就业服务差异相对更大，说明流入地政府对流动人口这三类公共服务供给相对于户籍人口来说更显不足。其中，社会保障和就业支出的影响异质性程度最高。二是省内流动人口与跨省流动人口对公共财政支出的影响差异相对较小，而省内流动人口与户籍人口对公共财政支出的影响差异相对较大，说明我国公共服务供给仍以地级市及以下的基层政府为主，行政发包制色彩浓厚，省级政府的统筹程度仍有待提升。三是分年份来看，流动人口和户籍人口对一般公共预算支出的影响异质性程度，2015年比2010年有所降低，2020年相比于2015年又有较大幅度下降（户籍人口与跨省流动人口之间）。对于教育、社会保障和就业、医疗卫生等分类公共服务支出来说：在省内流动人口和省外流动人口上有所分化，省内流动人口和户籍人口的影响异质性程度，2015年相比2010年降低了，但跨省流动人口和户籍人口的影响异质性程度，2015年相比2010年反而扩大了，当然这可能也说明我国公共服务的省级统筹程度有所提升；跨省流动人口和户籍人口的影响异质性程度在2020年相比于2015年又有所降低。四是不同地区省内流动人口和户籍人口对公共财政支出的影响异质性程度，在不同支出类别下的排序具有一致性，从大到小依次是西部、东部和中部地区。五是东部地区省内流动人口和跨省流动人口对公共财政支出的影响异质性程度，高于全国，而跨省流动人口和户籍人口对公共财政支出的影响异质性程度，与全国水平接近。这说明东部地区保障省内流动人口在流入地享受公共服务所取得的成效相对较好，但针对跨省流动人口公共服务问题，还要加大力度；解决跨省流动人口公共服务问题，重点在东部地区。

市辖区层面。一是从全国层面来看，市辖区流动人口在流入地享受的、由该市辖区提供的整体公共服务和公共教育服务的相对水平较低（如果户籍人口所享受的水平为 1，流动人口则为 0.2 左右，基于 2010 年和 2015 年人口数据的分析）。二是近年来流动人口所享受的，由流入地市辖区提供的公共服务水平相对于户籍人口的差距有所降低（对于一般公共服务支出和公共教育支出，2015 年相对 2010 年分别下降了约 6% 和 4%）。三是基于 2010 年和 2015 年人口数据的分析表明，分东部、中部、西部地区来看，市辖区政府用于户籍人口和流动人口的人均财政支出和人均教育支出差距最大的是东部地区（1∶0.148 和 1∶0.160），其次是西部地区（1∶0.382 和 1∶0.384），差距最小的是中部地区（1∶0.438 和 1∶0.407）。东部地区是流动人口（尤其是跨省）流入的主要地区，该地区影响异质性的程度又高，因而保障和提升流动人口公共服务，东部地区市辖区是重点。

县（市）层面。基于 2010 年人口数据的分析结果表明：一是如果县（市）户籍人口在流入地享受的由流入县（市）提供的公共服务水平为 1，那么流动人口总体享受的由流入县（市）提供的公共服务水平为 0.371，省内流动人口为 0.498，跨省流动人口为 0.339。二是分地区来看，中部地区县（市）政府用于户籍人口和流动人口的人均公共财政支出差距相对最小，其次是东部地区，西部地区差距最大。

各级行政区数据综合比较来看。其一，全国层面以及东部、中部地区，市辖区户籍人口和流动人口对市辖区公共财政支出的影响异质性程度高于县（市），东部、中部地区的市辖区是我国流动人口的主要流入地，是带来户籍人口和流动人口对公共财政支出的影响存在显著异质性的重要地区。不同的是，西部地区的县（市）户籍人口和流动人口对辖区公共财政支出的影响异质性程度高于市辖区。其二，无论是全国，还是东部、中部和西部地区，市辖区户籍人口和市辖区流动人口对市辖区一般公共预算支出和公共教育支出的影响异质性程度，都高于市辖区户籍人口和地级市流动人口对地级市一般公共预算支出和公共教育支出的影响异质性程度。这种异质性程度的差异，说明地级市政府公共财政支出对于缩小由市辖区政府所造成的户籍人口和流动人口之间所享受的公共服务差距具有一定的作用，即相比于市区政府安排财政支出，地级市政府财政支出的统筹层次更高、对流动人口公共服务的考虑更充分、均等化效果更好，更有助于促进辖区居民（包括常住流动人口）基本公共服务的均等化。

第八，流动人口和户籍人口对地方政府公共服务支出影响异质性，背后是两类人口对公共服务数量和质量的影响差异，以及对人口流动的影响。流动人口和户籍人口对中小学在校生数、小学生师比、从业人数、医院卫生院床位数、医生数、社保参保人数的影响均具有显著的异质性。这说明义务教育阶段的师资配备、医院卫生院的床位供给和医师配备主要以户籍人口规模作为重要依据，对流动人口的重视程度不足，人口的流入导致流入地根据常住人口计算的人均公共教育服务水平和人均医疗卫生服务水平降低，造成了一个地区随着流动人口占比提高，人均教育和医疗卫生公共服务水平显著降低的局面，拉低了公共医疗和义务教育资源配置效率。流动人口中处于劳动年龄阶段人口占比较高，流动人口主要以劳动力的角色流入，是流入地从业人员的重要补充。但是，流动人口参保流入地城镇职工基本养老保险、城镇基本医疗保险、失业保险的比例却显著低于户籍人口，不公平问题突出。特别地，流入地义务教育公共资源配置对流动人口的相对歧视，可能是造成大量儿童留守的重要原因之一，因此也应高度重视流动人口隐性的或潜在的公共服务需求。流入地对流动人口应该"劳动力接收、户籍也接收"或者"劳动力接收、公共服务也接收"。

8.2　相关对策建议

理论与实践相结合，并基于多维度数据的实证分析，本书系统地探讨了流动人口和户籍人口对地方政府公共服务支出的影响异质性。基于此，本节从体制机制设计及优化，政策制定、执行及完善两大方面提出对策建议，以供参考和借鉴。

8.2.1 体制机制设计及优化

8.2.1.1 提升流动人口在政府预算决策中的话语权，多渠道、多层次反映和满足流动人口对公共服务的合理诉求

第 4 章 4.1 节指出，流动人口在当前的预算决策机制中处于相对弱势地位，不仅其对流入地公共服务的需求得不到充分反映，而且即使反映出来了，也不一定能在政府公共服务资金安排中得到满足。对此，各预算单位，尤其是涉及教育、医疗卫生、社会保障、住房保障等公共服务供给的预算单位，在安排预算、制定政策时，应加大对流动人口公共服务需求的统筹考虑力度。财政部门在统筹安排和分配公共服务资金时，涉及人口因素的，应使用常住人口，而非户籍人口；考虑到全面以常住人口为基准难以一步到位，如人口净流入地面临较大的支出压力，可逐步提高流动人口在预算资金分配中的比重，直到做到流动人口和户籍人口同等对待。预算的人大审批、参与式预算中应增加各层次流动人口代表的比例、更多体现和反映流动人口对流入地的公共服务诉求。正如接下来将提到的，转移支付预算资金分配中应增加流动人口的权重，激励和保障地方政府为流动人口提供更多更完善的公共服务。

8.2.1.2 提升公共服务财政事权和支出责任划分与人口流动的适应性，更好贯彻以人民为中心理念

跨省、长时间、家庭化是我国人口流动的三大特征，与之伴随的是流动人口对流入地教育、医疗卫生、社会保障，住房保障等公共服务需求的日益增长。当前政府间公共服务财政事权和支出责任的划分不够明晰，对人口流动的考虑和重视程度不足，甚至在某些方面以人口不流动为前提，流动人口公共服务容易陷入"两不管"困境。对此，可从两个方面着手提升政府间公共服务财政事权和支出责任划分与人口流动的适应性：一是适当上移公共服务供给的事权和支出责任，提高部分公共服务的统筹层次，如外溢性较强的义务教育事权和支出责任更多由更上级政府承担、基本养老保险由全国统筹等。特别地，实证分析结果显示，用"本级财政收入/财政支出"衡量的财政自主性或财政自给率与公共服务支出的关系，在绝大多数回归中都显著为负，即地方财政自主性或自给率的提高实际上可能会减少地方政府用于公共服务的财政支出规模。因此，适当上移部分公共服务事权和支出责任，尤其是提高省级或中央财政支出规模，有利于增加用于改善居民公共服务的公共财政支出规模或比例。二是通过有效实施流动人口公共服务供给中"地方管事、中央管钱"的理念，既发挥地方政府的信息和组织优势，又有效降低人口流动的外部性影响、保障基本公共服务均等化。在当前事权和支出责任划分改革中，与流动人口密切相关的公共服务多属于中央和地方以及省以下地方政府之间的共同事权，主要由地方政府供给，中央政府按比例或按因素提供资金支持，这种模式是可行的，应予以有效贯彻。对于义务教育、医疗卫生、社会保障等流动人口最为关注的基本公共服务，中央政府应统一制定基本标准，供各地参照实施，保障人们无论何时何地，都能享受基本的公共服务。

8.2.1.3 贯彻"钱随人走"的财政资金分配理念，支持和鼓励流入地政府为流动人口提供公共服务

转移支付，尤其是中央对地方的转移支付资金分配要以常住人口而非户籍人口为依据，包括标准财政支出的计算、成本系数中人口密度的计算等，从资金分配上鼓励人口流入地区为流动人口提供公共服务，实现常住人口而非户籍人口人均财政支出差距控制在合理范围之内。探索建立人口流入地和流出地政府之间横向的财政资金调剂制度，消除或减少人口跨地区流动所带来的外部性影响。当然，这种横向的财政资金调剂主要通过上级政府的纵向转移支付来实现，如2016年财政部设立的农业转移人口市民化奖励资金就是一种有益的尝试。另外，"钱随人走"的财政资金分配理念还要考虑到相当一部分流动人口是年轻时外出打工、年老后回户籍地这种情况。因此"钱随人走"还要与流动人口终身发展历程相结合，比如流入地政府对流出地政府用于义务教育和基本养老保险财政资金的支持，人口净流出地区对上级政府以常住人口而

非户籍人口来分配财政资金政策（如义务教育经费可携带政策）的支持等。另外，对于那些持续时间长，甚至伴人终身的诸如养老保险、医疗保险等社会保障服务，实现全国统筹才能真正实现"钱随人走"。

8.2.1.4　建立地方政府及官员的激励相容机制，保障流动人口公共服务供给

根据第二代财政分权理论和地方政府及官员的激励理论，任何一项政策或制度，在地方上要得到有效的贯彻和实施，符合激励相容原则是前提之一。在当前地方政府及官员的考核评价体系中，流动人口公共服务供给大多不是直接衡量指标，多是通过维护社会稳定、做大经济蛋糕而间接影响对地方政府及官员的考核评估。而且，若没有上级政府安排资金，为流动人口提供公共服务，会削减地方政府及官员可自主支配的预算规模。因此，将流动人口公共服务供给作为重要因素纳入地方政府及官员的考核评价体系中，通过建立激励相容机制，实现地方政府官员利益与流动人口公共服务供给的一致性，是保障流动人口公共服务的重要举措。对此，应构建一系列衡量流动人口公共服务供给水平的公认的、客观的指标，如随迁子女入学率等，并将其纳入地方政府或部门的评优，以及组织部门对官员的考核评价体系中。

8.2.1.5　建立中央或省级层面的流动人口公共服务专项资金，从支出端提高公共服务统筹层次

实证分析结果显示，公共财政支出所归属的行政层级越高，流动人口和户籍人口对该公共财政支出的影响异质性程度越低，即越有助于缩小流动人口和户籍人口所享受的公共服务差距，而且更高层级的政府支出本身也对应着更高的公共服务统筹层次。对此，除了上移部分公共服务财政事权和支出责任外，还应在省级和中央政府层面设立专门用于解决流动人口公共服务问题的财政专项资金或奖补资金，利用省级政府和中央政府站位的全局性、高度性，促进财政支出安排与人口流动之间的适应性。而且，这些由省级或中央政府安排的财政专项或奖补资金本身就可以将人口流动所带来的外部性内在化，或类似于"庇古税"的方式减少外部性。2016 年财政部设立的农业转移人口市民化奖励资金应

扩大规模，各省也可以参照设立。

8.2.2　政策制定执行及完善

8.2.2.1　通过信息系统建设、户籍制度改革等促进流出地、流入地政府之间的合作和竞争，充分发挥地方政府的信息、管理和组织优势

根据财政分权理论，地方政府更了解辖区居民的偏好，具有更多的信息、管理和组织优势，而流动人口的信息广泛分布于流出地（户籍地）和流入地，须通过流出地和流入地政府之间的信息交流和共享才可充分发挥地方政府所具有的信息和组织优势。对此，可借助现代信息技术，建立健全覆盖所有居民的、全方位的人口信息系统或政务服务系统，如果是流动人口，则需包括他们的户籍地、流入地、年龄、流动时间、就业和受教育情况（若有的话）、社会保障、住房等信息，如2014年开始运行的全国中小学生学籍系统就是随迁子女享受义务教育公共服务的有力支持和保障。从保障既有流动人口的公共服务角度来说，流出地和流入地之间是合作关系；从吸引人才等生产要素的角度来看，二者之间又是竞争关系。财政分权理论认为，地方政府之间的竞争能够强化对地方政府的约束并促使其完善公共服务供给。通过对流动人口社会排斥的理论分析，流动人口在流入地遭受的、以户籍为门槛或主要原因、以公共服务为主要表现的社会排斥，导致身体上可自由流动，但作为辖区居民的权利却无法跟随迁移。因此，财政分权理论所强调的地方政府互相竞争作用的发挥，有赖于户籍制度改革的推进，使得人们（尤其是劳动力）能够自由选择符合自身偏好的地区居住。对此，可通过提高居住证含金量（绑定更多的公共服务）、农业转移人口市民化等前期手段促进人口的自由流动，倒逼地方政府为辖区居民提供更加完善的公共服务。

8.2.2.2　将教育、医疗卫生、社会保障和就业等公共服务列为流动人口公共服务的重点保障项目

一方面，根据马斯洛需求层次理论，按功能分类的财政支出中的教

育支出、医疗卫生支出、社会保障和就业支出满足的是流动人口最为基本的生理需求和安全需求；另一方面，实证分析结果显示，相比一般公共预算支出，用于流动人口的这三类支出的人均值相比户籍人口的人均值更低。因此，为了更高效地改善流动人口公共服务，应优先安排财政资金保障流动人口的教育、医疗卫生、社会保障和就业等公共服务。对此，可采取的措施主要有：根据常住适龄儿童规模配备学校、教师等义务教育资源，提高随迁子女就读公立学校的比例，要求学校不得在分班、授课、评奖评优中歧视随迁子女，支持随迁子女在流入地接受高中及职业教育，积极完善随迁子女流入地考试升学政策，实现各教育阶段经费均可携带；根据常住人口规模配备床位、医师等医疗卫生资源，将常住流动人口纳入社区医院等基层医疗卫生机构的服务对象中；通过财政资金支持等手段提高流动人口参加流入地社会保障体系的比例，加快推进基本养老保险、基本医疗保险跨统筹区域的转移接续工作，推进和完善基本养老保险全国统筹、基本医疗保险省级统筹和基本医疗保险异地结算；将流动人口纳入当地就业培训服务对象中，尤其是提高农民工的劳动技能，流动人口集中地区，可配套建设专门的就业服务指导中心。

8.2.2.3　将东部地区市辖区及跨省流动人口作为解决流动人口公共服务问题的重点对象

东部地区是我国人口流入的主要地区，跨省流动人口占总流动人口的比重也接近 40%。实证分析结果显示，在地级市、市辖区、县（市）中，市辖区流动人口和户籍人口对公共财政支出的影响异质性程度最高，尤以东部地区为甚；用于远距离跨省流动人口的人均财政支出也明显低于省内流动人口。因此，解决流动人口公共服务供给不足，或者缩小流动人口和户籍人口所享受的公共服务差距，应以东部地区市辖区流动人口和跨省流动人口为重点对象。东部省份的城市，尤其是沿海城市，经济多较为发达，这为完善流动人口公共服务提供了财力支撑，除了适当的上级政府转移支付外，更多的应是通过体制机制设计鼓励东部城市为流动人口提供公共服务，如前面提到的将流动人口公共服务供给作为重要考虑因素纳入地方政府及官员的考核评价体系中。跨省流动人口，跨越了公共服务供给的统筹区域，本书认为其公共服务供给应坚持流入地政府为主、中央政府适当的转移支付和流出地政府为辅的原则。

8.2.2.4　按照常住人口规模提供和评估公共服务，贯彻落实"劳动力接收，户籍（公共服务）接收"理念

虽然很多地方用常住人口人均规模来评估公共服务水平，如常住人口人均医院床位数，但本书的实证分析结果显示，地方政府并不是按照常住人口规模来提供公共服务，对流动人口的考虑和重视程度不足，导致公共服务评估和供给"两张皮"。对此，流入地政府要以常住人口规模安排和评估地区公共服务供给，除了上文所提到的根据常住人口规模安排教育、医疗卫生、社会保障等公共服务资源外，还要考虑流动人口的隐性或潜在需求，比如留守儿童的义务教育需求。大部分留守儿童是因经济条件、公共服务歧视等原因被动留守，流出地政府、流入地政府要适当地将这部分留守儿童的义务教育需求考虑进去，创造条件支持和鼓励更多的子女随迁，这也有助于从根本上解决留守儿童问题。流动人口是流入地劳动力资源的重要补充，为流入地经济发展作出了重要的贡献，流入地政府获得其劳动力贡献的同时，也要创造更多的条件让他们在流入地有更多的归属感、获得感，让有落户需求的流动人口尽可能地落户（"户籍接收"），不能落户的也应创造条件让其享受更多的公共服务（"公共服务接收"）。

8.2.2.5　转移支付计算公式中流动人口折算比例应考虑地区、人口结构、财政支出类别等差异，提高资金分配的科学性

2012 年开始，中央对地方转移支付中标准财政支出的计算，按照一定折算比例考虑外来人口（即流动人口），但具体比例是多少，不得而知。中央对地方转移支付的重要目的之一是缩小地区财力差距，逐步实现基本公共服务均等化，主要是通过在一定程度上弥补各地按照客观因素计算的标准财政收支缺口来实现。转移支付考虑流动人口，也是为了保障流动人口的基本公共服务。因此，一方面，转移支付计算公式中用到的流动人口折算比例，应以各地用于户籍人口和流动人口的人均公共财政支出实际差异为基础，保证各地有财力维持现有的公共服务支出水平。基于本书的实证分析结论，这个比例要考虑东中西部的区域差异；跨省流动人口和省内流动人口的差异；时间差异；更进一步，还可考虑不同类别支出的差异。这些都有助于提高我国转移支付公式法分配的科学性。另一方面，鉴于当前流动人口享受的公共服务水平与户籍人口存在较大差距，为了鼓励各地流动人口公共服务供给，折算比例还应根据实际情况适当上调，尤其是对于那些财政收支矛盾较大、人口流入较多的区域性中心城市来说，其保障辖区流入人口公共服务的财政收支缺口应得到一定程度的弥补。

参 考 文 献

［1］蔡昉，白南生．中国转轨时期劳动力流动［M］．北京：社会科学文献出版社，2006．

［2］曾红颖．我国基本公共服务均等化标准体系及转移支付效果评价［J］．经济研究，2012，47（6）：20－32，45．

［3］常世旺，韩仁月．公众主导还是国家主导：1952—2006年中国财政支出增长影响因素研究［J］．经济评论，2008（6）：9－15．

［4］陈丰．流动人口社会管理与公共服务一体化研究［J］．人口与经济，2012（6）：59－64．

［5］陈刚，李树，陈屹立．人口流动对犯罪率的影响研究［J］．中国人口科学，2009（4）：52－61，111－112．

［6］陈共．财政学（第八版）［M］．北京：中国人民大学出版社，2015：15－18．

［7］陈家刚，陈奕敏．地方治理中的参与式预算——关于浙江温岭市新河镇改革的案例研究［J］．公共管理学报，2007（3）：76－83，125－126．

［8］陈家刚．参与式预算的理论与实践［J］．经济社会体制比较，2007（2）：52－57．

［9］陈建东，蒲冰怡，程树磊．财政转移支付均等化效应分析——基于基尼系数分解的视角［J］．财政研究，2014（10）：28－33．

［10］程国琴．参与式预算的经济学分析［J］．当代财经，2014（12）：36－46．

［11］单成蔚，秦玉友．农民工随迁子女义务教育入学条件分析——以25座大城市相关政策文本为例［J］．四川师范大学学报（社会科学版），2017，44（5）：92－100．

[12] 丁萌萌, 徐滇庆. 城镇化进程中农民工市民化的成本测算 [J]. 经济学动态, 2014 (2): 36 –43.

[13] 杜帼男, 蔡继明. 我国城市化成本的分析与测算 [J]. 中州学刊, 2014 (10): 33 –38.

[14] 杜小敏, 陈建宝. 人口迁移与流动对我国各地区经济影响的实证分析 [J]. 人口研究, 2010, 34 (3): 77 –88.

[15] 段成荣, 孙玉晶. 我国流动人口统计口径的历史变动 [J]. 人口研究, 2006 (4): 70 –76.

[16] 段成荣, 杨舸, 张斐, 卢雪和. 改革开放以来我国流动人口变动的九大趋势 [J]. 人口研究, 2008 (6): 30 –43.

[17] 段成荣. 流动人口对城乡社会经济发展的影响 [J]. 人口研究, 1998 (4): 58 –63.

[18] 段成荣. 人口迁移研究: 原理与方法 [M]. 重庆: 重庆出版社, 1998.

[19] 段丁强, 应亚珍, 周靖. 促进我国流动人口基本公共卫生服务均等化的筹资机制研究 [J]. 人口与经济, 2016 (4): 34 –44.

[20] 段平忠, 刘传江. 人口流动对经济增长地区差距的影响 [J]. 中国软科学, 2005 (12): 99 –110.

[21] 段哲哲, 黄伟任, 黄昊. 流动人口对县级政府基础教育支出影响研究——基于 2009—2014 年江苏省 44 个县市数据 [J]. 西北人口, 2017, 38 (1): 19 –27.

[22] 范红忠. 地区经济差距与人口流动: 基于七国大都市区人口分布的比较研究 [J]. 经济经纬, 2006 (2): 93 –95.

[23] 范剑勇, 王立军, 沈林洁. 产业集聚与农村劳动力的跨区域流动 [J]. 管理世界, 2004 (4): 22 –29, 155.

[24] 方晓利, 周业安. 财政分权理论述评 [J]. 教学与研究, 2001 (3): 53 –57.

[25] 方铸, 王敏. 对公共财政理论的再反思——兼论现代财政制度 [J]. 财政监督, 2017 (19): 85 –91.

[26] 付文林. 人口流动的结构性障碍: 基于公共支出竞争的经验分析 [J]. 世界经济, 2007 (12): 32 –40.

［27］傅勇，张晏．中国式分权与财政支出结构偏向：为增长而竞争的代价［J］．管理世界，2007（3）：4－12，22.

［28］甘行琼，刘大帅，胡朋飞．流动人口公共服务供给中的地方政府财政激励实证研究［J］．财贸经济，2015（10）：87－101.

［29］甘娜，胡朋飞．人口流动对政府间转移支付均等化效应的影响分析［J］．审计与经济研究，2017，32（3）：119－127.

［30］高鸿业主编．西方经济学（微观部分）［M］．北京：中国人民大学出版社，2014：338.

［31］高培勇．公共财政：概念界说与演变脉络——兼论中国财政改革30年的基本轨迹［J］．经济研究，2008，43（12）：4－16.

［32］葛乃旭，符宁，陈静．特大城市农民工市民化成本测算与政策建议［J］．经济纵横，2017（3）：65－68.

［33］龚金保．需求层次理论与公共服务均等化的实现顺序［J］．财政研究，2007（10）：33－35.

［34］顾东东，杜海峰，王琦．就地就近城镇化背景下农民工市民化的成本测算与发现——基于河南省三个县市的比较［J］．管理评论，2018，30（3）：240－247.

［35］郭代模，杨涛．论中国特色公共财政体系的构建［J］．财贸经济，2000（2）：24－28，39.

［36］郭庆旺，贾俊雪．财政分权、政府组织结构与地方政府支出规模［J］．经济研究，2010，45（11）：59－72，87.

［37］郭熙保．发展经济学［M］．北京：高等教育出版社，2011：309.

［38］国家人口计生委流动人口服务管理司．引导人口有序流动迁移　促进城镇化健康发展——人口流动迁移与城镇化国际研讨会综述［J］．人口研究，2010，34（5）：88－92.

［39］国务院发展研究中心课题组，侯云春，韩俊，蒋省三，何宇鹏，金三林．农民工市民化进程的总体态势与战略取向［J］．改革，2011（5）：5－29.

［40］国务院发展研究中心课题组．农村转移人口市民化制度创新与顶层政策设计［M］．北京：中国发展出版社，2011.

［41］何强，董志勇．中央转移支付对地方财政支出的影响机制及实证分析［J］．统计研究，2015，32（1）：59－67．

［42］黄虹，许祺．人口流动、产业结构转变对上海市绿色GDP的影响研究［J］．中国软科学，2017（4）：94－108．

［43］伍德里奇著．计量经济学导论（第四版）［M］．费剑平译校．北京：中国人民大学出版社，2010：471．

［44］兰德尔．资源经济学［M］．北京：商务印书馆，1989．

［45］劳昕，沈体雁．中国地级以上城市人口流动空间模式变化——基于2000和2010年人口普查数据的分析［J］．中国人口科学，2015（1）：15－28，126．

［46］冷智花，付畅俭，许先普．收入差距与人口迁移——人口学视角的城市化动因研究［J］．重庆大学学报（社会科学版），2015，21（6）：35－44．

［47］李萍，许宏才，李承．财政体制简明图解［M］．北京：中国财政经济出版社，2010：130－131．

［48］李永乐，代安源．农业转移人口市民化成本核算及其分担研究——基于2005—2014年的南京市数据分析［J］．华东师范大学学报（哲学社会科学版），2017，49（6）：153－162，173．

［49］李永友，沈玉平．转移支付与地方财政收支决策——基于省级面板数据的实证研究［J］．管理世界，2009（11）：41－53．

［50］李郁芳．国外政府行为外部性理论评介［J］．经济学动态，2003（12）：74－77．

［51］廖昕宇，罗阳．国内流动人口计划生育公共服务均等化研究综述［J］．西北人口，2015，36（2）：108－111．

［52］林江，孙辉，黄亮雄．财政分权、晋升激励和地方政府义务教育供给［J］．财贸经济，2011（1）：34－40．

［53］刘邦驰，马韵．试析参与式预算的理论基础与实践——基于巴西与中国浙江温岭两镇的比较［J］．财政研究，2009（9）：63－66．

［54］刘斌．参与式预算的中国模式研究：实践、经验和思路［J］．经济体制改革，2017（4）：151－155．

［55］刘大帅，甘行琼．公共服务均等化的转移支付模式选择——

基于人口流动的视角 [J]. 中南财经政法大学学报，2013（4）：13 - 20，158.

[56] 刘乃全，宇畅，赵海涛. 流动人口城市公共服务获取与居留意愿——基于长三角地区的实证分析 [J]. 经济与管理评论，2017，33（6）：112 - 121.

[57] 刘尚希. 公共财政：从概念到现实 [J]. 财贸经济，2000（5）：10 - 14.

[58] 刘尚希. 公共财政：公共化改革的一种转轨理论假说 [J]. 财贸经济，2010（8）：31 - 36，90.

[59] 刘尚希. 公共财政：我的一点看法 [M] // 经济活页文选. 北京：中国财政经济出版社 2000 年版。

[60] 刘尚希. 我国城镇化对财政体制的"五大挑战"及对策思路 [J]. 地方财政研究，2012（4）：4 - 10.

[61] 刘晓峰，陈钊，陆铭. 社会融合与经济增长：城市化和城市发展的内生政策变迁 [J]. 世界经济，2010，33（6）：60 - 80.

[62] 刘晓路. 财政分权与经济增长：第二代财政分权理论 [J]. 财贸经济，2007（3）：47 - 53，129.

[63] 陆成林. 新型城镇化过程中农民工市民化成本测算 [J]. 财经问题研究，2014（7）：86 - 90.

[64] 陆万军，张彬斌. 户籍门槛、发展型政府与人口城镇化政策——基于大中城市面板数据的经验研究 [J]. 南方经济，2016（2）：28 - 42.

[65] 吕利丹，段成荣. 对我国流动人口统计调查的总结与思考 [J]. 南方人口，2012，27（3）：73 - 80.

[66] 马海涛，刘斌. 参与式预算：国家治理和公共财政建设的"参与"之路 [J]. 探索，2016（3）：2，79 - 84.

[67] 马骏，周超，於莉. 尼斯坎南模型：理论争论与经验研究 [J]. 武汉大学学报（哲学社会科学版），2005（5）：674 - 680.

[68] 马斯格雷夫等. 财政理论与实践 [M]. 邓子基，邓力平校译. 北京：中国财政经济出版社，2003.

[69] 马晓微，张岩. 城市流动人口的经济贡献量化初探 [J]. 人

口研究，2004（4）：63-67.

[70] 毛捷，吕冰洋，马光荣. 转移支付与政府扩张：基于"价格效应"的研究 [J]. 管理世界，2015（7）：29-41，187.

[71] 聂锋杰. 中国公共预算决策机制研究 [D]. 北京：中国财政科学研究院，2014.

[72] 乔宝云，刘乐峥，尹训东，过深. 地方政府激励制度的比较分析 [J]. 经济研究，2014，49（10）：102-110.

[73] 阮荣平，刘力，郑风田. 人口流动对输出地人力资本影响研究 [J]. 中国人口科学，2011（1）：83-91，112.

[74] 萨缪尔森，诺德豪斯. 经济学 [M]. 北京：华夏出版社，1999.

[75] 申兵. "十二五"时期农民工市民化成本测算及其分担机制构建——以跨省农民工集中流入地区宁波市为案例 [J]. 城市发展研究，2012，19（1）：86-92.

[76] 申建林，谭诗赞. 参与式预算的中国实践、协商模式及其转型——基于协商民主的视角 [J]. 湖北社会科学，2016（3）：23-29.

[77] 申鹏. 城市流动人口社会化服务管理的困境与创新：基于贵阳市实践的探索 [J]. 人口学刊，2013，35（6）：85-94.

[78] 沈满洪，何灵巧. 外部性的分类及外部性理论的演化 [J]. 浙江大学学报（人文社会科学版），2002（1）：152-160.

[79] 苏丽锋. 中国流动人口市民化水平测算及影响因素研究 [J]. 中国人口科学，2017（2）：12-24，126.

[80] 孙红玲. 推进新型城镇化需改按常住人口分配地方财力 [J]. 财政研究，2013（3）：56-58.

[81] 佟健，宋小宁. 中国地方政府官员的隐性激励机制——基于职业生涯考虑模型 [J]. 当代财经，2011（6）：30-36.

[82] 汪永成. "亲流动性要素的服务型政府"：形成机理与矫正策略——一种分析和解决当前中国民生问题的新视角 [J]. 学习与探索，2008（3）：46-52.

[83] 王春超，荆琛. 中国城市化进程中农民工对经济产出的贡献与收益分享 [J]. 经济社会体制比较，2012（2）：144-153.

[84] 王德祥, 李建军. 辖区人口、面积与地方财政支出——基于鄂鲁吉3省178个县 (市) 数据的实证研究 [J]. 财贸经济, 2009 (4): 28 - 32.

[85] 王金营, 李庄园. 快速成长城市流动人口对财政支出规模影响研究——以宁波市为例 [J]. 财政研究, 2015 (12): 82 - 89.

[86] 王敬尧, 叶成. 地方财政视角下的农民市民化成本 [J]. 华中师范大学学报 (人文社会科学版), 2015, 54 (5): 12 - 20.

[87] 王丽艳, 马光荣. 帆随风动、人随财走? ——财政转移支付对人口流动的影响 [J]. 金融研究, 2017 (10): 18 - 34.

[88] 王小芳, 管锡展. 多委托人代理关系——共同代理理论研究及其最新进展 [J]. 外国经济与管理, 2004 (10): 10 - 14, 30.

[89] 王志理, 王如松. 流动人口城市居住生态及其政策分析 [J]. 中国人口·资源与环境, 2012, 22 (S1): 379 - 382.

[90] 王志章, 韩佳丽. 农业转移人口市民化的公共服务成本测算及分摊机制研究 [J]. 中国软科学, 2015 (10): 101 - 110.

[91] 威廉姆·A. 尼斯坎南. 官僚制与公共经济学 [M]. 王浦劬, 等译. 北京: 中国青年出版社, 2004.

[92] 韦艳, 张力. "数字乱象" 或 "行政分工": 对中国流动人口多元统计口径的认识 [J]. 人口研究, 2013, 37 (4): 56 - 65.

[93] 魏义方, 顾严. 农业转移人口市民化: 为何地方政府不积极——基于农民工落户城镇的成本收益分析 [J]. 宏观经济研究, 2017 (8): 109 - 120.

[94] 吴伟平, 刘乃全. 属地化管理下的流动人口公共服务供需匹配优化研究 [J]. 上海经济研究, 2016 (8): 49 - 54.

[95] 向昀, 任健. 西方经济学界外部性理论研究介评 [J]. 经济评论, 2002 (3): 58 - 62.

[96] 徐桂华, 杨定华. 外部性理论的演变与发展 [J]. 社会科学, 2004 (3): 26 - 30.

[97] 许毅. "国家分配论" 的产生与发展 [J]. 财政研究, 1995 (6): 34 - 39.

[98] 许毅. 继往开来 深入发展 "国家分配论" ——纪念许廷星

教授专著《关于财政学的对象问题》出版 50 周年 [J]. 财政研究, 2008 (6): 2 – 12.

[99] 闫春晓, 吴永林, 费虹, 王元元. 推进城乡基本公共服务均等化的思考 [J]. 北方经济, 2014 (9): 88 – 89.

[100] 严于龙, 李小云. 农民工对经济增长贡献及成果分享的定量测量 [J]. 统计研究, 2007 (1): 22 – 26.

[101] 颜咏华, 郭志仪. 中国人口流动迁移对城市化进程影响的实证分析 [J]. 中国人口·资源与环境, 2015, 25 (10): 103 – 110.

[102] 杨灿明, 赵福军. 财政分权理论及其发展述评 [J]. 中南财经政法大学学报, 2004 (4): 3 – 10, 142.

[103] 杨刚强, 李梦琴, 孟霞. 人口流动规模、财政分权与基本公共服务资源配置研究——基于 286 个城市面板数据空间计量检验 [J]. 中国软科学, 2017 (6): 49 – 58.

[104] 杨红旭. 住房保障不能歧视外来人口 [J]. 中国房地信息, 2007 (8): 1.

[105] 杨晓军. 城市公共服务质量对人口流动的影响 [J]. 中国人口科学, 2017 (2): 104 – 114, 128.

[106] 于涛方. 中国城市人口流动增长的空间类型及影响因素 [J]. 中国人口科学, 2012 (4): 47 – 58, 111 – 112.

[107] 余运江, 高向东. 市场潜能与流动人口工资差异: 基于异质性视角的分析 [J]. 世界经济, 2017, 40 (12): 98 – 118.

[108] 张国胜. 基于社会成本考虑的农民工市民化: 一个转轨中发展大国的视角与政策选择 [J]. 中国软科学, 2009 (4): 56 – 69, 79.

[109] 张宏军. 西方外部性理论研究述评 [J]. 经济问题, 2007 (2): 14 – 16.

[110] 张继良, 马洪福. 江苏外来农民工市民化成本测算及分摊 [J]. 中国农村观察, 2015 (2): 44 – 56, 96.

[111] 张君. 代表机制与基层民主治理——以温岭泽国镇参与式预算为例 [J]. 福建论坛 (人文社会科学版), 2018 (5): 145 – 152.

[112] 张力. 流动人口对城市的经济贡献剖析: 以上海为例 [J]. 人口研究, 2015, 39 (4): 57 – 65.

［113］张立承．以农民工基本公共服务均等化为导向的财政体制改革［J］．经济研究参考，2013（13）：32－39．

［114］张展新，杨思思．流动人口研究中的概念、数据及议题综述［J］．中国人口科学，2013（6）：102－112，128．

［115］张占斌，冯俏彬，黄锟．我国农村转移人口市民化的财政支出测算与时空分布研究［J］．中央财经大学学报，2013（10）：1－7．

［116］章也微．户籍地政府介入流动人口公共服务供给研究［J］．云南民族大学学报（哲学社会科学版），2011，28（4）：80－83．

［117］郑秉文．改革开放30年中国流动人口社会保障的发展与挑战［J］．中国人口科学，2008（5）：2－17，95．

［118］郑真真．中国流动人口变迁及政策启示［J］．中国人口科学，2013（1）：36－45，126－127．

［119］周春山，杨高．广东省农业转移人口市民化成本——收益预测及分担机制研究［J］．南方人口，2015，30（5）：20－31．

［120］周建明．高流动社会与属地化管理体制下的公共产品供给［J］．学术月刊，2014，46（2）：86－92．

［121］周黎安．转型中的地方政府：官员激励与治理（第二版）［M］．上海：格致出版社，上海三联书店，上海人民出版社，2017．

［122］周黎安．行政发包制［J］．社会，2014，34（6）：1－38．

［123］周中胜．国外财政分权理论研究的进展与启示［J］．国外社会科学，2011（2）：76－82．

［124］朱柏铭．人口净流入——补助低溢入与财政转移支付［J］．地方财政研究，2015（5）：40－47，74．

［125］朱铭来，史晓晨．医疗保险对流动人口灾难性医疗支出的影响［J］．中国人口科学，2016（6）：47－57，127．

［126］Bernheim B D, Whinston M D. Common agency［J］. Econometrica: Journal of the Econometric Society, 1986: 923－942.

［127］Black R, Sward J. Migration, Poverty Reduction Strategies and Human Development［J］. Migration, 2009: 38.

［128］Bogue D J. Internal migration［M］//Duncan H. The study of population: An inventory appraisal. Chicago: University of Chicago Press,

1959.

[129] Bose J. Participatory budgeting: concepts and country experiences [M]. India Hyderabad: Icfai University Press, 2008.

[130] Coase R H. The Problem of Social Cost [J]. Journal of Law and Economics, 1960 (3): 1 – 44.

[131] De Haas H. Migration and Development: A Theoretical Perspective [J]. International Migration Review, 2010, 44 (1): 227 – 264.

[132] Dixit A. Power of incentives in private versus public organizations [J]. The American Economic Review, 1997, 87 (2): 378 – 382.

[133] Fama E F. Agency problems and the theory of the firm [J]. Journal of Political Economy, 1980, 88 (2): 288 – 307.

[134] Gamlen A. The New Migration and Development Optimism: A Review of the 2009 Human Development Report [J]. Global Governance, 2010: 415 – 422.

[135] Goodkind D, West L A. China's floating population: Definitions, data and recent findings [J]. Urban Studies, 2002, 39 (12): 2237 – 2250.

[136] Hayek F A. The use of knowledge in society [J]. The American Economic Review, 1945, 35 (4): 519 – 530.

[137] Heberle R. The causes of rural-urban migration a survey of German theories [J]. American Journal of Sociology, 1938, 43 (6): 932 – 950.

[138] Holmström B, Milgrom P. Aggregation and linearity in the provision of intertemporal incentives [J]. Econometrica: Journal of the Econometric Society, 1987: 303 – 328.

[139] Holmström B, Milgrom P. Multitask principal-agent analyses: Incentive contracts, asset ownership, and job design [J]. JL Econ. & Org. , 1991, 7: 24.

[140] Holmström B. Managerial incentive problems: A dynamic perspective [J]. The Review of Economic Studies, 1999, 66 (1): 169 – 182.

［141］ Holmström B. Moral hazard in teams ［J］. The Bell Journal of Economics, 1982, 13 (2): 324 – 340.

［142］ Jin H, Qian Y, Weingast B R. Regional decentralization and fiscal incentives: Federalism, Chinese style ［J］. Journal of Public Economics, 2005, 89 (9 – 10): 1719 – 1742.

［143］ Lee E S. A theory of migration ［J］. Demography, 1966, 3 (1): 47 – 57.

［144］ Lewis W A. Economic development with unlimited supplies of labour ［J］. The Manchester School, 1954, 22 (2): 139 – 191.

［145］ Maslow A H. A theory of human motivation ［J］. Psychological Review, 1943, 50 (4): 370.

［146］ Migué J L, Belanger G, Niskanen W A. Toward a general theory of managerial discretion ［J］. Public Choice, 1974, 17 (1): 27 – 47.

［147］ Montinola G, Qian Y, Weingast B R. Federalism, Chinese style: the political basis for economic success in China ［J］. World Politics, 1995, 48 (1): 50 – 81.

［148］ Musgrave, R. A. The theory of public finance ［M］. New York: McGraw – Hill, 1959.

［149］ Niskanen W A. A Reflection on 'Bureaucracy and Representative Government' ［J］. The Budget Maximizing Bureaucrats: Appraisal and Evidence, 1991: 13 – 32.

［150］ Niskanen W A. Bureaucrats and politicians ［J］. The Journal of Law and Economics, 1975, 18 (3): 617 – 643.

［151］ Niskanen W. Representative Government and Bureaucracy ［M］. Chicago: Aldine – Atherton, 1971.

［152］ Oates W E. Fiscal federalism ［M］. New York: Harcourt Brace Jovanovich Publishers, 1972.

［153］ Qian Y, Roland G. Federalism and the Soft Budget Constraint ［J］. American Economic Review, 1998, 88 (5): 1143 – 1162.

［154］ Qian Y, Weingast B R. Federalism as a commitment to reserving market incentives ［J］. Journal of Economic Perspectives, 1997, 11 (4):

83 −92.

[155] Ranis G, Fei J C. A theory of economic development [J]. American Economic Review, 1961, 51 (4): 533 −565.

[156] Ravenstein E G. The laws of migration [J]. Journal of the Statistical Society of London, 1885, 48 (2): 167 −235.

[157] Schultz T W. Investment in human capital [J]. The American Economic Review, 1961, 51 (1): 1 −17.

[158] Shapiro C, Stiglitz J E. Equilibrium unemployment as a worker discipline device [J]. The American Economic Review, 1984, 74 (3): 433 −444.

[159] Stigler G J. The tenable range of functions of local governments, in Joint Economic Committee, Federal Expenditure Policy for Economic Growth and Stability, US Government Printing Office, Washington, DC [J]. 1957.

[160] Tanzi V. Fiscal federalism and decentralization: A review of some efficiency and macroeconomic aspects [C]. in Annual World Bank Conference on Development Economics, Eds. Bruno M, Pleskovic B. Washington DC: World Bank, 1995: 295 −330.

[161] Tiebout C M. A pure theory of local expenditures [J]. Journal of Political Economy, 1956, 64 (5): 416 −424.

[162] Todaro M P. A model of labor migration and urban unemployment in less developed countries [J]. The American economic review, 1969, 59 (1): 138 −148.

[163] Tresch R W. Public finance: A normative approach [M]. Piano, Texas: Business Publications Inc, 1981.

[164] Van de Walle E, Henry L. Multilingual demographic dictionary [M]. English Section. Ed. Liege, Belgium: Ordina, 1982.

[165] Wilson J Q. Bureaucracy [M]. New York: Basic Books, 1989.